DANIEL BELLET & WILL DARVILLÉ

LA GUERRE MODERNE

ET SES NOUVEAUX PROCÉDÉS

HACHETTE ET Cie . PARIS

LA GUERRE MODERNE
ET SES NOUVEAUX PROCÉDÉS

A LA MÊME LIBRAIRIE

OUVRAGES DE M. D. BELLET

FORMAT IN-8°, AVEC NOMBREUSES ILLUSTRATIONS

Promenades amusantes à travers la Science. Un vol. . . . . . 1 fr. 60

Les Merveilles de la Nature. Un vol. . . . . 1 fr. 60

Nouveautés et Progrès de l'Industrie. Un vol. . . . . 1 fr. 60

Beautés et Forces de la Nature. Un vol. . . . . 1 fr. 60

Dans le Royaume des Machines. Un vol. . . . . 1 fr. 60

Dernières Inventions, dernières Découvertes. Un vol. . . . 2 fr. 25

La Mer et l'Homme. Un vol. . . . . 3 fr.

843-17. — Coulommiers. Imp. PAUL BRODARD. — 9-18

OFFICIER D'ARTILLERIE OBSERVATEUR MONTÉ SUR L'ÉCHELLE SPÉCIALE.

BIBLIOTHÈQUE DES ÉCOLES ET DES FAMILLES

DANIEL BELLET

ET

WILL DARVILLÉ

LA GUERRE MODERNE ET SES NOUVEAUX PROCÉDÉS

OUVRAGE ILLUSTRÉ DE 153 GRAVURES

TROISIÈME ÉDITION

LIBRAIRIE HACHETTE ET CIE

79, B^D SAINT-GERMAIN, 79, PARIS

1918

TROUPES FRANÇAISES PRÊTES A PARTIR AU FRONT.

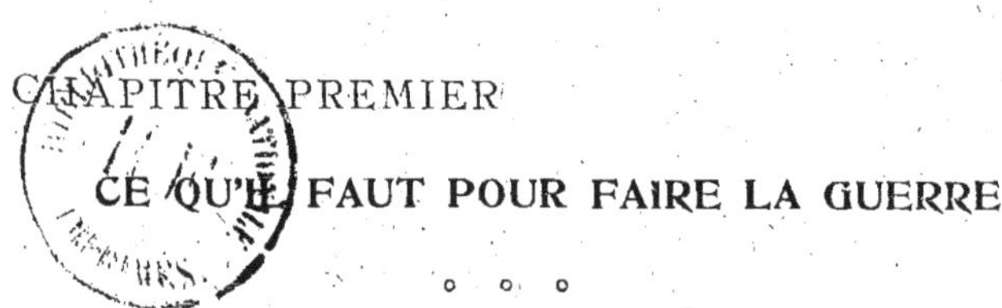

CHAPITRE PREMIER

CE QU'IL FAUT POUR FAIRE LA GUERRE

o o o

Depuis une cinquantaine d'années, on avait cru pouvoir se flatter que *les grandes guerres détruisant des milliers d'existences* étaient à jamais disparues; que ces violences, ces destructions de vies humaines, ces ruines, étaient chose du passé; que les hommes étaient devenus plus sages, et qu'ils arriveraient désormais à s'entendre, en dépit des nationalités, sans recourir aux armes, sans s'imposer brutalement les uns aux autres leurs volontés, leur tyrannie.

Le fait est que, depuis la guerre de 1870-71, voulue déjà par l'Allemagne ou plutôt par la Prusse, bien que la guerre ait été déclarée par la France à cette époque; les grands conflits armés étaient devenus chose rare. La France spoliée, meurtrie par la perte de l'Alsace et d'une partie de la Lorraine, n'avait point voulu prendre la responsabilité de répandre des flots de sang pour recouvrer les provinces perdues.

Il y avait bien eu quelques guerres coloniales, mais qui ne mettaient pas aux prises les populations européennes. Il est vrai qu'à la fin du XIXe siècle, les États-Unis étaient partis en guerre contre l'Espagne; mais la lutte n'avait pas été longue, peu d'hommes s'y étaient trouvés engagés, peu de vies humaines sacrifiées. Il n'en avait pas été tout à fait de même dans la guerre poursuivie par les Anglais contre les Boers, dans le sud de l'Afrique; guerre qui avait déjà laissé pressentir les difficultés nouvelles, les transformations qui s'imposaient dans la conduite des guerres modernes. Il ne faut pas oublier non plus la guerre de 1904 entre les Russes et les Japonais, qui avait été encore bien plus caractéristique. C'était pourtant tout autre chose que la guerre moderne dont la terrible campagne de 1914-1915 est venue donner un exemple. C'est ainsi que, au contraire de ce qui s'est passé pour celle-ci, les places fortes, les fortifications que l'on appelle permanentes, complétées par des coupoles cuirassées, d'énormes canons installés à poste fixe, ont résisté pendant des mois. Par contre, durant cette guerre russo-japonaise, on avait vu mettre en ligne des masses énormes d'hommes, des effectifs prodigieux; on les avait vus s'enterrer volontiers pendant des mois, dans des tranchées péniblement creusées par des soldats devenus terrassiers. On n'avait pas vu sans étonnement réapparaître les grenades, projectiles à main si employés au XVIIIe siècle et même au commencement du XIXe.

Plus récemment, on pourrait presque dire hier, les deux guerres balkaniques successives avaient confirmé une partie des observations qui avaient pu être faites à propos de la guerre russo-japonaise; en dépit de la population assez modeste des pays qui luttaient contre la Turquie, ici encore des masses d'hommes s'étaient trouvées engagées dans des batailles se poursuivant avec acharnement pendant des journées et des journées, formant comme une sorte de bataille ininterrompue; la mortalité avait été élevée, à cause même de cette continuité des combats. On avait constaté le rôle précieux d'une artillerie, souvent du reste fournie par l'industrie française, préparant de façon indispensable l'action de l'infanterie, toujours demeurée nécessaire en dépit des obus perfectionnés que l'on mettait à contribution.

Mais cela a été un terrible réveil quand l'Allemagne a voulu la guerre; car elle l'a voulue, les documents diplomatiques le démontrent, de même que l'aveu formel du chancelier allemand au Parlement germanique; et quand non pas seulement on a dû renoncer à l'espoir que l'on avait nourri depuis cinquante ans, mais encore quand on a pu voir rapidement quel caractère terrible prenait une guerre moderne, même menée par des armées de civilisés, et en dehors des méthodes de la barbarie allemande.

On a été pour ainsi dire de surprise en surprise; souvent même les professionnels, les militaires de métier. On a vu apparaître des nouveautés de toutes sortes, dans les procédés comme dans le matériel employé, nouveautés constituant d'ailleurs parfois de simples retours en arrière : mise à contribution non pas seulement de ces grenades qu'on avait été étonné de trouver en Mandchourie, mais des tranchées utilisées couramment, transformant les combats en une sorte de guerre de siège sur place; retour à toutes sortes de projectiles à main, à des petits canons de très faible portée. La surprise s'est accusée encore quand on a connu les masses d'hommes accumulées sur le front de bataille, quand ce front s'est étendu sans interruption sur des centaines de kilomètres; quand, comme conséquence, chaque

UN DÉBARQUEMENT DE TROUPES DE RENFORT.

journée d'engagement pouvait entraîner la mort ou des blessures de toutes sortes, souvent terriblement graves, pour des milliers et des milliers d'hommes.

Qu'on ne se figure point du reste trouver ici l'histoire de la guerre de 1914-1915, des combats successifs qui s'y sont livrés. Il s'agit de tout autre chose. Ce qui est particulièrement curieux, instructif, surprenant pour la plupart des gens, c'est de se rendre compte de la façon dont cette guerre s'est poursuivie, avec quel matériel militaire, quel armement. Il s'agit de montrer la différence profonde à tant d'égards qui sépare les procédés, l'outillage, l'armement et le reste employés dans la plus moderne et la plus terrible des grandes guerres qui aient ensanglanté le monde; et ce qui se passait soit dans un temps assez lointain, soit même il y a seulement quelques années. Il est tristement éloquent par exemple de savoir ce que peut coûter une guerre moderne, les milliards de francs qu'on dépense à cette œuvre de destruction ou de défense, où les Alliés avaient à préserver la civilisation contre une nouvelle invasion de barbares. Il est curieux et triste tout à la fois de constater que les dépenses d'une guerre de jadis, que l'on trouvait pourtant terriblement élevées, ne sont rien à côté des frais de toutes sortes entraînés par une guerre vraiment moderne. Il est bon de voir les dévastations que les pays désireux de dépouiller les autres, superposent aux dépenses ordinaires de la guerre même. Sans avoir l'ambition de dire en quelques pages ce que sont les grandes armées modernes, nous pouvons du moins indiquer que leurs effectifs se comptent par millions d'hommes, alors qu'encore en 1870-1871 c'était par quelques centaines de mille que l'on pouvait les compter. D'où la difficulté pour le Généralissime de tenir en main simultanément ces millions d'individus, de les faire se déplacer sur le terrain, suivant les besoins de l'attaque ou de la défense; et précisément en utilisant les moyens de transports si perfectionnés, si multiples et si rapides qui constituent une des caractéristiques principales de la guerre moderne.

Une des choses les plus typiques de cette guerre en effet, celle que le lecteur trouvera avec le plus d'étonnement sans doute dans ce volume, c'est qu'elle emploie, en vue de la destruction des vies humaines et aussi des villes, des fortifications, des défenses de toutes sortes, sinon même, comme c'est le cas pour les Allemands, des constructions les plus pacifiques, des grandes cathédrales, des œuvres d'art; toutes les découvertes les plus remarquables, les procédés les plus perfectionnés de l'industrie moderne, qu'il s'agisse de la physique ou de la chimie, de la métallurgie, des transports, de l'automobilisme, de l'aviation, de la navigation aérienne, de l'art de l'ingénieur comme de la navigation proprement dite, de la transmission de la parole ou de la pensée. Nous pourrions ajouter qu'elle met également à contribution, sinon pour détruire l'ennemi, du moins pour préserver l'armée nationale de la mort, de la maladie, des suites des blessures reçues, l'hygiène comme la chirurgie, la médecine et toutes ses découvertes, sous la forme des vaccinations, des opérations chirurgicales extraordinaires, de la radiographie, du filtrage de l'eau, et de mille autres choses. Ce qui accuse bien cette mise à contribution des découvertes les plus récentes par l'industrie de la guerre, comme on dit quelquefois, industrie destructrice qui a toujours été considérée par les Allemands comme une industrie nationale de butin, de pillage; c'est que l'aviation, la navigation aérienne à l'aide des ballons dirigeables, qui sont de création toute récente, et qui, au point de vue des transports ordinaires n'avaient pu donner que de bien minces résultats, sont utilisées de la façon la plus curieuse par les armées d'aujourd'hui. Elles y jouent un rôle de première importance, indispensable; elles y trouvent pour ainsi dire leur seule raison d'être.

On pourrait même dire que rien de ce qui sert dans la vie normale, dans la vie civile, en dehors des terribles conflits militaires, n'est négligé par l'industrie de la guerre; elle cherche à tirer parti de tout. C'est le cas par exemple en matière alimentaire pour les viandes frigorifiées, refroidies, arrivant en parfait état de conservation depuis l'Argentine ou l'Australie jusqu'en France ou en Grande-Bretagne; avant la guerre 1914-1915, on les ignorait complètement en France, on ne savait point en tirer parti pour notre alimentation quotidienne. Aujourd'hui, elles commencent de faire merveille, en fournissant aux troupes une nourriture saine et abondante. Au reste, ce qui se passe en Allemagne spécialement montre bien le rôle précieux de la chimie, de la physique, de la métallurgie, des inventions et des inventeurs, dans le but de répondre aux besoins innom-

Photo Marius Bar, à Toulon.
L'ACHÈVEMENT RAPIDE D'UN CUIRASSÉ GÉANT.

brables et variés que fait naître une guerre moderne. Dans la gêne que leur impose un blocus au moins partiel, c'est-à-dire un isolement partiel du reste du monde, supprimant pour eux une bonne partie des arrivages de produits de toutes sortes qui fournissaient aussi bien l'essence de pétrole que les nitrates du Chili, les chimistes, les inventeurs, les industriels allemands se sont mis à la besogne. Et ils ont souvent réussi à imaginer des produits nouveaux, qui peuvent remplacer les produits n'arrivant plus ou n'arrivant guère; ceci à seule fin de permettre au pays de continuer la lutte féroce dans laquelle il a voulu se lancer contre le monde civilisé; dans le but de continuer à préparer des explosifs puissants, sans avoir la ressource de tel produit qui servait jadis couramment à les fabriquer, ou pour répondre à d'autres besoins analogues.

C'est cette immensité, cette diversité des besoins auxquels il faut répondre, des produits, des choses si variées qu'on doit se procurer pour poursuivre et mener à bien une guerre moderne, pour répondre à une consommation formidable de projectiles, pour fabriquer et renouveler un matériel de destruction gigantesque, pour alimenter des millions d'hommes en campagne; qui contribuent à faire qu'une guerre telle que celle de 1914-1915 intéresse tous les pays, en les frappant plus ou moins profondément, plus ou moins directement. Un certain nombre de nations ont prétendu demeurer neutres, ne point se mêler de cette lutte formidable, où il s'agissait pourtant de défendre le respect des contrats, le droit, la propriété, la civilisation, tant de vies innocentes. Quoi qu'ils en aient, ces Neutres ont été malgré tout frappés par la guerre. Ils en profitent bien un peu en fournissant, par ce qu'on appelle de la contrebande, aux nations germaniques que l'on prétendait isoler, rationner, bloquer, du charbon comme des matières alimentaires, du coton destiné à la fabrication des explosifs comme à celle des vêtements des troupes. Néanmoins, une foule de commerces sont gênés, arrêtés complètement; et, jusqu'aux antipodes, un retentissement du conflit se fait sentir; les pays qui ne sont point en guerre, voyant leurs clients, les pays qui souffrent directement de la lutte, appauvris et hors d'état de leur acheter une bonne partie de ce qu'ils leur vendaient jadis.

Les millions d'hommes qui s'entretuent dans une guerre moderne sont enlevés à leurs occupations ordinaires; ce sont les agriculteurs qui ne peuvent plus guère élever de bétail, ni cultiver ou récolter le blé, parce qu'il ne reste à la campagne et dans les fermes que quelques hommes vieillis, quelques enfants ou des femmes, pour assurer les travaux des champs. Ce sont les mines de charbon qui voient la plus grande partie de leurs mineurs les abandonner, et où l'on ne peut plus que péniblement arracher à la terre et expédier vers les usines le combustible indispensable à la machine à vapeur et à toutes les fabrications. Ce sont les filatures et les tissages de coton, de laine, auxquels les bras habiles manquent, et dont la production diminue terriblement. Autant de raisons pour faire appel aux blés, aux viandes de l'étranger, aux tissus venus des États-Unis, et à mille autres productions que souvent l'on doit demander à des pays aussi en retard au point de vue industriel que l'Espagne, qui, en dehors d'une guerre de cette sorte, achètent à l'étranger des produits manufacturés beaucoup plus qu'ils n'en vendent. Et c'est pour cela que, dans une guerre moderne, il est indispensable que les flottes de guerre ne se contentent point de poursuivre les navires ennemis de même espèce, les cuirassés, les croiseurs et les autres, pour les détruire et supprimer la puissance navale de l'ennemi. Il est indispensable aussi que l'on cherche à être maître des Océans comme l'ont fait la flotte britannique et la flotte française pour la guerre de 1914-1915; que l'on arrive à assurer de façon presque absolue les transports commerciaux de toute espèce, la sécurité des bateaux amenant des pays les plus lointains les produits divers répondant aux besoins innombrables de l'armée, qui, désormais, comprend une très grosse partie de la population : les viandes ou les blés, les cotons ou les nitrates, le cuivre ou le charbon, l'essence, si indispensable à la locomotion automobile, c'est-à-dire aussi bien à ces batteries de canons automobiles elles-mêmes qu'à ces voitures mécaniques dont nous verrons les emplois innombrables, à ces avions, à ces ballons dirigeables, qui ont si puissamment contribué à transformer l'industrie de la guerre. C'est du reste à cause de ces

LE RECUIT DES INNOMBRABLES OBUS NÉCESSAIRES.

besoins, de cette nécessité, que les Allemands, dont la flotte militaire est demeurée terrée dans quelques ports du littoral germanique, ont lancé dans la mer du Nord, au besoin dans l'Océan, quelquefois plus loin, leur flottille de bateaux sous-marins, certainement redoutables, auxquels ils ont donné mission de détruire partout où ils le pouvaient, par tous les moyens possibles, les navires de commerce ennemis, même les navires neutres, apportant des marchandises, des produits susceptibles d'alimenter les besoins des armées, des flottes, même des industries des pays alliés.

Cette nécessité s'est imposée d'autant plus dans la guerre moderne que la fameuse attaque brusquée que tout le monde considérait comme la vérité en la matière, n'a point réussi; que les grands succès militaires escomptés par les Allemands notamment pour les premières semaines de la campagne, n'ont point été obtenus. Les militaires avaient affirmé, un peu dans tous les pays, que la guerre prochaine, le type de la guerre moderne, serait de très courte durée;

et la réalité a été exactement l'inverse de ce que l'on avait prévu et affirmé. Il n'a donc pas suffi de créer des approvisionnements de toutes sortes, il a fallu les renouveler. C'est du reste pour cela qu'on a dû également improviser pour ainsi dire une série d'usines de toute espèce et dans tous les pays, pour la fabrication des canons comme pour celle des explosifs, pour le tissage des vêtements de troupes comme pour la confection de leurs souliers; pour cela aussi que, tout au moins pour les pays qui ne disposent pas de vastes gisements de houille, la flotte de commerce a dû être mise à contribution en vue d'apporter constamment dans ces pays les quantités énormes de charbon nécessaires à la marche de ces usines.

Si le lecteur veut bien nous suivre, il sera certainement frappé de cette mise à contribution constante à laquelle nous faisions allusion tout à l'heure de la science et des sciences pratiques et appliquées les plus variées, pour constituer l'outillage des armées, pour leur donner ce qui fait leur puissance et leur succès. N'est-il pas curieux par exemple de voir les Allemands, dès qu'ils eurent pris pied en Belgique, installer en hâte dans les observatoires de Liége, de Bruxelles et d'autres villes, des astronomes qui ont été mis par eux à contribution, pour les renseigner sur les prévisions météorologiques possibles en vue des raids, des expéditions d'avions, de ballons dirigeables, et même de sous-marins? Les envahisseurs apportaient avec eux les instruments très perfectionnés et les méthodes savantes qu'ils avaient élaborés en vue de l'industrie nationale de l'Allemagne, la Guerre. Nous n'avions pas eu, nous autres, l'esprit constamment tendu vers la préparation de cette industrie destructrice, parce que nous ne rêvions pas de butin et de bénéfices de toutes sortes assurés par la violence. Mais nous avons trouvé, quand il l'a fallu, des savants, des techniciens de toutes sortes, qui se sont mis eux aussi à l'œuvre, et qui ont permis de répondre à l'attaque ennemie, en accumulant les outils les plus perfectionnés et les plus redoutables, tous enfants du progrès scientifique et industriel.

LES DESTRUCTIONS CAUSÉES PAR L'ENNEMI.

CHAPITRE II

LE COUT D'UNE GUERRE JADIS ET AUJOURD'HUI

o o o

Ce n'est pas d'aujourd'hui que l'on a affirmé que l'argent est le « nerf de la guerre ». C'est toujours vrai; on pourrait même dire que cela est de plus en plus vrai. Sans doute, pour faire la guerre, pour la mener à bien, il ne faut pas seulement des ressources pécuniaires; il faut encore des bras, des intelligences, les uns pour manœuvrer tout l'outillage militaire, les autres pour diriger les manœuvres, prévoir, combiner; il faut aussi des cœurs, et des cœurs vaillants, quand il s'agit de défendre la patrie contre des hordes de barbares puissamment armés, puissamment munis au point de vue de tous les instruments de destruction.

Mais c'est que précisément ces instruments, les approvisionnements de munitions, comme les matières alimentaires indispensables à la vie des hommes, le renouvellement des canons ou des fusils, les installations de toutes sortes, les véhicules sur route ou sur voie de fer, etc., coûtent extraordinairement cher. Et la dépense est majorée encore de ce fait qu'une bonne partie de ce qui a été accumulé, fabriqué, acheté pour la guerre, se détruit et disparaît rapidement comme les munitions, leur caractère essentiel étant de ne servir qu'une fois; ou tout au moins s'use très vite, demande à être remplacé, comme les énormes canons de marine que, dans un chapitre ultérieur, nous verrons ne pouvoir tirer que quelques centaines de coups au plus avant de repasser par l'usine, d'être dotés à nouveau d'un tube d'acier intérieur présentant les qualités et les dispositions requises. Même pour les uniformes, pour les souliers, pour tout le fourniment, l'usure se fait vite; car les hommes sont exposés à toutes les intempéries, les vêtements et le fourniment aux efforts les plus violents et à toutes les causes de destruction.

Et c'est qu'il ne faut point oublier que toutes les dépenses se multiplient, s'accroissent d'autant plus que, comme nous allons le voir dans quelques pages, comme nous l'indiquions d'un mot, c'est pour des millions d'individus qu'il faut acheter ou fabriquer les vêtements comme les souliers, les sacs comme les musettes, les fusils comme les baïonnettes. Ce sont des millions d'hommes qu'on doit nourrir quotidiennement, en leur fournissant une alimentation saine, reconstituante, si l'on veut qu'ils puissent donner les efforts énormes qu'impose une guerre moderne, dans les déplacements constants ou dans les combats continus qui se poursuivent presque de nuit comme de jour.

Qu'on n'oublie pas en effet que, dès la fin de l'année 1914, alors que la guerre ne battait peut-être pas encore tout son plein, l'Allemagne possédait, mobilisés sur sa frontière occidentale, contre la France et aussi contre les troupes belges et anglaises, 51 corps d'armée et 10 divisions de cavalerie, représentant dans l'ensemble un effectif de deux millions et demi d'hommes. Nous étions loin alors de leur opposer une semblable masse de soldats, ce qui n'était pas pour diminuer nos mérites; mais un million et demi d'individus au combat nécessitaient déjà quotidiennement des sommes formidables, si l'on voulait les doter amplement de tout ce dont ils avaient besoin, et pour combattre et pour se refaire. Aussi bien, ne faut-il pas songer seulement aux dépenses immédiates, actuelles, mais à celles qui se sont imposées avant la guerre pour préparer le matériel de défense. Les Allemands, en particulier, avaient dépensé à ce propos sans compter, résolus qu'ils étaient depuis bien des années d'attaquer, de mener à bien leur besogne de conquête et de destruction. Nous avons dû, nous, faire des merveilles depuis les débuts de la campagne, et surtout après le mois de Septembre, pour nous procurer en hâte ce qui nous manquait; notamment pour fabriquer ou acheter dans certains pays étrangers les montagnes de munitions indispensables.

Certes, les guerres du passé ont prouvé déjà amplement la vérité de ce que nous disions, l'énormité des ressources pécuniaires indispensables pour poursuivre une campagne, et surtout pour venir à bien de son adversaire. Bien entendu, nous ne parlons point des guerres tout à fait de jadis, ni même de celles du commencement du XIXe siècle, les guerres napoléoniennes; tout simplement parce qu'alors les effectifs étaient bien modestes par rapport à ce qu'ils sont aujourd'hui. On s'accorde généralement à estimer que la guerre franco-allemande n'a pas coûté moins de 16 milliards et demi de francs aux deux puissances belligérantes; et pourtant,

Photo Chusseau Flavien.

L'ENVAHISSEMENT D'UN VILLAGE PAR UN CORPS D'ARMÉE ALLEMAND.

c'est à son propos notamment que l'on pourrait faire une comparaison édifiante au sujet des effectifs des armées en lutte, des munitions consommées, de l'outillage, du nombre des canons, etc. Pour la guerre entre la Turquie et la Russie, quelques années plus tard, l'évaluation correspondante est de 13 milliards de francs à peu près. Encore s'agit-il là uniquement des dépenses effectivement faites, non point des dommages, des destructions de propriétés, des ruines de toutes sortes, pas plus que des vies humaines sacrifiées, et qu'il est difficile au reste d'évaluer pécuniairement.

Nous ne prétendons point donner des chiffres d'une exactitude absolue, même à quelques millions près : pour des sommes de cette importance, semblable exactitude est tout à fait secondaire. Il est en effet très difficile de rassembler toutes les dépenses si variées qu'impose à l'État et au pays une grande guerre durant pendant des mois. Ce qui est tristement éloquent, c'est de voir ce que coûte une guerre même d'importance un peu minime comme celle qu'on appelle volontiers là Guerre des Boers, poursuivie par les Anglais dans le Sud de l'Afrique. Elle s'est faite il y a une quinzaine d'années, sans que de très grandes masses d'hommes y aient été engagées; les Anglais avaient du reste rencontré devant eux une résistance acharnée de la part des Boers, des colons d'origine hollandaise. Or cette guerre a dû coûter entre 6 et 7 milliards de francs aux belligérants; et encore, du côté des Boers tout au moins, on utilisait comme armes portatives des fusils que chaque colon possédait. Sans doute il fallait bien alimenter tous ces soldats quelque peu improvisés; mais on n'avait guère d'uniformes à leur fournir, et leur solde était très modeste.

Interrogeons les statistiques relatives à la guerre russo-japonaise soutenue en Extrême-Orient, en Mandchourie principalement; guerre que l'on considérait volontiers comme le prototype de la guerre moderne, avant la terrible guerre 1914-1915, où tant de nouveautés se sont introduites, et dont les proportions ont étrangement dépassé celles de la campagne des Anglais contre les Boers. Nous arriverons à un total énorme. Bien entendu, nous faisons grâce au lecteur des guerres modestes comme celle où, à la fin du XIXe siècle, hier presque, les États-Unis ont vaincu l'Espagne, en lui prenant la plupart de ses colonies. Cette guerre a coûté quelque 1 900 millions aux Espagnols, 1 500 millions aux États-Unis : on peut dire que ce n'est rien. La guerre toute récente de l'Italie contre la Turquie en Tripolitaine a été également une guerre bien modeste; cependant on estime qu'elle a coûté au moins 2 milliards et demi de francs. Pour les guerres des Balkans, qui ont été presque la préparation de la guerre de 1914-1915, autant qu'on en a pu faire le compte actuellement, la dépense totale a été certainement de plus de 6 milliards; bien que, ici encore, un nombre bien réduit de combattants fussent engagés dans la lutte.

Ce sont là des chiffres qui paraîtront ridicules à côté de ceux que, dès maintenant, on peut mettre en avant pour la plus grande guerre qui se soit jamais poursuivie. Il est vrai que quand le Nord et le Sud des États-Unis étaient entrés en conflit, à propos notamment de la suppression de l'esclavage, lors de la guerre de Sécession, pour l'appeler par son nom, guerre qui n'avait pas duré moins de 5 années; quelque 50 milliards de francs avaient été dépensés. Mais il faut songer à cette durée, et aussi à ce fait que les Américains font toujours grand!

Encore toutes les dépenses d'une guerre proprement dites devraient-elles être partiellement majorées des sommes consacrées annuellement aux budgets de la guerre et de la marine de chaque pays, budgets qui ont pour but, pour partie du moins, de préparer l'armement, l'outillage et les campagnes à venir. Dès 1905 par exemple, à une époque où, sous l'influence des Allemands, on n'en était pas encore arrivé aux folies d'armement tout à fait modernes; la paix armée, comme on disait, les dépenses des deux budgets, en dehors de toute guerre, représentaient beaucoup plus de 6 650 millions de francs chaque année. La France, pour son compte, en était de près d'un milliard, chiffre largement dépassé par l'Allemagne, qui certainement se livrait à des dépenses secrètes dans ses vues

DANS LES RUINES APRÈS UN BOMBARDEMENT.

d'agression, comme le criminel qui prépare ses armes dans l'ombre. Rien que pour la France, depuis 1872 jusqu'en 1912, on avait dépensé, dans les budgets de la guerre et de la marine, plus de 50 milliards de francs.

Si nous reprenions les chiffres que nous avons donnés tout à l'heure pour les principales guerres depuis 1870 jusqu'à la dernière et prodigieuse guerre de 1914, nous verrions qu'elles ont coûté directement à peu près 56 milliards de francs. Or, d'après les évaluations les plus vraisemblables, les 5 grandes puissances européennes qui ont pris part au conflit qui a débuté en août 1914, ont dépensé, rien que pendant les 9 premiers mois de guerre, à peu près autant qu'ont coûté toutes ces guerres européennes, en plus de quarante années, sans parler bien entendu des budgets ordinaires. Des calculs faits par un statisticien très connu, M. Crammond, et appuyés sur les éléments d'informations les plus sûrs, permettent d'estimer que, jusqu'à la fin de juillet 1915, par conséquent en une année, cette terrible guerre aura coûté près de 225 milliards de francs aux différents belligérants. La part des Alliés serait à peu près de 122 milliards, celle de l'Allemagne et de l'Autriche-Hongrie avec la Turquie de 107 milliards environ. Encore une fois, et quoiqu'il s'agisse d'unités énormes, de milliards, ce sont des évaluations approximatives. D'autant que le statisticien auquel nous empruntons ces évaluations, avoue ne pas avoir eu de données bien sûres ni pour le Japon, ni pour la Serbie, ni pour la Turquie...

Toutefois, ce chiffre paraîtrait absolument invraisemblable si nous n'ajoutions pas tout de suite qu'il ne s'agit pas cette fois seulement des dépenses directes de guerre, mais encore des destructions de biens, des dommages de toutes sortes, des vies sacrifiées, dont on a essayé d'évaluer la valeur. Et si nous cherchions les dépenses directes de la guerre, le chiffre comparable à ceux que nous avons donnés tout à l'heure pour les guerres antérieures, nous arriverions à un total beaucoup moindre, mais formidable lui-même, de 85 milliards de francs, après seulement 12 mois de lutte. La seule part de la France serait d'à peu près 14 milliards.

On est encore bien plus surpris quand on essaye de rechercher ce que ces dépenses formidables représentent par mois de guerre, même par journée. Pour l'Allemagne par exemple, ce ne serait pas moins de 30 millions de marks; et comme le mark représente environ 1 fr. 25, il s'agirait de 37 millions de francs quotidiennement dépensés à détruire des vies humaines, à massacrer, et également à faire tuer d'innombrables soldats allemands. L'armée anglaise relativement minime, il est vrai avec une flotte énorme et de première puissance, entraîne maintenant une dépense quotidienne à peu près équivalente. En Angleterre, entre le 1er avril 1915 et le 6 novembre de la même année, il avait été officiellement dépensé sur le budget (dans un pays, il est vrai, où les soldats sont très chèrement payés) 19 milliards 622 millions et demi! La dépense moyenne quotidienne était de 67 millions et demi; elle montait à plus de 108 millions et demi en octobre 1915. Il est vrai qu'il y avait dans ces totaux des contributions versées à des pays étrangers.

On a essayé de calculer, notamment le général Percin, ce qu'il faut dépenser pour tuer un homme à la guerre. On n'a pu baser ces calculs que sur les données relatives aux guerres antérieures; le chiffre auquel on arrive est certainement de beaucoup en dessous de celui que donnera la totalisation des dépenses pour la guerre 1914-1915; car, dans celle-ci, on se livre à une profusion de canonnades et de fusillades, qui n'entraînent point, comme nous le verrons, une augmentation proportionnelle du nombre des tués. Pour la guerre 1870-1871, le prix de revient d'un homme tué a été d'environ 105 000 francs. Pour la guerre de la Russie contre la

Turquie, le chiffre analogue était de 75 000 francs, et pour la guerre russo-japonaise, de 102 000.

Quelle tristesse de penser que ces sommes formidables sont consacrées à des destructions de vies humaines! quelle tristesse aussi de voir le passage des armées germaniques dans un petit village que nous prendrons comme type, le village de Vassincourt, dans le département de la Meuse, non loin de Bar-le-Duc, se traduire par le pillage, l'incendie, la destruction entière du village; ce qui, pour une population de quelque 300 habitants seulement, nécessitera plus de 6 millions de dépenses, si l'on veut reconstruire tout le village, rétablir ses fermes, ses maisons d'habitation, ses monuments publics.

LES FUSILIERS MARINS FRANÇAIS.

CHAPITRE III

LES EFFECTIFS EN PRÉSENCE

o o o

La guerre de 1914-1915 doit être, nous l'avons dit, considérée comme la plus grande qui ait jamais éclaté à la surface de la terre. Jamais, les effectifs en présence ne furent aussi gigantesques; jamais autant de peuples ne se trouvèrent engagés directement dans une lutte. Cette guerre, par l'importance qu'elle a prise, laisse bien loin derrière elle les grandes luttes du passé; même la coalition de l'Europe contre Napoléon, en 1814, qui avait mis sur pied presque autant de nations.

Les forces mises en présence dans la guerre russo-japonaise semblaient devoir battre tous les records du nombre; les deux guerres balkaniques de 1912-1913 paraissaient devoir prendre la première place dans les annales des conflits entre nations. Il n'en est rien. Toutes les statistiques sont aujourd'hui grandement dépassées; car plus de 28 millions de soldats se sont trouvés en présence dans la grande guerre de 1914.

Sur 1 milliard 700 millions d'habitants, qui représentent la population totale du globe terrestre, 904 millions sont entrés en guerre. Ce chiffre se répartit de la façon suivante entre les deux camps adverses : 774 millions d'habitants appartiennent à la France et à ses alliés, alors que 130 millions d'êtres humains font partie des nations qui ont voulu la guerre contre nous.

La superficie totale des nations alliées et de leurs colonies représente, répartis sur les divers points du globe, près de 67 millions 450 000 kilomètres carrés, tandis que le territoire de nos ennemis n'occupait que 5 millions 607 000 kilomètres carrés.

Les effectifs, en période normale, étaient importants; mais ils se sont considérablement accrus, dès le premier jour de la mobilisation dans chaque pays, et se sont augmentés progressivement encore, au fur et à mesure des besoins.

L'armée française, qui, avec un budget de guerre de 1 milliard de francs, comptait environ 810 000 soldats en temps de paix, a pu mettre sur pied de guerre, une fois sa mobilisation terminée, une armée de 4 700 000 hommes, répartis entre les diverses catégories suivantes : active, 800 000 hommes; réserve de l'active, 800 000 hommes; territoriale, 1 400 000 hommes; réserve de la territoriale, 1 700 000 hommes. L'appel des classes de 1914, 1915 et 1916 a grandement augmenté l'importance de cette armée, qui pouvait être encore accrue par l'appoint des conscrits de 1917, mis en état de contribuer à la défense du sol de la Patrie.

Notre armée nationale était, dès les premières semaines de la guerre, presque aussi nombreuse que celle de l'Allemagne; alors que, en 1870, notre faiblesse numérique nous mettait terriblement en état d'infériorité par rapport à nos ennemis : la France ne put opposer que 270 000 hommes, au commencement de la guerre de 1870, à une masse formidable d'adversaires, environ 1 200 000 hommes, alimentés par une organisation de réserve, landwehr et landsturm, bien préparée pour combler les vides que les combats meurtriers creusaient dans les rangs de l'armée germanique.

Dans le conflit européen récent, ce sont les Serbes qui entrèrent les premiers en ligne; leur armée, qui avait montré de réelles qualités lors de la guerre balkanique, se trouve tout de suite prête à faire face aux grandes difficultés qui se dressèrent, en quelques jours, devant elle. Ce vaillant petit pays opposa 324 000 hommes de troupes aux armées de l'Autriche-Hongrie, auxquelles les statistiques officielles attribuaient un contingent total de 4 320 000 hommes, répartis entre l'armée active, la landwehr autrichienne, la honved hongroise et la landsturm. Les troupes autrichiennes, fort critiquées, ne sont pas des quantités négligeables; elles supportent bien les fatigues, résistent au froid et à la chaleur et se contentent d'une nourriture quelconque. C'est ainsi que les jugent les critiques militaires qui les ont suivies dans leurs manœuvres, et ceux qui

INFANTERIE FRANÇAISE A L'ATTAQUE.

ont vécu avec elles au cours des premiers mois de la guerre de 1914.

Les Serbes, malgré leurs grandes qualités guerrières, eussent certainement été écrasés par la puissance militaire austro-hongroise, si la Russie n'avait pas apporté, dans le conflit, l'appoint de sa force. C'est une formidable puissance que l'armée russe; elle eût été indomptable, si elle avait apporté, en même temps que la masse dont elle se compose, une organisation sérieuse des éléments techniques, celle des chemins de fer par exemple, qui sont les organes indispensables de la guerre moderne. Tout démontre en effet que les contributions scientifiques et la collaboration de l'activité industrielle sont au premier plan et qu'elles jouent un rôle des plus importants, à côté de l'héroïsme des soldats et de la valeur des combattants.

Quand la Russie entra dans la lutte, elle mobilisa sans retard les 8 millions d'hommes — exactement 7 989 000 soldats — dont elle pouvait disposer; car son armée active se compose, sur le pied de guerre, de 2 500 000 hommes, avec 2 800 000 réservistes et 2 700 000 territoriaux environ. Mais cette masse prodigieuse de soldats, avant qu'elle pût être organisée vraiment, devait être amenée des divers points d'un immense territoire s'étendant, en Europe et en Asie, sur une superficie de 22 millions 500 000 kilomètres carrés. La besogne, gigantesque en elle-même, était forcément lente; car les difficultés se compliquaient de l'insuffisance des moyens de transport.

L'Allemagne, qui avait voulu le conflit en poussant sous main l'Autriche, avait déjà mobilisé sous main également une partie de son énorme armée. Depuis quarante années — les faits l'ont prouvé depuis — elle se préparait à la guerre et depuis le 10 juillet 1914, elle activait sourdement et sournoisement tous ses préparatifs.

Quelle était cette armée? La réponse est faite; il suffit, pour la donner, de consulter les statistiques officielles, et, comme pour les autres contingents déjà cités, de les considérer comme vraies, puisque la vérification de leur exactitude n'est pas possible. A la date du 1er janvier 1914, l'effectif budgétaire de l'armée allemande était de 835 000 hommes; mais deux incorporations en surnombre, de 40 000 hommes chacune, ont porté ce chiffre à 950 000 hommes avec les officiers et sous-officiers nécessaires. De plus le total des forces mobilisables était considéré comme devant être, au début de la guerre, de 4 millions 700 000 hommes environ.

L'armée allemande s'était fixé, depuis de longues années, mieux qu'un programme — une méthode sévère à laquelle elle n'a pas cessé de rester fidèle — qui consistait dans l'accumulation, dès le temps de paix, de tous les moyens matériels, afin que, une fois la guerre venue, il ne reste qu'une très faible place à l'imprévu. Cette doctrine militaire a été prêchée, si l'on peut dire, par un de ses plus ardents apôtres, le général Von Bernhardi; elle acceptait aveuglément toutes les charges et tous les sacrifices, quand il s'agissait du formidable budget de la guerre, qui, ajouté à celui de la marine, se totalisait par 2 milliards 100 millions de francs, soit la moitié environ des crédits votés, en temps de paix, pour le budget général de

EFFECTIFS FRANÇAIS GAGNANT LES TRANCHÉES.

l'Empire. Avant le début de la guerre, le haut commandement, sous la direction de l'Empereur avec le général de Moltke comme chef d'État-major général, était réparti entre huit inspections d'armées. Les sièges de ces inspections étaient à Dantzig, Berlin, Hanovre, Munich, Karlsruhe, Stuttgart et Sarrebrük.

C'est avec un nombre très notable des corps qui la composent, que l'armée allemande nous attaqua en août 1914. Ces forces devaient compter 51 corps d'armée et 10 divisions de cavalerie, quelque 2 millions et demi d'hommes! Pour entrer en France, les Allemands n'allaient point se contenter des moyens loyaux; redoutant les défenses accumulées sur notre frontière de l'Est, ils envahirent d'abord le territoire de ce petit État que la géographie qualifie de Grand-Duché du Luxembourg, et ils ne craignaient pas, en dépit de toutes les conventions internationales, de violer la neutralité de la Belgique. Les Belges opposèrent une violente résistance et, malgré la soudaineté de l'attaque, ils firent preuve de sang-froid et de courage. Ils furent même héroïques. En quelques journées, la nation ayant relevé le défi, la petite armée belge était en mouvement; elle opposait une ardente défensive à la horde de barbares qui envahissait le pays.

L'effectif de l'armée belge avait était porté, depuis 1913, de 180 000 à 340 000 hommes, qui avaient été répartis comme suit : pour l'armée de campagne, 150 000 hommes; pour l'armée de forteresses, 130 000 hommes; pour les troupes de réserves et les auxiliaires, 60 000 hommes.

Le Royaume-Uni de Grande-Bretagne et d'Irlande, qui s'était, en 1831 et 1839, en vertu de traités signés notamment par la Prusse, constitué avec d'autres nations, garant de la neutralité du territoire belge, ne put accepter la violation de cette neutralité; le gouvernement envoya, sans perdre de temps, un ultimatum à l'Allemagne et, la réponse n'ayant pas été satisfaisante, il s'en faut, la flotte et l'armée britanniques furent mobilisées après déclaration de guerre à l'Allemagne d'abord et à l'Autriche ensuite. Nous verrons, dans un autre chapitre, quel pouvait être le rôle de la Marine dans une guerre de cette envergure: il nous faut ici, puisque nous faisons l'inventaire des forces militaires en présence, constater l'effort puissant que fit ce pays, si peu militaire, pour constituer rapidement une armée forte et bien organisée, accompagnée d'un matériel de guerre à bien des points de vue remarquable, digne certainement des grandes puissances militaires.

Avant la déclaration de la guerre, l'armée régulière du Royaume-Unis ne comptait que 186 000 soldats environ, constituant une des armées les plus pittoresques que l'on connaisse, tant pour son costume que pour son organisation et que par ses mœurs mêmes. Aux troupes régulières, on pouvait ajouter des réserves et un corps de territoriaux constituant une armée de campagne, forte de

160 000 hommes environ. Les Anglais, dont les pères étaient partis gaiement pour le Transvaal, il y a déjà bien des années, s'enrôlèrent en grand nombre en 1914; tous partirent avec enthousiasme pour combattre les hordes germaniques. Elle était loin d'être « méprisable », la petite armée du général French, et les Allemands, plus d'une fois, eurent à regretter de lui avoir, sans la connaître encore, attribué ce qualificatif.

L'Angleterre put mettre, en quelques mois, 600 000 hommes sur pied de guerre, et les pouvoirs militaires ont, à maintes reprises, publiquement déclaré que les effectifs britanniques dépasseraient 1 million 200 000 hommes. Les colonies britanniques, le Canada et l'Australie surtout, l'Inde elle-même, apportèrent aussi rapidement que volontairement le concours de leurs troupes.

Pendant que, au bout de plusieurs mois de guerre, la Suisse et la Hollande faisaient respecter leur neutralité, les Italiens entrèrent, après mûre réflexion, dans le conflit européen, et ils attaquèrent à leur tour les Autrichiens, mettant progressivement en campagne une armée qui a sa valeur, puisqu'elle compte un effectif total, sur pied de guerre, de 1 million 135 000 hommes.

Il ne faut pas oublier de compter la Turquie, qui est devenue l'alliée de la coalition austro-allemande, en lui apportant un appoint de 500 000 hommes. Ce serait faire injure à un vaillant petit pays, en ne rappelant pas que le Monténégro, qui a si spontanément donné son concours à la Serbie, a lancé sur le théâtre de la guerre 21 500 combattants.

La Roumanie, la Grèce ont paru, à diverses reprises, disposées à prendre une part active dans la grande lutte militaire européenne; elles représenteraient, dans leur ensemble, un total de près d'un million et demi de combattants si l'on y comprend la Bulgarie, qui, elle, a pris les armes avec les Turcs.

INFANTERIE FRANÇAISE AVEC LA NOUVELLE TENUE ET LE CASQUE.

CHAPITRE IV

L'UNIFORME ET L'ÉQUIPEMENT DU SOLDAT

○ ○ ○

Nous avons eu occasion de dire que la seule fourniture de l'uniforme et de l'équipement complétant l'uniforme, entraîne des dépenses considérables pour les armées modernes. C'est d'autant plus vrai que, suivant ce que nous indiquions à l'instant, ces armées comportent maintenant des effectifs extraordinaires, même si on les compare à ceux d'il y a 30 ou 40 ans. Et comme il est absolument indispensable, lors même qu'on ne prévoit pas de si loin que l'Allemagne, que l'on ne prémédite pas comme elle un crime contre les nations voisines, que des équipements complets existent pour tous les hommes mobilisables, les magasins d'équipement et d'habillement des grandes nations modernes devaient renfermer constamment des approvisionnements énormes de vêtements, de capotes, de pantalons, de souliers.

A la fin de l'année 1913, et pour la seule armée française, il existait, dans les magasins d'habillement, quelque 1 250 000 capotes, autant de vareuses, vestes ou tuniques, un chiffre un peu supérieur de pantalons rouges, 1 300 000 képis ou chéchias : ce que l'Intendance appelait les collections de guerre. Le fait est que ces vêtements et effets divers étaient destinés à répondre aux besoins d'une mobilisation, à l'habillement instantané pour ainsi dire des centaines de milliers de soldats qu'il faudrait appeler en quelques jours dans les casernes, afin de compléter l'armée active. C'était du reste très insuffisant pour l'effectif total qu'il faudrait un jour mettre en campagne, et surtout pour assurer le remplacement de ces vêtements, qui, comme nous le disions, s'usent si rapidement en temps de guerre, et demandent à être renouvelés par conséquent.

Nous n'avons pas l'intention de passer en revue la diversité des uniformes des armées diverses, pas même les uniformes de l'armée française ; aussi bien ont-ils subi depuis le commencement de l'année 1914 des transformations profondes.

Ces approvisionnements d'équipements, surtout de vêtements proprement dits, devaient d'autant plus réclamer d'être remplacés, que des transformations profondes devaient s'accomplir, à l'imitation de ce qui s'était fait plus tôt chez la plupart des nations étrangères, en vue de faire disparaître les inconvénients que présentaient nos uniformes, au point de vue de la coloration notamment. Il y avait des années et des années que la question était à l'étude, et l'on peut même quelque peu regretter qu'elle n'ait point été tranchée auparavant. Au mois de juillet 1914 même, le Parlement avait autorisé le Ministre de la Guerre à réaliser le changement d'uniformes de nos troupes. Il ne s'agissait pas de questions d'esthétique ; on voulait principalement faire disparaître le fameux pantalon garance et bien des ornements des uniformes. On n'avait plus en vue l'élégance du costume, la richesse de l'ornementation, des panaches et des cocardes ;

GOUMIERS MAROCAINS.

on voulait quelque chose d'essentiellement pratique; alors que, sous le premier Empire au contraire, les généraux réclamaient des vêtements éclatants pour que le soldat « se sente rehaussé à ses propres yeux », suivant l'expression de l'un d'entre eux. Déjà après la terrible guerre contre l'Allemagne, en 1870-71, nos soldats avaient été habillés de façon plus sobre qu'au beau temps de Napoléon III et des uniformes surchargés de soutaches, de passementeries, de chamarrures; mais cette transformation avait été critiquée par beaucoup, parce que cela aurait enlevé aux régiments leur allure martiale et conquérante.

LANCIERS INDIENS EN FRANCE.

Les détails que nous donnerons sur les poudres sans fumée, sur les procédés de combat, sur les rafales de projectiles obligeant le combattant avant tout à se cacher, à passer inaperçu au lieu de demeurer visible, feront comprendre ce que l'on avait déjà saisi sous l'influence des guerres les plus récentes, guerre russo-japonaise, guerre contre les Boers, etc. L'adoption de la tactique nouvelle et des poudres sans fumée en particulier avait exigé impérieusement une transformation des uniformes. Il ne fallait plus l'uniforme voyant, mais des teintes neutres, donnant aux soldats le moins de chances possible d'être atteint par les projectiles. Il fallait que le combattant puisse se dissimuler. C'est en particulier pendant la guerre contre les Boers, au Transvaal, que les Anglais avaient vu les tireurs remarquables de la petite armée des Boers massacrer avec sûreté les soldats anglais habillés de rouge et de noir; et durant la guerre même ils avaient transformé l'uniforme et adopté la fameuse coloration dite kaki. Au surplus, ce n'est pas précisément pour cette guerre que cette coloration avait été inventée. L'armée britannique, ou du moins une certaine partie d'entre elle, l'avait employée dès 1877, dans l'expédition indienne dite de Jowaki; pendant la fameuse campagne contre l'Afghanistan, de 1879 à 1880, les soldats britanniques et les indigènes de l'armée indienne employés pour cette campagne étaient également habillés de kaki. On avait recouvert d'une étoffe de même coloration, non seulement les casquettes, les couvre-chefs quelconques, mais encore les fourreaux de sabres; les troupes avaient adopté des souliers jaunes, des buffleteries jaunes; les boutons, les boucles polis avaient disparu, pour que rien de brillant ne pût attirer l'attention du tireur ennemi, lui servir de cible. C'est pour ces mêmes raisons que, durant la guerre contre les Russes, les Japonais modifièrent l'uniforme de leurs soldats en leur donnant une coloration neutre. Pen-

NOS TROUPES SÉNÉGALAISES.

dant la guerre des Balkans, les différents belligérants recoururent à un uniforme de couleur soit kaki, soit grise, et, dans certains combats célèbres, les fantassins bulgares avaient enlevé à leurs vêtements les parements rouges, pour se protéger contre le tir de l'ennemi.

Tant et si bien que, presque à la veille de la guerre de 1914, il ne restait plus que l'armée française et les armées de quelques petits pays comme la Belgique notamment, pour ne point être dotées d'une tenue de campagne de teinte neutre et permettant aux soldats de bien se dissimuler. Les Allemands avaient adopté, dès 1907, pour tous leurs uniformes, une teinte grise qui est devenue célèbre depuis; soit le gris vert appelé *grungrau*, soit le gris ordinaire dénommé *feldgrau*, qui est le plus employé. Pour toute la monarchie austro-hongroise, on a adopté le gris *brochet*, comme on l'appelle; en Italie c'est le gris vert; ce sont des teintes grises neutres diverses en Belgique, en Serbie, en Turquie même, en Roumanie. Les troupes russes sont en gris vert jaunâtre.

On sait que maintenant (et nous n'avons pas besoin d'y insister) on a, de façon générale, adopté le bleu horizon, une sorte de bleu clair curieux, pour les troupes françaises; parfois c'est la tenue réséda, un vert particulier pour quelques troupes particulières. Des expériences variées ont été faites qui ont montré la visibilité de notre fameux pantalon rouge, et même des uniformes noirs, si bizarre que cela paraisse; et sur un champ de manœuvres maintenant, quand par hasard, dans une formation tout habillée de bleu horizon, se trouvent quelques soldats à vestons de toile blanche, à dolman noir, à pantalon rouge, on constate la visibilité extraordinaire de ces nuances, qui, au début de la guerre, exposaient de façon si regrettable nos troupes au tir de l'ennemi. Il faut que le soldat sache *se défiler*, un mot que nous retrouverons bien souvent quand il s'agira de l'artillerie, tout comme cette artillerie même. D'ailleurs, pour répondre à cette transformation brusque imposée par les nécessités militaires, il a fallu que les fabriques de drap et de vêtements fassent diligence, et que les uniformes se fabriquent par milliers, par millions même.

COSAQUES RUSSES SUR LEURS PETITS CHEVAUX.

La question du soulier est au moins aussi importante que celle du vêtement proprement dit : quoi qu'on en puisse penser, en dépit de ce fait que fort heureusement on met largement à contribution non seulement le chemin de fer, mais encore le véhicule automobile pour transporter les troupes dans de multiples circonstances, et quand la rapidité s'impose; c'est encore en partie avec les jambes du soldat que l'on gagne les batailles, suivant l'expression de jadis. Il faut que le soldat soit doté de chaussures résistantes, en même temps de bonne fabrication, non susceptibles de blesser les pieds; il faut également, dans la mesure du possible, que, pendant les périodes de repos, il puisse abandonner les chaussures de marche et prendre des chaussures de repos. A cet égard comme à tant d'autres la préparation de l'Allemagne était remarquable, et on y avait combiné, pour le soldat, des chaussures de repos en cuir flexible, peu lourdes, peu encombrantes, résistantes quoique légères. Ces chaussures de repos sont une nécessité absolue pour les armées en campagne. On a pu, dans certaines circonstances, mettre utilement à contribution les espadrilles, qui ont toutefois l'inconvénient de laisser facilement pénétrer l'humidité. La guerre de tranchées, dans les pays où l'eau était susceptible d'envahir les tranchées, surtout pendant l'hiver, a imposé de dures épreuves aux pieds de nos pauvres soldats; il en est résulté des blessures spéciales dont nous reparlerons plus loin.

Tout naturellement, les chaussures s'usent relativement vite, à cause des efforts exceptionnels qu'on leur demande, surtout quand, pendant des centaines de kilomètres, les soldats sont obligés de faire des marches forcées, sans guère pouvoir recourir aux transports par chemin de fer.

Dans l'équipement du soldat, il y a aussi le sac, qui tient une place de premier ordre; d'autant que c'est dans ou sur ce sac qu'il est obligé de transporter la plus grosse partie de son fourniment, ses vêtements de repos et de rechange, ses souliers de repos, même des approvisionnements de réserve, qu'il porte toujours avec lui pour le cas où l'on ne pourrait point le ravitailler. Jusqu'à ces temps derniers, dans l'armée française tout au moins, on était resté fidèle au type de l'ancien sac, de la forme carrée bien connue, en cuir gardant très souvent les poils de la bête qui l'avait fourni. Durant la guerre de 1914, on a à peu près complètement abandonné ce sac carré, dès que ceux qui existaient ont été usés; et on l'a volontiers remplacé par un sac de grosse toile imperméable, léger, moins fatigant pour le dos de l'homme. Au surplus, on avait, il y a déjà quelque temps, décidé l'adoption d'un nouveau sac se portant beaucoup plus bas, ne reposant plus sur les épaules, mais sur les reins, à la façon du sac suisse. Ce n'est pas en effet le dos qui peut supporter une charge en réalité, mais les épaules. Et, dans l'ancien sac, les courroies, presque horizontales, tiraient durement, sciaient, comme on disait souvent, les épaules du fantassin. Le type de nouveau sac ne pèse pas 4 kilogrammes; il est soutenu par des courroies presque verticales, et n'oblige pas celui qui le porte à se pencher en avant pour rétablir l'équilibre. Au surplus, ce nouveau sac coûte les deux tiers du prix de l'ancien. Il est bon de faire des économies, quand les dépenses

UN BERSAGLIER ITALIEN.

doivent se chiffrer par des milliards. La diminution du poids du sac était chose importante, car le fantassin portait sur son dos un poids considérable, qui, théoriquement au moins, était de 28 kilogrammes quand la charge était complète, avec effets d'habillement et équipement, armes, munitions, vivres, outils. Ce n'est pas précisément pendant les marches que cette charge est redoutable, mais au moment d'un combat; et bien souvent on a vu des troupes, pour courir plus facilement d'obstacle en obstacle, jeter bas le sac et l'abandonner, en dépit de ce qu'il contient, en dépit de l'abri au moins relatif qu'il peut fournir en avant de la tête de l'homme couché à terre; tout cela pour gagner un peu sur le faix que l'on porte. Il reste naturellement toujours les munitions, le fusil, la baïonnette, etc. Que l'on ne s'étonne pas du reste trop de ce poids du sac; on a pu s'apercevoir, notamment durant la guerre de tranchées qui s'est continuée pendant si longtemps, de la nécessité qu'il y a, pour les soldats, de posséder des vêtements de rechange ou des vêtements supplémentaires très chauds afin de résister aux intempéries, au froid. C'est pour cela que tant de femmes ont passé des heures et des jours à tricoter des cache-nez, des passe-montagne, des jerseys, des chaussettes, pour nos soldats défendant le sol de la patrie.

L'ÉQUIPEMENT CONFORTABLE DES SOLDATS ANGLAIS.

Et c'est qu'il ne faut pas oublier que les troupes doivent encore emporter avec elles de véritables instruments de cuisine, marmites individuelles ou collectives, gamelles et le reste; les cuisines roulantes n'étant pas toujours assez nombreuses, ni surtout installées suffisamment près des premières lignes, pour fournir à chaque soldat individuellement sa nourriture. C'est dans ce but que, dans beaucoup d'armées, on a adopté des instruments de cuisine en aluminium, qui sont par conséquent beaucoup plus légers.

Nous n'avons pas à insister sur certains outils que porte le soldat, comme la pelle, la pioche, qui lui servent aux travaux de terrassement; nous verrons tout cela tout à l'heure. Mais il ne faut pas oublier parmi son équipement un tout petit objet qui en constitue une portion absolument essentielle. C'est la médaille d'identité. Sans doute le soldat a en poche son livret militaire, ses papiers, qui permettent de l'identifier dans les circonstances ordinaires. Mais il faut malheureusement prévoir le cas où il sera blessé, incapable de donner aucun renseignement, et le cas encore plus redoutable et plus triste où il sera frappé à mort sur le champ de bataille. On doit être en mesure de connaître immédiatement son nom et ses prénoms, pour aviser sa famille de sa mort. Et c'est pour cela que dans toutes les armées chaque homme est muni de la médaille d'identité dont nous parlions. Pour le soldat français, elle est faite d'aluminium, métal très léger. Elle porte d'un côté le nom et les prénoms, en même temps que la date de la classe du soldat auquel elle est destinée; au revers se trouve l'indication de la subdivision de région d'où ce soldat est originaire, puis le numéro sous lequel il est inscrit sur le registre matricule du recrutement. Cette médaille est généralement fixée au poignet du soldat par un gros cordon de coton noir, parfois on la loge dans un bracelet ou on l'attache au cou. Elle n'est remise au soldat qu'au moment de la mobilisation.

L'UNIFORME DE NOS MARINS TRANSFORMÉ POUR LA GUERRE MODERNE.

LES FOURS DE CAMPAGNE FRANÇAIS.

CHAPITRE V

L'ALIMENTATION DES TROUPES EN CAMPAGNE

○ ○ ○

L'ALIMENTATION du soldat en campagne est un des plus sérieux problèmes militaires du temps de guerre. Que faut-il faire manger aux troupes qui marchent et à celles qui se battent? Comment faut-il ravitailler les divers corps d'armée? Quelle mesure est-il nécessaire de prendre pour assurer l'approvisionnement des quantités considérables de vivres indispensables à la nourriture de plusieurs millions d'hommes? Comment faut-il transporter, répartir et distribuer des quantités aussi importantes de produits divers et comestibles de toutes sortes?

Le problème, si complexe, a été résolu par le Service de l'Intendance militaire, qui, pendant toute la durée d'une guerre, a fait preuve de prévoyance, d'intelligence et d'une grande activité, puisque les soldats doivent toujours recevoir tout le nécessaire en temps voulu.

Vauban a écrit que « l'art de la guerre n'est rien sans l'art de subsister ». En effet, les soldats sont peu aptes à donner un effort physique, à lutter avec entrain, à gagner des batailles, lorsque leurs estomacs vides crient famine. L'avis si pratique de Vauban était aussi celui de Frédéric II, qui a dit, pour montrer l'importance des services de subsistances : « Voulez-vous avoir une armée solide, occupez-vous de satisfaire son ventre! » Le mot est brutal peut-être; il a le mérite d'une grande vérité, car, en même temps que la mobilisation des hommes, il est indispensable, et parallèlement à celle-ci, de faire activement la mobilisation des vivres qui les nourriront. Les grandes préoccupations que soulèvent les moyens d'alimenter les troupes en campagne ne se présentent pas seulement comme des exigences modernes; elles ont été de toutes les époques. Les Grecs, les Romains et tous les conquérants de l'antiquité, ainsi que les grands généraux de toutes les époques, tous ont apporté un soin particulier aux méthodes à employer pour assurer à leurs soldats la nourriture nécessaire, en quantité et en qualité, pour maintenir la santé des hommes, leur endurance devant les fatigues, et leur vaillance au moment de la lutte. Jamais cependant les services d'intendance n'ont eu un rôle aussi important que de nos jours; jamais ils n'ont eu, il est vrai, à leur disposition de moyens d'action aussi énergiques en même temps que perfectionnés. Il faut constater ici, comme nous le ferons sur tant d'autres points, que la science, l'industrie, la mécanique et tous les progrès modernes ont été mis à contribution pour apporter leur part de collaboration.

Cet état de choses a permis d'assurer un service de ravitaillement admirable, fonctionnant avec régularité et sans à-coups. Grâce à lui, les soldats ne manquent point de vivres au point où il faut qu'ils les obtiennent : cela a été le cas en 1914 même au moment de la pénible retraite qui a précédé la Victoire de la Marne, c'est-à-dire pendant une période durant laquelle la poursuite de l'ennemi rendait particulièrement difficiles les opérations de l'Intendance.

La ration quotidienne du soldat français doit se composer, en temps de guerre, de : 0 kg. 700 de pain, 0 kg. 500 de viande fraîche ou 0 kg. 300 de viande de conserve, 0 kg. 050 de potage condensé ou de purée de légumes, 0 kg. 100 de légumes secs, 0 kg. 030 de lard ou de graisse, 0 kg. 024 de café torréfié, 250 centilitres de vin et 0 kg. 031 de sucre. L'ensemble de cette ration doit être fourni par le service du ravitaillement; mais comme il peut se faire, et cela s'est produit suivant, que, dans certaines circonstances particulièrement dangereuses, les événements rendent impossible l'arrivée des voitures alimentaires, les soldats portent sur eux, dans la musette, pour un jour de vivres, dits vivres de réserve, auxquels il ne doit être fait appel que dans les cas d'absolue nécessité, c'est-à-dire comme à une suprême ressource, en présence de l'impossibilité de tout ravitaillement, les troupes ne pouvant obtenir aucune autre nourriture. La composition de cette alimentation de réserve est, pour chaque homme, de : 0 kg. 300 de pain de farine, c'est-à-dire de biscuit de fabrication soignée ; 0 kg. 300 de viande de conserve ; 0 kg. 050 de potage condensé ; 0 kg. 036 de café et 0 kg. 080 de sucre. Telle est la ration individuelle, à laquelle s'ajoute un litre d'eau-de-vie par groupe de 16 hommes.

En plus de la ration ordinaire quotidienne, fournie par le service du ravitaillement, les troupes se procurent, lorsque cela est possible, ce que l'on appelle des vivres d'ordinaire. Ces comestibles sont fournis par les capitaines-commandants, après avoir été achetés par les services des compagnies ; ce sont généralement des carottes, des choux, des pommes de terre, des produits divers, tels que du fromage par exemple, quelquefois du vin, de la bière ou du cidre.

La nourriture du soldat doit être suffisamment abondante ; il faut qu'elle soit toujours saine et fortifiante, variée quand cela est possible, régulière autant que les circonstances et les événements le permettent. Nombreux sont les « poilus » qui vantent leur nourriture comme « saine et abondante ». L'avis n'est pas entièrement partagé par M. Armand Gautier, qui, au cours de l'année 1915, a présenté à l'Académie des Sciences une étude très documentée sur la ration alimentaire du soldat en campagne.

Il s'est appuyé sur les travaux du physiologiste Atwater, dont les recherches s'appliquèrent à fixer la valeur du régime alimentaire normal dans des conditions déterminées ; les observations du savant américain ont porté sur des agriculteurs français, des employés de chemin de fer, des ouvriers de toutes catégories et sur des paysans belges, chez lesquels il a constaté une ration journalière produisant de 3 930 à 4 000 calories. La ration du soldat français, d'après les calculs de M. Armand Gautier, présente les principes constitutifs suivants déterminés par leur valeur en calories :

1° 158 g. 2	d'albuminoïdes........	× 3,7	=	585 c. 3
2° 65 g. 3	de graisses............	× 8,5	=	555 c. 0
3° 525 g. 5	d'hydrates de carbone..	× 3,9	=	2 049 c. 4
	Soit un total de calories...........		=	3 189 c. 7

Il est démontré qu'un ouvrier fournissant un fort travail matériel doit avoir une alimentation moyenne produisant 4133 calories dans les pays tempérés, et environ 4 250 calories dans les régions froides. La ration alimentaire du soldat en campagne, quoique inférieure à celle d'un travailleur placé dans des conditions normales, paraît néanmoins suffisante pendant les mois d'été, mais, au cours des périodes froides, il serait indispensable d'en augmenter la valeur, de façon à ce qu'elle puisse donner un minimum de 3 900 calories. M. Armand Gautier insiste sur l'action, à la fois stimulante et réconfortante, du vin; la ration de pain et celle des graisses doivent aussi être augmentées pendant les durs mois de l'hiver.

La question du calorique chez les combattants a également été étudiée, et fort magistralement, par M. A. Blondel, de l'Académie des Sciences. Il a félicité les femmes innombrables, toutes les œuvres, qui ont répandu à profusion les vêtements de laine parmi les soldats; mais, à côté, dit-il, de la conservation du calorique, et antérieurement à elle, la création de la chaleur dans le corps humain

OMNIBUS AUTOMOBILES EN CONVOI DE RAVITAILLEMENT.

pose un problème bien supérieur. Il faut, ajoute M. A. Blondel, adapter la nature des aliments à la saison et lui apporter, suivant la température régionale, les modifications qu'enseigne la physio-chimie biologique. Le lard, les saucisses, le « bacon » des Anglais, les rillettes constituent des aliments excellents pour le soldat en campagne, pendant les dures et froides journées de l'hiver.

Ceci dit, il faut reconnaître que rude est la tâche, aussi délicate qu'importante, qui consiste à ravitailler des millions d'hommes, sur les points très différents d'un front de plusieurs centaines de kilomètres de longueur, alors que ces troupes souvent sont mobiles et que leurs déplacements se produisent aux moments les plus inattendus. Comment se pratique cette opération?

Le ravitaillement consiste à remplacer, chaque jour, dans les diverses unités, les vivres qui y ont été distribués aux soldats. Les approvisionnements viennent des magasins, des dépôts, des centres de ravitaillement, souvent placés fort loin en arrière, quelquefois même dans des villes choisies à cet effet situées à plusieurs centaines de kilomètres des endroits où se déroule l'action. De ces points éloignés jusqu'aux gares dites de ravitaillement, les transports se font par chemin de fer, et c'est encore une collaboration précieuse, au milieu de tant d'autres, que les voies ferrées françaises apportent à la défense nationale.

Aux jours de ravitaillement, qui naturellement changent suivant les mouvements des troupes, les provisions passent des wagons du chemin de fer dans les trains régimentaires ou, autrement dit, dans des camions automobiles ou des voitures attelées, constituant le convoi de ravitaillement sur routes. Camions et voitures viennent quotidiennement à la gare, d'où elles emportent chaque fois pour deux journées de vivres, de façon à ce que le magasin de l'unité soit constamment approvisionné pour plusieurs jours, et afin de faire face aux interruptions qui pourraient se produire, et qui se produisent fatalement dans le service. Il y a ainsi des réserves de vivres par corps d'armée, par régiment et même par compagnie. Il faut compter avec tout en temps de guerre, l'interruption des voies ferrées, qui peut être due à des causes très diverses, et l'impossibilité de remplacer leurs services par ceux, si utiles dans la circonstance, des convois automobiles. Les automobiles, et particulièrement les *grands autobus parisiens transformés pour la circonstance*, ont, dans des centres nombreux en 1914 et 1915, permis d'effectuer des ravitaillements dans des conditions bien périlleuses.

Il n'est pas possible d'entrer ici dans les détails de la transmission et de la distribution des vivres; ces opérations nécessitant toute une série de rouages fonctionnent comme un véritable mécanisme d'horlogerie. Mais, en dehors du transport aux troupes, il y a, dans le service des subsistances militaires, tout un ensemble d'organismes, qui ne peuvent être passés sous silence. Ce sont de vastes entrepôts, véritables greniers d'abondance, où sont approvisionnés tous les produits nécessaires. Il existe également des stations-magasins, où s'accumulent le riz, la farine, les haricots, le café, le sucre et toutes les denrées alimentaires. Certaines grandes minoteries sont mobilisées pour fournir la farine et le son. Des greniers sont militarisés pour recevoir l'avoine, la paille, le foin. D'autres magasins reçoivent le charbon. Ces établissements, tous situés à proximité d'une importante gare, abritent les produits que leur envoient les divers centres de production et les expédient ensuite quotidiennement vers les gares de ravitaillement, en conservant un stock suffisant.

Mais, comme la viande ne peut pas être approvisionnée, sauf sous forme frigorifiée, il est créé des parcs militaires à bestiaux avec les troupeaux achetés dans les régions riches en bétail. Les bêtes — bœufs, vaches et moutons — sont abattues suivant les besoins, et la viande est envoyée aux corps d'armée, par exemple dans les anciens autobus parisiens, qui ont été aménagés pour répondre aux besoins de ce service. Les opérations de boucherie ne sont pas sans une grande importance; car il ne faut pas moins de 120 bêtes par jour pour répondre à la consommation d'un corps d'armée.

Pour ne pas épuiser le cheptel français, pourtant si riche mais facile à appauvrir cependant devant une telle mise à contribution, les services d'intendance ont recours aux viandes frigorifiées provenant de l'exportation étrangère, que l'on fait alterner avec l'emploi des viandes fraîches. Le transport se fait dans des bateaux et des trains frigorifiques. C'est par milliers de tonnes que, durant la guerre de

BESTIAUX CONDUITS A UN PARC DE RAVITAILLEMENT.

1914, se sont importées en France les viandes de l'Argentine. Marseille, Cherbourg, Brest et le Havre ont reçu, pour nos troupes, d'excellentes viandes, qui, pour avoir été congelées, n'ont perdu aucune de leurs qualités de saveur et de nutrition. L'industrie du froid, qui, depuis vingt ans, a fait de si grands progrès, apporte, comme tant d'autres, une collaboration précieuse à l'alimentation des troupes en campagne.

L'industrie des conserves alimentaires n'est pas moins utile. Les troupes anglaises par exemple font une grande consommation de produits conservés; ceux des usines britanniques sont célèbres, d'ailleurs, dans le monde entier. En France, des fabriques ont été mobilisées et d'autres ont même été fondées pour fournir à nos « poilus » les diverses conserves qui sont nécessaires à leur alimentation. Le bœuf en conserve, mis en boîtes, spécialement pour l'usage de l'armée, est connu par nos troupiers sous le nom de « singe »; il donne lieu à une préparation soignée qui aboutit à une excellente nourriture. Le bétail employé vient des prairies de l'Ouest.

La fabrication du pain pour les soldats demande quelques explications. Les fours de campagne, qui se déplacent facilement et suivent les troupes dans leurs divers mouvements, sont transportés sur des voitures spéciales, tantôt à traction animale, tantôt à traction automobile. Les troupes les montent aux emplacements où ils sont nécessaires, et c'est une véritable boulangerie en plein air qui se trouve rapidement ainsi créée. Des tranchées sont creusées, les fours descendus et mis en place, les cheminées montées; l'opération demande peu de temps. Ces fours, à deux étages, fonctionnent très bien; ils sont de précieux auxiliaires de l'intendance, parce qu'ils fournissent aux divisions un pain aussi bon que celui des manutentions et établissements de l'arrière.

On distingue, en temps de guerre, deux types de panification différents. Le pain biscuité, qui comprend les éléments du pain ordinaire, farine de blé, eau, sel et ferment; mais, dans la fabrication, on proscrit le ferment industriel, la levure, pour n'employer que le levain de pâte ou ferment naturel. Le biscuit, pain de réserve, qui est fabriqué avec de la farine pure compressée, doit la très longue durée de sa conservation à la lenteur de sa cuisson et à la compression du produit; sa valeur réside dans la puissance nutritive qu'il renferme dans un petit volume.

La miche militaire, dite « boule de son » par les troupes françaises, est un pain excellent, souvent considéré comme supérieur en valeur alimentaire au pain civil des boulangeries parisiennes. Voici, d'ailleurs, dans quelles proportions se présentent les qualités nutritives théoriques de chacun :

	Azote.	Carbone.	Graisse.
Pain de munition..........	1 20	30	1 50
Pain de Paris (civil)........	1 08	28	1 20

Que de choses n'y aurait-il pas à dire encore sur le pain du soldat! Mais, il faut passer à un autre sujet, qui a bien son importance aussi, la cuisine militaire en campagne. Jamais, hâtons-nous de le dire, les troupes ne furent mieux nourries qu'à notre époque, à cause surtout du nombre considérable de cuisines roulantes qui sont mises à la disposition des régiments. Les voitures-cuisines qui accompagnent les troupes dans leurs mouvements sont généralement composées d'un fourneau de cuisine monté sur deux roues d'artillerie, avec foyer, marmite à bouillon et soupes, marmite à rata, récipient à café; le matériel est porté ainsi que le combustible sur un avant-train. Certaines cuisines volantes sont à traction automobile; elles comportent des fourneaux mieux agencés que les autres. La voiture à traction animale, traînée par quatre chevaux d'artillerie, rend, comme l'autre, de grands services; elle circule facilement dans les champs, les terres labourées et les mauvais chemins.

L'alimentation en eau des troupes en marche n'est pas toujours commode. Les sources, les puits, les fontaines peuvent avoir été contaminés par les populations civiles avant leur exode, ou par les troupes ennemies lors de l'occupation de la contrée. Les services d'eau communaux sont souvent coupés, en temps de guerre, pour que les troupes ennemies ne puissent pas s'en servir. Dans ces circonstances les soldats n'ont plus d'autre ressource que de puiser au cours d'eau — rivière ou ruisseau — le plus voisin, l'eau nécessaire à leurs besoins pour la cuisine et les soins de propreté. Souvent le cours d'eau n'existe pas, et c'est le cas de bien des régions; c'est alors qu'interviennent les tonneaux et réservoirs automobiles, et c'est pour véhiculer l'eau dans les contrées où il y en a peu ou pas du tout, que tous les tonneaux d'arrosage automobiles de Paris et des villes provinciales ont été mobilisés et expédiés au front, dès le début des hostilités en 1914. Si l'eau est indispensable pour la vie de l'infanterie en campagne, elle l'est encore davantage pour la cavalerie, l'artillerie montée et tous les corps qui font appel à la collaboration des animaux, des chevaux ou des mulets, qu'il faut abreuver souvent et auxquels il faut beaucoup d'eau. Les troupes savent les moyens de fortune qu'il faut employer pour construire des abreuvoirs et des lavoirs provisoires. Mais l'eau manque parfois complètement. Les automobiles, comme cela a été dit, amènent quelquefois de loin l'eau réclamée par les cantonnements.

Quand l'eau existe, elle peut ne pas être bonne; il existe des filtres spéciaux qui sont mis à la disposition des troupes; et, pour les opérations de filtrage un peu importantes, on fait intervenir des postes de filtrage automobiles, qui, comme toutes les voitures mécaniques, rendent de précieux services.

AMBULANCIERS RAMENANT UN BLESSÉ DE LA PREMIÈRE LIGNE.

CHAPITRE VI

LA MORTALITÉ ET LES BLESSURES DE GUERRE

○ ○ ○

Si la question de l'eau est de première importance au point de vue de la quantité dans l'alimentation du soldat, dans sa vie journalière; elle ne l'est pas moins au point de vue de la qualité d'abord, même aussi de la quantité, quand il s'agit de l'hygiène des troupes, de la santé du soldat; considération qui se rattache intimement à la question de la mortalité et des blessures qui peuvent frapper les armées en campagne.

Le fait est qu'il y a une préoccupation de premier ordre et qui continue toujours de s'imposer, même dans les guerres les plus modernes, particulièrement au milieu de ces effectifs énormes qui constituent les armées employées dans ces guerres. La maladie fait ou peut faire un très grand nombre de victimes; et jadis, ce jadis ne remontant pas bien loin, il fallait plus craindre les épidémies, les contagions, dont à cette époque on ne connaissait point les causes ni les microbes, que les morts violentes par l'arme blanche ou par les fusils et les canons. Dans telle expédition coloniale récente comme celle qui nous a valu la conquête et le protectorat de la Tunisie, pour 20 000 hommes de troupe, il y avait eu seulement 62 tués par le feu, et 1 279 morts de maladie. Pour l'expédition de Madagascar encore beaucoup plus récente, faite du reste imprudemment, lors de la conquête de cette île, un peu avant 1885, il y avait eu bien près de 4 200 décès par maladies, contre quelques décès seulement par le feu. Il est vrai que cette expédition était bien spéciale du fait du climat. Mais sous le premier Empire, dans la guerre d'Espagne, l'armée anglaise avait perdu 8 900 hommes par le feu contre près de 25 000 par maladies. Durant la guerre de Crimée, pourtant beaucoup plus moderne, l'armée française avait perdu 20 000 hommes par le feu, par les blessures de guerre, 75 000 par la maladie, sous l'influence du choléra, du typhus, de la fièvre typhoïde.

Il est vrai que peu à peu cette proportion se modifiait; on comprenait les précautions qu'il y avait à prendre au milieu d'accumulations d'hommes vivant en commun, sans le confort nécessaire, et parfois insuffisamment nourris; la maladie devenait de moins en moins redoutable; malheureusement les blessures de guerre faisaient de plus en plus de victimes. C'est ainsi que, pendant la guerre de 1870-1871, plus de 28 000 hommes allemands avaient été tués par le feu, alors que la maladie n'en avait fait disparaître que quelque 11 200. Au surplus, ces chiffres étaient bien modestes par rapport à la mortalité des guerres tout à fait modernes comme celle dont nous nous préoccupons. Le nombre des morts et des blessés s'est accru dans des proportions considérables, comme conséquence de l'efficacité de l'armement, et aussi des masses prodigieuses que l'on fait entrer dans une lutte.

UNE TABLE D'OPÉRATIONS DANS UNE AUTOMOBILE.

On pouvait déjà constater cette évolution à propos de la guerre russo-japonaise, pendant laquelle les Japonais ont eu près de 59 000 hommes tués dans des batailles. Pourtant, la proportion des tués par rapport aux effectifs engagés a diminué considérablement depuis un siècle ou un siècle et demi; elle était de 3 p. 100 sous Napoléon, elle a été seulement de 0,5 p. 100 en Mandchourie, pendant la guerre à laquelle nous faisions allusion à l'instant; mais il ne faut pas perdre de vue l'accroissement prodigieux des effectifs depuis cette époque lointaine du commencement du XIXe siècle. La redoutable action de l'armement moderne et des procédés également modernes de guerre s'est accusée dans tous les détails. Le fait est qu'un chirurgien connu, dirigeant un grand hôpital à Sofia, au moment des guerres balkaniques, hôpital où l'on concentrait il est vrai les blessés, en avait vu arriver 58 000 en un seul mois. Pendant la première Guerre balkanique, la Bulgarie a compté, parmi ses soldats, 53 000 blessés et 30 000 tués; pendant la seconde guerre, 62 000 furent blessés et 13 000 furent tués. Un soldat sur trois avait été atteint plus ou moins gravement; le douzième de l'effectif mourut, c'est-à-dire un homme environ pour 3 ou 4 blessés, les morts de maladies n'étant point comptés dans ces chiffres. C'était une mortalité énorme, dont 80 à 84 p. 100 était dus aux balles de fusil, 15 à 17 p. 100 aux shrapnells, ces balles de canons dont nous reparlerons, et 1 p. 100 seulement aux armes blanches, sabre, baïonnette. Comme de juste les blessures les plus graves, ayant le plus de chance d'entraîner la mort, sont celles qui ont atteint la tête ou le tronc, tandis que les blessures aux membres sont relativement peu dangereuses.

Les données relatives à la guerre double soutenue par la Bulgarie sont particulièrement intéressantes, car il est impossible, pour l'instant, de se procurer des renseignements aussi précis sur la guerre de 1914-1915. Les immenses batailles qui se sont livrées pendant cette dernière guerre, notamment la bataille de la Marne, ont entraîné une mortalité considérable, des blessures multiples; mais, dans la guerre de tranchées, tout au moins pour les armées alliées, les conséquences ont été moins cruelles, parce que Français, Anglais, Italiens, même Russes, ne se sont point livrés aux folies des attaques en masse, par rangs serrés, que les Allemands ont pratiquées dès le début, en tenant absolument pour négligeable le massacre de milliers et de milliers de leurs hommes, afin de s'imposer, de triompher par la masse constamment renouvelée. Ce sont en partie ces méthodes brutales de combat qui font que, dès la fin de la première année de la guerre, on pouvait compter que les Allemands avaient dû perdre 3 millions 1/2 d'hommes dans les combats successifs; en entendant ce mot aussi bien pour les blessés, les disparus, les prisonniers, que pour les tués.

On a pu estimer avec toute vraisemblance que les pertes allemandes, durant la fameuse bataille de Calais, qui, en fait, s'est livrée à l'est de l'Yser, ont dû être de 150 000 à 200 000 hommes; comme de juste, une partie des blessés peuvent guérir et revenir ensuite sur le front, au bout d'une convalescence plus ou moins prolongée. Il ne faudrait pas du reste prétendre que les armées alliées n'ont pas été cruellement frappées; c'était inévitable par suite de la préparation remarquable de la guerre par les Allemands, qui la rêvaient depuis tant d'années. Les armées et la flotte britanniques

L'INTÉRIEUR D'UNE AUTOMOBILE CHIRURGICALE.

par exemple, pendant la première année de guerre, ont perdu, au sens que nous avons donné tout à l'heure, environ 320 000 hommes de troupes de terre et tout au plus 9 000 marins et soldats de l'armée de mer. Sur ce total, il y a eu 69 000 tués, 64 000 manquants, disparus ou prisonniers. Ce sont évidemment des statistiques déplorables : quelle tristesse de voir périr ainsi des milliers et des milliers d'hommes, de par la volonté d'agression d'un peuple avide de pillage et de conquêtes! Néanmoins, et bien que les effectifs anglais soient considérablement plus faibles que ceux des Allemands, leurs troupes ont été relativement épargnées, parce qu'on ne les a point dépensées avec la brutalité à laquelle nous faisions allusion.

Cette question du nombre des blessés n'importe pas seulement pour le moment où l'on veut dresser le bilan de ce que la guerre a coûté d'existences humaines et d'infirmités; il faut encore prévoir en la matière, afin d'essayer d'évaluer par avance quelle importance il faut donner à ce que l'on appelle les formations sanitaires; savoir combien il est nécessaire de prévoir, pour chaque armée ou pour chaque corps, de médecins, d'infirmiers, de véhicules divers devant transporter les blessés, de postes de secours, d'ambulances, d'hôpitaux afin de les recevoir. Au reste, les dispositions à prendre sont variables d'après le genre et la gravité de la blessure; puisqu'il y aura notamment un grand nombre des blessés qui pourront se rendre à pied, plus ou moins aidés, jusqu'au poste de premiers secours, où l'on complètera, grâce aux médecins aidés d'infirmiers, ce qui aura été fait par le soldat lui-même ou un de ses camarades, avec son pansement individuel.

Nous verrons tout à l'heure comment sont donnés les secours aux blessés qui sont transportés jusqu'aux hôpitaux les plus éloignés, où l'on évacue ceux qui peuvent supporter un transport, de façon à ce que leurs blessures guérissent et qu'ils y commencent même leur convalescence. Quant au pansement individuel dont nous venons de parler, c'est une sorte de petite pharmacie élémentaire, d'emploi facile, que chaque soldat porte fixée à l'intérieur de son vêtement même, et qui contient notamment une bande, enfermée hermétiquement, pour empêcher qu'elle puisse se salir le moins du monde; elle servira à envelopper la blessure sur le champ de bataille, à arrêter l'écoulement du sang, à constituer un pansement tout à fait provisoire. On a essayé de faire ces pansements individuels et de début aussi complets que possible; on a voulu notamment doter chaque soldat d'une petite ampoule contenant de la teinture d'iode, ou encore de l'eau oxygénée. L'application de ces médicaments est chose délicate. Aussi importe-t-il au suprême degré que le relèvement des blessés sur le champ de bataille puisse se faire le plus rapidement possible, de même que leur évacuation sur un poste de secours, puis sur les ambulances, et enfin tout à fait à l'arrière.

Nous avons dit que la mortalité, au moins quand on ne sacrifie pas volontiers les hommes, est beaucoup moindre qu'on ne pourrait le craindre, dans les guerres modernes. Cela tient peut-être un peu en partie à ce fait que les balles nouvelles que lance le fusil de guerre des diverses nations, traverse souvent les tissus, les bras, les jambes, une partie même du corps, sans y causer de trop graves ravages. Cela avait même amené, de façon exagérée d'ailleurs, à appeler volontiers ces balles nouvelles des balles humanitaires. Il ne faut rien exagérer, ni dans un sens ni dans un autre; et les balles les plus normales du fusil français comme du fusil allemand, et du fusil anglais comme du fusil russe, en dépit de leur calibre, de leur diamètre très faible, diamètre que nous constaterons mieux quand nous nous occuperons des armes portatives des diverses armées, du fusil de guerre actuel, sont susceptibles parfois de causer des blessures redoutables, ou même d'amener dans certains cas à croire qu'on se trouve en présence de ces balles spéciales : celles que l'on appelle des balles dum-dum, préparées pour blesser plus sérieusement l'homme qu'elles frappent, pour le mettre sûrement hors de combat.

Il a été absolument prouvé que, pendant la guerre de 1914-1915, les soldats allemands ou autrichiens avaient été dotés d'approvisionnements de balles dum-dum ou même de balles explosives véritables, disposées un peu, en petit, comme un obus; on a saisi des approvisionnements de ces balles redoutables dans les cartouchières de beaucoup de soldats tués ou de prisonniers. Cet emploi est absolument interdit par la Conférence de la Haye, mais nos ennemis n'étaient point pour s'embarrasser d'une violation de signature de plus. Le plus souvent, la balle est transformée en dum-dum par évidement de la pointe du projectile; si bien que le métal s'aplatit au contact du corps humain, se déforme très facilement, en rencontrant notamment des os; et quand la balle sort, elle forme une blessure conique, après avoir rompu les tissus, les avoir meurtris dangereusement, en faisant éclater pour ainsi dire la peau et les chairs. On arrive au même résultat en fendant partiellement au couteau la pointe de la balle; il a été également constaté que nombre de soldats allemands sortaient la balle de l'extrémité de la cartouche, et l'y replaçaient retournée, son culot constitué de plomb non recouvert d'une chemise métallique dure pouvant s'épanouir, s'écraser à la rencontre d'un corps, éclater pour ainsi dire, et causer ensuite des blessures terribles. On doit bien reconnaître au surplus qu'il suffit qu'une balle ordinaire ricoche sur un fusil, sur un sabre, sur un morceau de rocher, rencontre un bouton de tunique, un objet dur placé dans la poche du soldat, pour qu'elle se déforme, devienne une sorte de balle dum-dum, et exerce une action beaucoup plus dangereuse. Souvent il suffira d'un tir à faible distance, pour qu'il se produise un coup explosif, comme on dit, une séparation du projectile en une série de fragments parsemant le membre atteint.

VACCINATION ANTITYPHIQUE.

Tout au contraire, il est bien vrai que les balles arrivant de plein fouet, comme on dit, feront souvent des blessures très étroites, guérissant rapidement, traversant par exemple le poumon sans occasionner de conséquences graves. Pour les plaies causées par les éclats d'obus, elles diffèrent de gravité; quand il s'agit d'un gros fragment, un membre pourra parfaitement être arraché; souvent les éclats en dents de scie sur leurs bords auront des effets destructifs terribles, fréquemment les éclats d'obus restant dans la plaie. La blessure pourra être gravement compliquée si des débris de vêtements ont été entraînés dans celle-ci, ce qui cause généralement des infections.

Nous avons dit que, dans les armées et les guerres modernes, les maladies étaient bien moins redoutables que jadis. Néanmoins de multiples précautions sont à prendre contre elles, à commencer par le filtrage de l'eau d'alimentation, auquel nous avons fait allusion; une foule de contagions, notamment la fièvre typhoïde, la dysenterie se communiquant d'ordinaire par l'eau. La crainte du microbe est ici le commencement de la sagesse, qu'il s'agisse du vibrion septique, qui, lui, ne donne point une maladie ordinaire, mais infecte les plaies, en entraînant ce que l'on appelle la gangrène gazeuse; qu'il s'agisse du microbe du tétanos, qui se trouve normalement dans la terre, et peut, lui aussi, causer de terribles complications chez les blessés. Pour lutter contre ce tétanos, il existe des cultures, des vaccins, qui demandent au reste à être employés très rapidement. Mais la typhoïde est, elle aussi, à redouter dans des agglomérations d'hommes. Heureusement a-t-on imaginé des vaccins qui permettent le traitement de la typhoïde déclarée, et même, à ce qu'on affirme, permettent d'immuniser les hommes pendant quelques mois par des vaccinations préventives. Ces vaccinations ont été pratiquées par milliers et centaines de milliers, du moins quelques mois après le début de la guerre de 1914, et elles semblent avoir donné très souvent des résultats précieux. Pour assurer ces vaccinations et la préparation du vaccin, on a créé, notamment au Val-de-Grâce à Paris, un service d'une activité et d'une importance extraordinaires. Il ne faut pas oublier une autre maladie jadis particulièrement redoutable, aujourd'hui plus rare, mais contre laquelle il faut s'armer : c'est le typhus, appelé volontiers typhus des armées, parce que c'est dans ces agglomérations qu'il se répand le plus facilement. On a constaté qu'il est inoculé d'homme à homme généralement par les poux; ce qui laisse immédiatement supposer que le meilleur moyen de lutter contre lui c'est la propreté des soldats.

C'est au point de vue de la contagion possible, notamment par l'intermédiaire des mouches, profondément redoutables en dépit de ce qu'on pense généralement, que la désinfection des champs de bataille, la destruction des cadavres d'animaux et certaines précautions pour les cadavres humains, s'imposent avec la plus grande urgence.

Aussi bien, pour l'armée française comme pour l'armée anglaise, l'hygiène générale a été réellement bonne durant la guerre 1914-1915; grâce à ce fait d'une part que les soldats étaient abondamment alimentés, qu'ils présentaient le minimum possible de réceptivité, comme on dit, la moindre susceptibilité à contracter des maladies; et, de l'autre, que l'on a essayé, par tous les moyens possibles, de leur faciliter les bains, la propreté corporelle, qui est elle-même de grande nécessité. Les Anglais ont créé des installations d'un confort extraordinaire pour assurer le bain de leurs hommes; les Français se sont plus souvent et plus modestement contentés d'installations de fortune faites dans de vieilles buanderies, avec des tonneaux défoncés, des appareils de chauffage de l'eau tout à fait élémentaires. Les Russes, eux, qui ont la grande habitude du bain de vapeur, même dans les maisons modestes de paysans, ont pratiqué constamment les trains-bains, comportant des voitures-citernes pour emmagasiner l'eau, une chaudière spéciale installée sur la locomotive pour fournir l'eau chaude et la vapeur, et toute une suite de wagons-étuves et de wagons pour bains de vapeur suivis de douches froides.

Nous rappelons que, pendant la campagne d'hiver, là où les hommes demeuraient les pieds dans l'eau glacée, il s'est produit souvent des accidents que l'on a qualifiés de pieds gelés, quoiqu'il ne s'agit pas réellement de congélation, mais d'un manque de circulation ayant souvent des conséquences désastreuses.

BLESSÉS AMENÉS AU TRAIN SANITAIRE.

CHAPITRE VII

AU SECOURS DES BLESSÉS

o o o

Quand on songe au nombre énorme de blessés qui se trouvent sur un champ de bataille, ou même sur le front après une journée d'échanges de coups de fusil, de coups de canon, de grenades; il est évident que les moyens de secourir ces blessés, pour les recueillir, juger de leur état, les envoyer là où ils pourront être soignés plus complètement, parfois opérés, enfin se rétablir comme cela est désirable, s'imposent aux préoccupations d'un chef d'armée.

Il ne faudrait pas croire que cette sollicitude pour les blessés se soit toujours montrée, même à une époque où les armées étaient savamment organisées. Sans doute Turenne n'hésitait pas à faire jeter ses bagages pour emporter sur ses fourgons les blessés abandonnés dans une retraite; mais, encore au temps de Louis XIV et de Louis XV, bien que souvent 8 000, 10 000 soldats restassent sur le terrain après une bataille, rien n'était méthodiquement organisé pour secourir ces blessés, les recueillir, les transporter, les opérer, et le reste. Comme on a pu le dire justement, le sort des blessés était livré trop souvent au hasard, bien qu'il existât un service de santé militaire. En la matière, l'illustre Vauban, avec son cœur si généreux, avait multiplié les hôpitaux en même temps que les médecins et les chirurgiens de régiment. Ce qui a du reste laissé le plus longtemps à désirer, cela a été le transport des blessés jusqu'aux hôpitaux.

Les choses se sont heureusement modifiées. Cependant, sous l'influence de la violence des combats modernes, de l'énormité des effectifs engagés sur chaque point du front, de la pluie de balles et de projectiles divers que lancent les mitrailleuses, les canons, les grenades, etc.; sous l'influence aussi, on ne saurait trop le rappeler, de la sauvagerie des armées austro-allemandes, la besogne des infirmiers et des brancardiers qui s'en vont sur la ligne de feu, ou essayent du moins d'y arriver, pour ramasser les blessés et les ramener au poste de premier secours, devient terriblement difficile et périlleuse. Souvent il est impossible d'aller chercher des blessés que l'on aperçoit pourtant nettement; d'autant que, encore une fois, Allemands et Autrichiens n'hésitaient point à tirer sur les chirurgiens ou les aides-ambulanciers, en dépit de l'emblème qui devrait être protecteur, la Croix-Rouge.

Pour arriver à des résultats encore une fois imparfaits, en raison également du nombre extraordinairement élevé de blessés qu'on doit relever, soigner, évacuer; il faut toute une organisation très compliquée en même temps que très complète, nécessitant un outillage des plus abondants et des plus variés, sous la forme des brancards simples ou des brancards sur roues de bicyclette, des cacolets accrochés à la selle de mulets, des convois automobiles, des voitures, également automobiles, servant de salles d'opérations chirurgicales, des trains sanitaires, des péniches, des chalands sanitaires également.

UN CHIEN AMBULANCIER.

Théoriquement, et autant que la violence des combats, la sauvagerie de l'adversaire le permettent, sur la ligne de feu, les brancardiers vont ramasser les blessés; ou ceux-ci, quand ils le peuvent encore, se traînent bien souvent sur des centaines de mètres, en s'abritant derrière les replis du sol, où ils seront parfois obligés d'attendre des heures et des heures, sinon des jours, que l'on puisse les découvrir, leur donner les secours de première urgence, complétant ce qu'ils ont pu faire eux-mêmes à l'aide de leur pansement individuel. Tous viendront ou seront ramenés un peu plus en arrière au premier poste de secours, où ils trouveront assurément un personnel médical et des voitures; ce ne sont que des soins simples et provisoires qu'on y donne. Et dès que cela sera possible, à l'aide de voitures à chevaux, ou surtout d'automobiles maintenant, puisque l'on a su enfin mettre complètement à contribution l'automobile dans ce but, ils seront transportés aux ambulances ou hôpitaux d'évacuation, installés à quelques kilomètres en arrière, à l'abri du feu de l'ennemi, lors même que volontairement celui-ci, comme les Allemands l'ont fait constamment, chercherait à détruire les ambulances, à canonner la Croix de Genève.

Dans l'ambulance ou l'hôpital d'évacuation, on effectue les opérations chirurgicales qui s'imposent; les pansements sont exécutés dans des conditions parfaites; les fractures sont immobilisées. Il est essentiel de se rendre bien compte des difficultés et des dangers de la besogne des médecins, des infirmiers, des brancardiers qui vont en première ligne; le plus souvent le gros du travail, comme on a dit, ne peut commencer qu'à la nuit, pour éviter que l'ennemi ne tire sur ceux qui viennent ainsi au secours des blessés. Il est très difficile souvent de retrouver ceux-ci. C'est pour cela qu'on les a munis volontiers d'un sifflet leur permettant d'appeler; c'est pour cela aussi qu'on a imaginé les chiens dits sanitaires, recherchant les blessés, attirant ensuite l'attention sur leur trouvaille, soit en rapportant un mouchoir, un képi, soit en se faisant suivre par le brancardier, l'ambulancier qu'ils ont été chercher.

Les difficultés se compliquent terriblement de la masse des blessés au secours desquels il faut venir, dans un instant assez court. Dans tel centre d'évacuation, on a vu couramment arriver, en un seul jour, 3000, 4000, quelquefois plus de 5000 blessés, imposant aux chirurgiens et aux médecins une rapidité de décision et de travail qui les surmène bien vite.

Il ne faut pas oublier que, dans ces ambulances situées un peu en arrière, et où arrivent les blessés venant du poste de secours, il faut trier ces blessés, de façon à évacuer seulement ceux qui sont transportables, à soigner sur place ceux qui ne le seraient point. Les ambulances ont constamment à se porter en avant, quand il s'agit de batailles où on se déplace réellement, et non point de la guerre de tranchées, et suivent les combattants dans leurs progrès. Quelques-unes, comme nous le laissions entendre, faisant partie de la formation sanitaire et chirurgicale de l'avant, se présentent sous la forme d'automobiles complétées par des tentes que l'on déploie latéralement, quand le véhicule est arrêté ; ce sont autant de salles d'opérations bien dotées au point de vue matériel; elles sont complétées par des automobiles radiographiques, dans lesquelles on peut prendre, par transparence, des photographies du corps des blessés, pour retrouver les éclats, les projectiles logés dans les muscles ou dans les os. Les premières automobiles mises à contribution ont rendu

ENLÈVEMENT D'UN BLESSÉ PAR UNE AMBULANCE AUTOMOBILE.

tant de services, qu'il a fallu les multiplier dans une proportion considérable au bout de quelques mois. Cela n'empêche que, comme le transport rapide des blessés, leur évacuation sur les ambulances ou les postes où ils pourront être mieux soignés, d'où ils pourront être envoyés très loin de la région où on se bat, s'impose de façon urgente; quand on se trouve en présence d'un nombre trop élevé de blessés, on recourt à tous les procédés, à tous les moyens de transport, notamment aux voitures de paysans, sur lesquelles on les installe dans de la paille, ce qui vaut mieux que de les laisser près du champ de bataille, là où les soins sont difficiles, là où les dangers sont continus.

Les blessés partant des ambulances ou hôpitaux d'évacuation sont confiés aux services d'évacuation de l'arrière, ayant pour mission de les conduire vers les hôpitaux de l'intérieur. A cet égard, les chemins de fer, sous la forme des trains sanitaires, rendent des services indispensables et précieux. Ces trains sont installés diversement, suivant le temps dont on dispose, la masse des blessés, et aussi l'importance de leurs blessures. C'est qu'en effet les blessés légers, comme on les nomme, on peut les installer par 4 ou par 6 dans des compartiments de wagons ordinaires pour voyageurs; ceux qui ont les jambes atteintes pouvant les étendre sur les banquettes : c'est le train pour blessés assis. Pour les blessés couchés, on recourt, quand on le peut, aux trains sanitaires permanents, trains que tous nos lecteurs connaissent, composés de wagons soit à voyageurs avec des couchettes superposées, soit à marchandises, notablement transformés à l'aide de couchettes également munies de ressorts. A chaque train sont accrochés un certain nombre de wagons complémentaires servant à recevoir les chirurgiens ou médecins, les infirmiers, la cuisine, les approvisionnements, le linge, etc.... C'est un véritable hôpital roulant, comme on l'a dit.

Ces trains permanents, en France particulièrement, se sont accusés comme tout à fait insuffisants au point de vue du nombre, quand des milliers de blessés ont dû être évacués dans un temps très court, sur toute une série de directions, vers le Sud-Est ou le Sud-Ouest ou l'extrême Ouest de la France, comme cela a été le cas après la bataille de la Marne, où notre succès a été payé chèrement. Et souvent on a mis à contribution de simples wagons à marchandises dotés de banquettes, sur le plancher desquels on étalait une couche épaisse de paille, et où s'étendaient les blessés tant bien que mal, une fois un solide pansement presque définitif fait dans l'hôpital d'évacuation. Ce sont des trains sanitaires improvisés qui ne présentent point le même aspect confortable que les autres, mais qui ont cet avantage de premier ordre qu'ils répondent à la nécessité absolue d'évacuer au plus tôt les blessés, de dégager l'arrière de la ligne de combat. Ces trains improvisés ne présentent pas tous les défauts qu'on leur attribue volontiers, car un pansement bien fait n'a pas besoin d'être changé au moins pendant les deux premiers jours; et il est prévu des arrêts dans telle ou telle gare, non pas seulement pour alimenter et réconforter les blessés, mais encore pour une visite médicale et chirurgicale. On emploie du reste continuellement comme trains d'évacuation des blessés les trains de retour qui sont venus, dans ce que l'on appelle la gare régulatrice, apporter les approvisionnements, le ravitaillement pour l'alimentation des troupes, ou encore les munitions. On les utilise à vide, et l'on sauve bien des existences en assurant une rapidité d'évacuation des blessés aussi grande que possible. Quand cela est praticable, on a du reste mis à contribution des voitures automobiles spéciales, comportant des couchettes pour les grands blessés, des sièges pour les blessés légers; ces automobiles pouvant les amener directement de la ligne de front jusque dans les hôpitaux de l'intérieur, si la distance n'est pas trop considérable.

Les Anglais, dans leur amour rationnel du confort, ont installé des trains sanitaires qui sont de véritables modèles, mais qu'il n'est pas toujours possible de multiplier, à cause même des dépenses qu'ils entraînent, de la préparation qu'ils nécessitent. Les planchers sont revêtus de linoléum ; tout l'intérieur est enduit d'émail blanc ; la propreté et l'hygiène sont faciles à y réaliser. Dans certaines circonstances, quand le permettent les champs de bataille ou la ligne de front (puisque les champs de bataille s'étendent volontiers de façon continue sur toute cette ligne dans les guerres modernes), on a la possibilité de mettre à contribution les cours d'eau, rivières ou canaux, en y faisant circuler des chalands ou péniches, installés intérieurement comme de véritables hôpitaux flottants, et qui présentent l'avantage précieux de ne point imposer aux blessés de secousses dans le transport ; ce mode d'évacuation a toutefois le défaut d'être lent. Ces péniches-ambulances ont pu rendre des services dans le Nord, le Nord-Est et même l'Est de la France, abondamment pourvus de voies navigables ; elles ont permis de débarrasser un peu les voies ferrées déjà surchargées par le transport non seulement des troupes, mais du matériel, des approvisionnements, des munitions.

PRISONNIERS BLESSÉS DANS UN POSTE DE SECOURS.

Ces installations précieuses, comme beaucoup des hôpitaux de l'arrière, hôpitaux ordinaires, hôpitaux de convalescents, ont été dues à l'initiative, à la générosité d'une série d'associations, de sociétés diverses de la Croix-Rouge, vivant des dons des particuliers, et apportant leur concours à l'administration militaire. Dans l'intérieur de la péniche complètement débarrassée, il est assez facile d'installer des lits confortables, de ménager des casiers pour le linge, les médicaments et le reste. On peut également monter de façon rapide une petite cuisine, qui distribuera les aliments aux blessés, autant qu'on leur permet de manger. L'intérieur de la péniche est badigeonné au lait de chaux, ce qui assure une excellente désinfection, facile à renouveler.

Nous avons dit que les évacués sont transportés jusque vers les hôpitaux de l'intérieur; par principe, on évacue le plus loin possible ceux qui supporteront sans danger un long voyage. Et c'est ainsi que la France par exemple a été couverte d'une série innombrable d'hôpitaux auxiliaires, installés un peu partout, là où de la place s'offrait, aussi bien dans les établissements d'instruction que dans les hôtels réquisitionnés. Il y avait en effet malheureusement des milliers et des milliers de blessés à hospitaliser et à soigner; et constamment on en voyait arriver de nouveaux, au fur et à mesure que l'on pouvait renvoyer en convalescence dans d'autres hôpitaux, ou chez eux, ou expédier dans leurs dépôts, avant qu'ils retournent au front, les blessés qui se trouvaient guéris.

Sans prétendre tout dire sur un sujet aussi vaste, rappelons pourtant que l'on n'a pas mis seulement à contribution les chalands de navigation intérieure pour le transport des blessés; on a eu également recours à de véritables navires-hôpitaux, notamment quand il s'agissait d'expédier sur l'Angleterre les soldats de l'armée anglaise blessés sur territoire belge ou français. Les navires-hôpitaux ont servi pour évacuer une partie de nos blessés du Nord vers le reste de la France. Ils ont rendu les plus grands services, ont ménagé les souffrances aux blessés; ceux-ci n'ont point d'ailleurs été sans courir des risques spéciaux, quand les Allemands, au mépris de toutes les conventions et de la simple humanité, ont torpillé de ces navires-hôpitaux.

Nous n'allons pas insister sur les innombrables opérations chirurgicales, souvent si difficiles et si délicates, qu'il faut faire sur les malheureux blessés des guerres modernes, quand des projectiles leur ont arraché des membres, brisé la mâchoire, comme cela se présente trop souvent. Néanmoins, il est bon de dire que la science et l'ingéniosité des chirurgiens ont fait merveille, aussi bien dans les opérations les plus extraordinaires que dans la confection de membres artificiels pour remplacer les membres enlevés ou les membres que l'on a dû amputer; membres artificiels qui permettront aux blessés, une fois rentrés dans la vie civile, de trouver une occupation professionnelle quand ils auront subi un certain apprentissage. Cette ingéniosité s'est montrée également pour reconstituer des portions de la face enlevées par des projectiles dum-dum ou simplement ayant produit effet explosif. Sans doute, la chirurgie moderne, la chirurgie de guerre en particulier, est devenue conservatrice, comme on a pu le dire; elle évite de recourir comme jadis aux amputations sans que cela s'impose de la façon la plus absolue; elle réussit à conserver des membres, à les réparer; le nombre des amputés est très faible par rapport à celui des opérés; pourtant les éclats d'obus et les grenades à main, dont nous reparlerons, déterminent des blessures terribles, arrachent, broient, etc.

L'amputation peut aussi s'imposer quand l'intervention du chirurgien s'est faite un peu tard, s'il se produit du tétanos, de la gangrène, de la septicémie gazeuse. Alors le chirurgien coupera le membre pour sauver l'homme; mais il s'arrangera de manière à conserver un moignon suffisant pour permettre ensuite d'y fixer un membre artificiel, remplaçant la portion du membre qui a dû être coupée. Quand on est profane, on ne se fait pas idée des difficultés en présence desquelles souvent le chirurgien se trouve pour répondre à ce désidératum; et ici aussi des progrès remarquables se sont réalisés. On s'arrange généralement pour ne couper le membre qu'aussi loin que possible du tronc, de telle manière que le malheureux mutilé possède un reste de membre qui permette de disposer l'appareil de prothèse, comme on dit, le membre artificiel. On en fait qui remplaceront tout aussi bien un bras qu'un avant-bras, ou simplement une main; on a imaginé des articulations permettant à l'amputé de faire fonctionner pour ainsi dire ce membre artificiel, d'en tirer parti de façon curieuse. Cette industrie est surtout française, elle montre une habileté extraordinaire, et elle est durement mise à l'épreuve comme conséquence de la guerre : tandis que normalement on ne fabriquait guère plus de 100 appareils de ce genre dans nos diverses maisons, depuis que tant de blessures et d'opérations ont été entraînées par l'agression de l'Allemagne, on s'est mis à fabriquer jusqu'à 1 500 de ces membres artificiels chaque mois.

Sans doute, les malheureux ainsi frappés n'en souffrent pas moins des conséquences de leur dévouement pour la patrie; mais leur infirmité est atténuée, et ils peuvent, dans de certaines limites, reprendre leur existence normale.

LE TIREUR ÉMÉRITE A SON CRÉNEAU.

CHAPITRE VIII

LES ARMES PORTATIVES
LE FUSIL DE GUERRE MODERNE

○ ○ ○

Le fusil n'est pas la seule arme portative dont disposent les troupes; nous dirons un mot tout à l'heure des pistolets automatiques et des revolvers; mais il est d'autres armes portatives, comme le fusil-mitrailleur, les mitrailleuses dans leurs diverses variétés, qui sont aisées à transporter, que l'on confie à un seul homme, mais sur lesquelles nous n'insisterons que plus loin, en raison des services spéciaux qu'on leur demande, des circonstances assez particulières dans lesquelles on les emploie.

Bien entendu, quand on parle du fusil, on ne peut point manquer aussi de parler de la balle, qui est le projectile de cette arme portative comme l'obus l'est pour le canon; le fusil n'est pas autre chose qu'un instrument de projection, un véritable moteur, comme on l'a dit souvent de façon pittoresque. C'est la déflagration de la poudre se trouvant dans la cartouche à l'arrière de la balle et dans l'âme du fusil, qui chasse la balle, comme l'explosion se produisant dans le cylindre d'un moteur à pétrole chasse le piston. Seulement, dans le fusil comme dans le canon et dans les armes analogues, le piston ne revient pas ensuite sur lui-même; il est projeté hors de la machine, il devient projectile, instrument de mort; et quand on veut que le mouvement recommence, il faut fournir à cette machine que l'on appelle une bouche à feu, un nouveau piston sous la forme d'un nouvel obus, d'une nouvelle balle.

On nous permettra bien de parler d'abord du fusil français et de la balle qu'il lance; c'est celui qui doit le plus nous intéresser; d'autant qu'on en avait médit il y a quelques années. On avait prétendu que nous devrions le remplacer par une autre arme ressemblant davantage au fusil allemand, arme à répétition forcée, permettant de lancer des torrents de projectiles dans un très court instant. En fait, il ne s'est nullement montré inférieur ni au fusil allemand ni aux fusils des autres pays engagés dans la guerre de 1914. Il faut dire que la réfection complète de l'arme portative de l'infanterie (et aussi de quelques autres troupes) obligerait à engager des dépenses formidables; c'est une opération assez délicate à mener, quand on n'est pas absolument sûr que, entre temps, il ne se produira pas une guerre. Il est en effet essentiel que toutes les troupes qui se trouvent sur le front possèdent une même arme; non pas seulement pour l'instruction des hommes, mais pour le renouvellement des projectiles, pour éviter des confusions qui se produiraient inévitablement si, en telle partie du front, on utilisait tel genre de balles, et tel autre sur d'autres points, parce que les fusils employés eux-mêmes seraient nettement différents.

Il est du reste indispensable que le tir du fusil de guerre soit très rapide; cette rapidité se présentait déjà dans le fameux Chassepot qui armait nos hommes pendant la guerre de 1870. Grâce à lui, à Saint-Privat, 3 000 soldats français mirent hors de combat, à un millier de mètres, 6 000 Allemands, en un quart d'heure. De même, en 1877, les Turcs, tirant presque sans viser, mais à toute vitesse, au siège de Plewna, avec des fusils Snider et Martin Henry, avaient repoussé les assauts des Russes et des Roumains, avaient tué 22 000 hommes sur 60 000 hommes engagés. Vers 1878, on avait armé notre infanterie du fusil Gras modèle 74, et du calibre de 11 millimètres; c'est-à-dire lançant une balle de ce diamètre, correspondant au diamètre inférieur du canon du fusil. Ce diamètre, relativement très élevé par rapport à ce que l'on emploie uniquement maintenant, supposait des munitions lourdes; si l'on voulait augmenter l'approvisionnement en munitions de chaque soldat, il fallait absolument diminuer le calibre de la balle.

Mais les balles en plomb, très longues par rapport à leur calibre, n'épousaient plus la rayure intérieure du canon du fusil, hélice taillée dans le métal, et chargée de donner à la balle le mouvement de rotation sur elle-même qui assure la rectitude du tir et de la trajectoire de la balle dans l'air; d'autre part, avec la poudre noire, si le tir était continu pendant un certain temps, l'arme s'encrassait. En 1886, on a inventé les balles entourées d'une sorte de chemise, de pellicule de maillechort; on a pu, d'autre part, utiliser la poudre sans fumée à base de nitro-cellulose combinée par M. Vieille. Et l'on arriva au fusil modèle 1886, du calibre de 8 millimètres, permettant la répétition rapide du tir. Ce fusil à répétition, à tir très rapide, fit sensation, et les grandes puissances, au bout de deux ans, avaient toutes adopté quelque chose d'analogue, certaines, comme les Italiens ou les Japonais, recourant à un calibre encore plus faible, 6 milimètres et demi. Notons tout de suite que, si la balle présente un poids faible, pour qu'elle soit aussi redoutable quand elle atteint le but, l'homme qu'on vise, elle doit être animée d'une vitesse plus grande à la sortie du fusil. Le fusil français modèle 1886, a, dans le bois de l'arme, ce qu'on appelle le fût, une sorte de magasin qui contient 8 cartouches, et sert de réserve à n'employer que dans certains cas. Le tir continuellement pratiqué est celui qu'on nomme « coup par coup », avec rechargement à la main d'une cartouche après chaque coup.

FUSILIERS MARINS ARMÉS DU FUSIL DE GUERRE FRANÇAIS.

Il est bien vrai que le chargement du magasin n'est pas aussi commode que la mise en place des chargeurs dans tel ou tel fusil étranger; mais l'opération ne se fait que rarement, justement parce qu'on donne l'ordre aux hommes de n'utiliser qu'à la dernière extrémité les projectiles du magasin. Ce fusil est demeuré longtemps le premier de tous les fusils de guerre du monde, même avant les modifications qu'on lui a apportées en 1893 et en 1903, en transformant la cartouche et surtout la balle. Le fait est que le fusil de 1886 lançait le projectile à une vitesse initiale, à la sortie du canon, de 650 mètres à la seconde, la balle pesant 15 grammes, pouvant pénétrer de 60 centimètres dans du chêne à 100 mètres de distance. Une des grandes qualités du fusil de guerre, et surtout de sa balle, c'est que sa trajectoire soit aussi droite que possible, présente, comme on dit, la flèche la plus faible; que, pour une distance donnée, la balle, pour atteindre cette distance, ne soit pas obligée de tracer dans l'air un chemin très courbe, s'élevant pendant une partie de ce chemin à une hauteur notable au-dessus de la tête d'un homme. Il va de soi que, dans toute la partie de la trajectoire où la flèche dépasse cette taille, le projectile n'est point dangereux; on est hors de ce qu'on nomme la « zone dangereuse pour l'homme debout ». Précisément, à cet égard, le fusil français de 1886 était très supérieur au Mannlicher allemand.

SOLDAT SE PRÉPARANT A TIRER PAR UN CRÉNEAU.

Nous avons fait allusion à la principale amélioration apportée à notre fusil de guerre par l'adoption, en 1903, d'une nouvelle cartouche et aussi d'une nouvelle balle pointue, et même dite bi-ogivale, parce qu'elle ne présente point seulement une pointe en ogive à son extrémité antérieure, mais encore qu'elle accuse un peu cette même forme à sa partie arrière, dans la portion qui rentre dans la cartouche. Il s'agit de la balle D. Cette forme a l'avantage précieux que la trajectoire est plus « tendue », plus rectiligne, plus horizontale, moins courbe, et que, par conséquent, la zone dangereuse est plus grande. Disons tout de suite que, peu de temps après nous, l'Allemagne s'est lancée dans la même voie; elle a adopté la balle dite S qui a à peu près les mêmes qualités que notre balle D.

Si nous voulons faire plus ample connaissance avec le fusil dont se sert notre armée, nous dirons que, long de 1,82 mètre avec sa baïonnette, de 1,30 mètre sans celle-ci, il pèse à vide, et également sans sa baïonnette, 4,24 kilos, et 4,41 kilos quand son magasin est chargé de 8 cartouches; l'épée-baïonnette et le fourreau représentent un poids additionnel de 660 grammes. Dans l'ensemble, c'est un poids relativement très faible par rapport à notre ancien fusil. La balle dite bi-ogivale en laiton massif, et non pas en plomb, comme on pourrait se le figurer, ce qui est le cas de beaucoup de balles étrangères, a un peu plus de 39 millimètres de long; elle pèse un peu moins de 13 grammes; la cartouche, elle, pèse environ 28 grammes et contient trois grammes de poudre spéciale B. Au sortir du fusil, la balle a une vitesse de 720 mètres et peut atteindre, au grand maximum il est vrai, une distance de 4500 mètres, à laquelle, pratiquement, on ne tire jamais, parce qu'il est impossible alors de tirer autrement qu'au hasard.

Il y a sans doute des fusils, même dans des armées très secondaires, dont la balle est animée d'une vitesse plus grande; mais, pour arriver à ce résultat, il faut diminuer le calibre du projectile, et on est menacé alors de posséder une balle tellement humanitaire, qu'elle ne ferait plus que des blessures assez peu redoutables. Nous allons voir que le fusil allemand le plus perfectionné et le plus récent n'est vraiment pas supérieur à notre ancien fusil modifié et mis au point; à certains égards il est meilleur, à d'autres il ne le vaut pas.

Jetons donc un coup d'œil sur ce fusil allemand et sa balle, qui, comme la balle française encore une fois, et comme la plupart des balles des armées européennes ou des armées à tendances européennes, est une balle pointue, afin de traverser plus facilement l'air, d'y rencontrer moins de résistance, de garder sa vitesse suffisamment longtemps, d'avoir une longue portée, et aussi de présenter une trajectoire suffisamment plate. Le fusil allemand modèle 1898, mis effectivement en service pour la première fois en 1906, est une arme à chargeur, c'est-à-dire que le soldat dispose de boîtes légères en tôle renfermant 5 cartouches, qu'il insère ainsi d'un seul coup sous le mécanisme de la culasse du fusil, et qu'il renouvellera après épuisement, après le tir des 5 balles. D'ailleurs, comme dans notre fusil à magasin, après chaque coup, l'homme doit manœuvrer le mécanisme de la culasse, ce qui expulse la cartouche vide, et en fait arriver une pleine; il ne s'agit pas d'un fusil véritablement automatique, comme ces fusils-mitrailleurs, à débit énorme, que nous verrons employer notamment à bord des aéroplanes ou des ballons. On peut dire que le calibre du fusil allemand est semblable au nôtre, puisque la balle a 7,9 millimètres de diamètre, tandis que la nôtre en a 8; la balle est dite S, première lettre du mot Spitzgeschoss, ce qui veut dire projectile pointu en français. Cette balle n'est point du reste effilée à sa partie postérieure comme la nôtre, mais quelque peu cylindrique. Elle a 28 millimètres seulement de long; elle offre l'inconvénient de pouvoir culbuter assez facilement quand elle se déplace dans l'air, ce qui fait qu'elle se présente souvent dans une position oblique en atteignant sa victime. Mais quand elle se déplace ainsi obliquement dans l'air, elle perd vite de sa vitesse, de la rectitude de sa direction, et de sa portée. C'est un gros inconvénient, d'autant que l'on compte surtout sur la vitesse de la balle S pour lui faire accomplir son métier destructeur, puisqu'elle ne pèse que 10 grammes; si bien qu'on a été obligé de lui imprimer une allure de 860 mètres à la seconde; ce qui n'empêche qu'elle ne peut pas porter au delà de 4000 mètres, même dans les meilleures conditions. C'est d'ailleurs pour cela, et suivant un phénomène physique sur lequel nous ne pouvons insister, que, à partir d'un millier de mètres, la balle allemande est obligée de présenter une trajectoire très

LE FUSIL DE GUERRE UTILISÉ A LANCER DES FUSÉES ÉCLAIRANTES.

courbe. Certainement sa précision est très inférieure à celle de la balle de notre fusil. Il est vrai que l'une comme l'autre, à 400 mètres, pourront pénétrer une épaisseur de terre de 90 centimètres environ.

Il est assez logique que nous donnions quelques indications rapides sur les armes portatives des autres armées qui se sont trouvées engagées dans la guerre de 1914; notamment l'Italie, la Russie, la Grande-Bretagne, la petite Serbie, la Belgique, etc. Pour le fusil de l'infanterie russe par exemple, il est du calibre de 7,62 millimètres, à chargeurs où les cartouches sont réunies par 5. La balle est du type cylindro-ogival, c'est-à-dire qu'elle est cylindrique dans son corps et ogivale à son extrémité antérieure; elle est formée d'un noyau de plomb additionné d'antimoine, afin qu'il soit plus dur, et enveloppée d'une chemise de maillechort; cette balle, de 30 millimètres de long, pèse un peu moins de 14 grammes, et est lancée par 2,20 grammes de poudre sans fumée à base de fulmi-coton; la vitesse de départ au sortir du fusil ne dépasse guère 620 mètres; la zone dangereuse est de 500. Pour les Anglais, l'armement n'est pas absolument homogène, au moins pour les balles employées. D'ailleurs l'armée britannique a fait appel aux arsenaux japonais et mis en service, en dehors de son fusil ordinaire Lee Enfield, un certain nombre de fusils japonais du type Mauser modifié. En tout cas, le Lee Enfield est un fusil assez court qui ne pèse que 3 750 grammes, possède un magasin où l'on peut loger à l'avance 6 cartouches à l'aide de 2 lames de chargeur. On a muni un certain nombre de tireurs, dans l'armée britannique, d'appareils de visée télescopique très perfectionnés, à l'imitation de ce qui se fait de façon normale dans l'armée allemande, où des tireurs étaient chargés de viser particulièrement les gradés, les officiers; ce qui a obligé à faire disparaître presque complètement les signes distinctifs des grades dans les armées Alliées. Pour le fusil autrichien, qui est un Mannlicher, son calibre est de 8 millimètres; on place dans son magasin un chargeur contenant 5 cartouches; ici aussi la balle cylindro-ogivale est à noyau de plomb durci recouvert d'une chemise d'acier, elle pèse à peu près 16 grammes. Ce fusil est particulièrement léger, trop léger même, puisqu'il ne pèse que 3 650 grammes; ce qui augmente la force du recul sur l'épaule du tireur. Le fusil italien est également un fusil Mannlicher, mais transformé et dénommé Mannlicher-Carcano, de tout petit calibre, 6,5 millimètres, extrêmement léger : 3 800 grammes; et pouvant tirer 10 coups successivement sans rechargement. La Serbie, elle, emploie un fusil Mauser de 7 millimètres à magasin et lames chargeurs; pour la Turquie, elle utilise un autre type appelé couramment Mauser Belge, de 7,65 millimètres de diamètre, également à lames chargeurs.

Sans insister davantage, puisque nous n'en avons pas le temps, remarquons qu'une cartouche de fusil de guerre moderne fournit une puissance théorique de 1170 kilogrammètres. Il n'y a guère qu'un tiers de cette énergie qui serve à donner à la balle sa vitesse initiale; un quart environ de la chaleur produite, chaleur étant même chose que travail, sert uniquement à échauffer le canon de l'arme, ce qui n'est pas toujours sans inconvénient pour le tireur. Il est à remarquer que le temps pendant lequel la balle traverse le canon, le temps de travail effectif du fusil, n'est que d'environ 1/2000e de seconde, durée pendant laquelle il s'exerce à l'intérieur de l'arme une pression de 3200 à 3500 atmosphères, pression 200 fois plus forte que celle d'une chaudière de locomotive par exemple. Notons encore que le prix d'un fusil de guerre est de 70 à 75 francs, la cartouche coûtant environ 10 centimes. Un de ces fusils pourra tirer 4000, 5000, 7000 coups sans perdre sa précision; surtout étant donné qu'on se bat à faible distance maintenant; les rayures intérieures ne seront pas suffisamment usées pour que le tir cesse d'être exact. Tout compris, le prix d'un coup de fusil de guerre est de 11 centimes à peu près, même si l'on tient compte de l'usure de l'arme.

L'efficacité de celle-ci est puissamment accrue par l'espèce de sabre pointu ou coupant, suivant les armées, que l'on dispose à l'extrémité du canon : la baïonnette. Elle joue un rôle précieux, et l'armée française l'a su mettre à contribution de la façon la plus effective, d'autant que les Allemands, qui ont la discipline collective brutale, ne sont pas faits pour le combat individuel, où l'esprit d'initiative et de résistance personnelles du soldat français se montre si bien. Cette baïonnette peut être une sorte de sabre court comme dans l'armement anglais, dans l'armement autrichien ou allemand, où son dos est très souvent dentelé comme une scie pour augmenter l'effet vulnérant, en dépit du reste des engagements signés par l'Allemagne à la Conférence de la Haye. Tantôt elle se présente, comme chez les Russes ou comme chez nous, sous la forme d'une sorte d'épée triangulaire non coupante.

Nous avons dit que les armes portatives des armées modernes comportent encore le revolver ou le pistolet automatique. Celui-ci est plus particulièrement employé dans l'armée allemande. C'est certes une arme extrêmement intéressante, perfectionnée, dont la force de pénétration est considérable, puisque sa balle de 7 millimètres traverse encore une épaisseur de 10 centimètres de sapin à 10 mètres. Mais, d'une manière générale, le pistolet ne permet point, sauf à des tireurs exceptionnels, de viser et d'atteindre le but à très longue distance. Et à quelque 3 mètres, le revolver d'ordonnance français que tous nos lecteurs connaissent sans doute, présente autant de qualités que le pistolet automatique. Au surplus, on ne peut demander ni à l'un ni à l'autre des services très signalés, car les combats corps à corps de cavalerie sont devenus rares.

Tout au contraire, le fusil de guerre n'a point perdu de son importance : si toute attaque d'infanterie doit être préparée soigneusement et longuement par l'artillerie, dont le rôle est devenu prédominant, néanmoins le tir de cette infanterie présente encore une importance de premier ordre, particulièrement dans cette guerre de tranchées où le soldat doit constamment avoir l'oreille et l'œil au guet, pour surveiller et abattre les soldats ennemis qui se montrent au-dessus de la tranchée ou qui essayent d'en sortir. Il est vrai que, dans cette besogne, les mitrailleuses dont nous reparlerons, les armes légères à très grand débit, lançant des balles tout comme un fusil, sont autrement meurtrières et par suite autrement effectives.

UNE MITRAILLEUSE FRANÇAISE EN ACTION.

CHAPITRE IX

LA MITRAILLEUSE

o o o

Depuis les débuts de la guerre de 1914, il a été beaucoup question des mitrailleuses; cette fois, elles ont eu à jouer un rôle de premier plan, qui ne leur avait pas été confié dans les guerres précédentes. Cette arme se trouve aux mains des troupes de toutes les nations, et on la rencontre, à la fois, dans l'infanterie et dans la cavalerie. Son avantage sur le fusil est de fournir, avec quelques hommes, un feu rapide dont les coups, nombreux et précipités, sont grandement supérieurs au feu nourri de toute une section se servant du magasin. Les effets de la mitrailleuse sont plus concentrés, le tir est précis, l'action est en quelque sorte instantanée, l'effet moral sur l'adversaire est considérable.

Les premiers types de ces engins meurtriers remontent à la deuxième partie du XIXe siècle, quoique l'idée de réunir plusieurs bouches à feu de petit calibre sur un même affût, afin d'obtenir une succession rapide dans le départ des coups, ne soit pas nouvelle. En 1864, un inventeur américain, M. Gatting se fit breveter pour un engin composé de six canons de fusil, de fort calibre, se chargeant par la culasse, avec lesquels, à l'aide d'un mouvement de rotation, on obtenait un tir continu. Ce tir était rapide, puisque la vitesse en atteignait 300 coups à la minute.

Ce n'était pas encore la mitrailleuse, telle qu'on la conçoit de nos jours; mais, avec la pièce de M. Gatting, l'invention était lancée, elle n'avait plus qu'à évoluer et à progresser. L'idée de couvrir une armée ennemie d'une nappe de plomb est fort ancienne; dès les débuts de l'artillerie, on pensa certainement à créer un appareil qui aurait lancé, dans le temps le plus restreint, comme une pluie continue de projectiles sur les troupes ennemies.

La mitrailleuse, quoi qu'il en soit, apparut pour la première fois, comme arme de combat, à l'époque de la guerre de Sécession, dans l'Amérique du Nord. L'armée française, au début de la guerre franco-allemande de 1870-71, se servit de mitrailleuse Reffye. On dit que Napoléon III, lors des expériences faites devant lui, quelques mois avant la guerre, s'écria : « Quel massacre ! » et qu'il ne put dire autre chose. Le mystère dont on entourait cet engin nouveau inspirait à certains une crainte mêlée de respect, tandis que le milieu des techniciens lui accordait une confiance absolue.

Les mitrailleuses de 1870 comportaient 25 canons d'acier, disposés en faisceau quadrangulaire et enveloppés dans un fourreau de bronze. Ces pièces, qui avaient l'aspect extérieur d'un canon de campagne, lançaient des balles pesant 60 grammes chacune. Elles se chargeaient par une culasse mobile, où l'on introduisait des boîtes contenant 25 cartouches. La culasse de ce « canon à balles » se manœuvrait au moyen d'une manivelle, qui en permettait l'ouverture et la fermeture. La charge était introduite d'un seul coup; le tir était très rapide. Grâce à une manivelle spéciale, il était facile de déplacer la mitrailleuse sur son affût et d'obtenir un tir fauchant.

Les mitrailleuses firent beaucoup parler d'elles au début de la guerre de 1870; mais, après la cessation des hostilités, elles furent condamnées, en France et en Allemagne, et ce n'est guère que depuis une quinzaine d'années que les diverses armées de l'Europe et de l'Amérique, après avoir remis les engins à l'étude, les adoptèrent définitivement dans la constitution de leur armement.

Les Américains, à Cuba, avaient de nombreuses mitrailleuses à leur disposition. Dans la campagne sud-africaine, les deux adversaires faisaient usage de ces engins, que nous trouvons employés couramment par les Russes et surtout par les Japonais dans la guerre de Mandchourie. Pendant de longues années, les constructeurs Maxim, d'une part, et Hotchkiss, d'autre part, virent leur fabrication se partager les préférences des diverses puissances. De nos jours, la construction de ces engins, si meurtriers quoique relativement petits, se poursuit dans tous les arsenaux et dans toutes les manufactures d'armes du monde. Les systèmes Nordenfeldt et celui de Colt sont très renommés.

Il ne faut pas confondre la mitrailleuse et le canon-revolver; la première lance des balles, des projectiles non explosibles, tandis que le second, véritable petite pièce d'artillerie légère, lance au contraire un obus, c'est-à-dire un projectile explosible. Le canon-revolver possède, au point de vue balistique, les propriétés de l'artillerie. La mitrailleuse ne peut prétendre aux très longues

LA MITRAILLEUSE ANGLAISE MANOEUVRÉE PAR DES HIGHLANDERS.

portées, elle n'a aucune action contre les obstacles matériels; son projectile étant inexplosible, il est impossible de régler le tir par l'observation des points touchés.

La mitrailleuse moderne doit être considérée avant tout comme un fusil automatique monté sur un affût. Elle possède la stabilité de l'artillerie, mais son tir, quoique plus dense que celui de l'infanterie, présente avec celui-ci de grandes analogies.

Dans la plupart des organisations militaires modernes, les mitrailleuses ont été groupées par détachements, compagnies ou batteries. Dans l'armée allemande, par exemple, où la mitrailleuse pouvant tirer 300 coups à la minute est très en faveur, les détachements de mitrailleuses sont nombreux dans l'infanterie et dans la cavalerie; ils se composent, dans la cavalerie, chacun de 91 hommes, 59 chevaux et 6 pièces. Chez les Austro-Hongrois, tous les régiments d'infanterie de ligne ou de landwehr comptaient, avant la guerre de 1914, une section de 2 mitrailleuses par chaque bataillon; quant à la cavalerie, un détachement de 4 mitrailleuses était adjoint à chaque division ou brigade indépendante. Les engins autrichiens, quoique du même système que les engins allemands, ont la supériorité d'être plus légers et plus facilement maniables. Les mitrailleuses turques, en dehors de celles à eux fournies par leurs alliés, étaient de modèles relativement anciens.

Au début de la guerre de 1914 il existait, en France, au moment de la déclaration de la guerre — et le nombre en a été sérieusement augmenté ultérieurement — dans chaque régiment d'infanterie, 2 ou 3 sections de mitrailleuses; les escadrons de cavalerie étaient également largement pourvus de ces engins. Nos amis les Anglais ont toujours marqué une grande prédilection pour la mitrailleuse; ils en ont armé leurs troupes de cavalerie et d'infanterie. Les Russes, les Italiens et les Serbes ont également fait entrer cette arme dans leurs organisations de cavalerie et d'infanterie, où elles jouent les mêmes rôles que dans notre armée.

Dans toutes les mitrailleuses françaises ou étrangères, on retrouve les principaux organes du fusil. Les pièces françaises comprennent: un canon, très résistant, car il est appelé à subir une grande élévation de température et à fournir un travail très supérieur à celui du fusil; en second lieu, un radiateur en bronze d'aluminium, dont l'objet est de retarder l'échauffement; enfin une boîte de culasse bronzée extérieurement; puis le mécanisme moteur et le mécanisme de distribution.

Le canon de la mitrailleuse doit être particulièrement résistant, avons-nous dit. Avec le fusil, en se servant du magasin, un soldat tire 11 coups par minute. Avec la mitrailleuse, on envoie aisément 100 projectiles dans le même temps. Cette différence explique la nécessité de fabriquer le canon avec un métal exceptionnel; la température peut atteindre, après un tir de quelques minutes, 600 degrés centigrades. La boîte de culasse contient, comme principaux organes, la culasse mobile, le verrou de fermeture, la crémaillère, le pignon-manivelle, les détentes et l'appareil de réglage de vitesse. C'est sur la boîte de culasse que se trouve l'appareil de pointage avec la hausse; il est réglé de 250 à 2 400 mètres par fractions de 50 mètres. N'oublions pas de dire que le canon, qui pèse 4 kg. 800, est rayé comme celui du fusil Lebel, et qu'il est fixé sur la boîte de culasse au moyen d'un boulon facilement démontable.

Quelles sont les autres caractéristiques de la mitrailleuse française? Le mécanisme moteur est un petit appareil, semblable à un cylindre de motocyclette, dans lequel on utilise une partie des gaz produits par l'explosion de la cartouche. Quant au mécanisme de distribution, c'est un appareil qui sert à prendre les cartouches pour les introduire dans l'élévateur. Cet élévateur ressemble beaucoup à l'auget du fusil Lebel. Sur la bande chargeur, les cartouches sont disposées par séries de 25. Le cran de mire, qui est à rabattement, est placé à l'extrémité du radiateur.

L'ensemble de la mitrailleuse pèse 23 kg. 800; le poids du trépied en acier, qui constitue l'affût, pèse environ 24 kg. avec un support pivotant pesant 8 kg 400. L'approvisionnement de la pièce se fait par l'introduction, dans le « couloir d'admission », de bandes en ferro-nickel portant 25 cartouches chacune et transportées par séries de 12 bandes dans des boîtes spéciales.

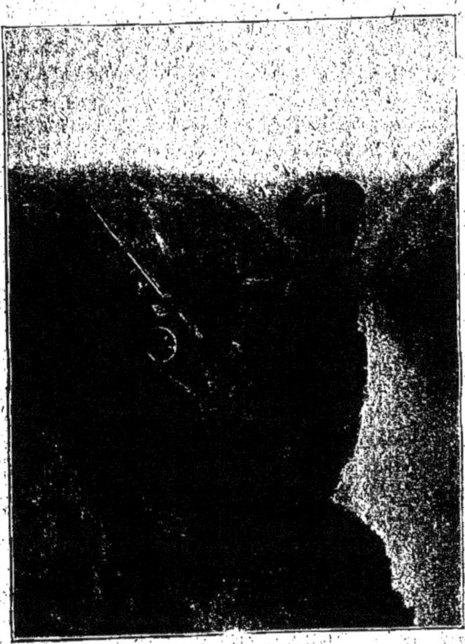

MITRAILLEUSE UTILISÉE EN TRANCHÉE POUR LA CHASSE AU TAUBE.

L'armée anglaise fut dotée, il y a quelques années, d'une mitrailleuse automatique système Vickers Sons and Maxim, pesant 18 kg., montée sur un trépied de 13 kg.; cet engin peut être porté et manœuvré par 3 hommes seulement. Le fonctionnement de la mitrailleuse est automatique, ainsi que l'alimentation en cartouches; celles-ci sont montées sur des bandes. Le tir, qui est rapide, est commandé à volonté par un levier de détente fixé à l'arrière de la pièce. La mitrailleuse se compose de : la partie reculante, qui comprend le canon et le mécanisme de mise à feu; de la partie fixe, qui comporte le bâti et l'enveloppe extérieure, ainsi que le refroidisseur hydraulique; puis du trépied-support, qui est un organe fort bien compris.

Cette mitrailleuse est portée par 3 hommes, solidaires les uns des autres, puisque chacun d'eux est chargé d'une des parties de l'engin. Le premier homme, chef de l'équipe, porte la mitrailleuse proprement dite, le canon en l'air et la culasse reposant sur un coussin de cuir dépendant du ceinturon. La mitrailleuse est appliquée sur une tablette en bois ou dossier que le soldat porte sur son dos au moyen de sangles et de courroies en cuir. Le troisième homme a pour mission le transport des munitions ; c'est lui qui est responsable de la boîte où se renferment les bandes de cartouches.

Pour mettre la pièce en batterie, dès que les hommes se sont mutuellement déchargés de leurs fardeaux respectifs, on commence par développer le trépied, on monte ensuite la mitrailleuse et l'on dispose la boîte aux cartouches. Le chef de l'équipe s'assied sur une sellette aménagée sur la branche principale du trépied ; il pointe la pièce, tandis qu'un des servants ajuste la bande de cartouches et l'introduit dans l'appareil. Les bandes portent 50 cartouches.

En France, avant la guerre de 1914, une section, comportant deux mitrailleuses, était placée sous le commandement d'un lieutenant ayant sous ses ordres un sergent et un télémétreur. Le personnel de chacune des pièces se composait d'un caporal, d'un tireur, d'un chargeur, d'un aide-chargeur et de deux pourvoyeurs. L'emploi de ces hommes était bien défini, le nom de chacun indique sa fonction. Il y avait en plus, dans chaque section, un armurier portant avec lui une caisse de pièces de rechange et les outils nécessaires aux réparations. En campagne, le télémétreur suit le commandant de section ; son rôle est d'assister l'officier ou de mesurer les distances avec le télémètre, cet appareil de triangulation qui donne, par lecture courante, les distances avec une très grande précision jusqu'à 20 kilomètres du point où l'on se trouve. Nos mitrailleuses sont transportées généralement par des chevaux ; dans l'infanterie on emploie également des mulets. Certaines mitrailleuses sont montées sur des automobiles blindées ; d'autres sont disposées, pour le service sur les cours d'eau, à bord des canots automobiles. Nous dirons leur fonction à bord des dirigeables et des avions.

NOTRE CANON DE 75 EN ACTION AVEC SON CAISSON.

CHAPITRE X

LE CANON, L'ARTILLERIE LÉGÈRE

o o o

Nous ne disons pas l'artillerie de campagne, car actuellement on est arrivé à employer en campagne, de façon courante, des canons de calibre assez gros qu'on ne peut point assimiler véritablement à des pièces légères, et même d'énormes canons auxquels nous consacrerons un chapitre, en parlant simultanément de tout ce qu'on peut considérer comme des pièces lourdes, et par le projectile qu'elles lancent, et par l'effort de déplacement qu'elles imposent.

Nous n'avons pas à refaire l'histoire du canon, puisque nous voulons, en quelques pages seulement, donner une idée de l'artillerie légère que l'on emploie dans les guerres modernes. Rappelons-nous toutefois que le but primitif que l'on poursuivait avec les premiers canons, qui ressemblent si peu aux pièces d'artillerie même légères que l'on utilise à notre époque, c'était de lancer un gros projectile, du moins que l'on tenait pour gros, étant donné son volume, par rapport à la balle sphérique d'une arme à feu essentiellement portative; ce projectile devant avoir un volume, un poids, une vitesse, une puissance suffisants pour démolir les murailles derrière lesquelles on s'abritait, pour y ouvrir tout au moins une brèche. Nous verrons tout à l'heure que ce n'est pas seulement un projectile, mais toute une série de projectiles, que même l'artillerie légère, le canon de campagne type, notamment notre 75 (c'est-à-dire notre canon lançant un projectile de 75 millimètres de diamètre), ou le 77 allemand, lancent sur les troupes ennemies aussi bien que sur les défenses, les convois, les autres pièces d'artillerie, etc. Au surplus, l'artillerie légère n'est pas seulement destinée à fonctionner et à servir en rase campagne, mais encore en terrain montagneux; elle se présente alors plutôt sous la forme du canon de montagne encore plus léger, facile à faire déplacer et à mettre en batterie dans les chemins ou les terrains les plus difficiles.

Le but essentiel du canon, et en particulier du canon léger, du canon de campagne ou de montagne (à part les tout petits canons soit du type mitrailleuse, soit du type lance-bombes de tranchées servant à la lutte à très faible distance) c'est de lancer très loin le projectile, qui aura des rôles différents à remplir suivant sa nature même, son contenu, ses possibilités de fractionnement. C'est aussi de permettre de centraliser sur un point déterminé, ou au moins une surface très restreinte, une masse formidable de métal, d'éclats, de balles, en même temps que de gaz plus ou moins asphyxiants (les explosifs modernes contenus dans l'obus, le projectile, ayant le plus souvent ce caractère); c'est de concentrer leur puissance destructive, peut-on dire. Ce canon sert à s'attaquer non seulement aux troupes, à l'infanterie en particulier, à détruire autant d'hommes que possible dans un temps très court; mais encore à s'attaquer aux défenses passagères ou permanentes, aux fortifications de toute espèce, aux tranchées comme aux forteresses, aux abris de maçonnerie comme aux massifs de terre; ces abris, soit sous la forme d'épaisses coupoles cuirassées, soit sous celle beaucoup plus simple de sortes de grottes creusées en terre, recouvertes au besoin d'un véritable plafond de poutres, de rondins, quelquefois de poutrelles de fer et de rails, ont eux-mêmes pour objet de protéger aussi efficacement que possible l'artillerie ennemie.

Le canon qui s'attaque à eux a, lui, pour objet, non seulement de détruire les abris, mais encore de mettre hors de service les bouches à feu que l'on a cru protéger efficacement de cette façon. Il faut évidemment de la puissance à ces canons même légers, en leur qualité de moteurs lançant le projectile, suivant ce que nous avons dit plus haut à propos du fusil. Il leur faut de la légèreté pour acquérir de la mobilité, afin qu'ils puissent être amenés en foule, car le mot n'est pas exagéré eu égard aux combats modernes; il est essentiel que, à toute vitesse, même traîné par des chevaux, le canon soit apte à quitter brusquement l'emplacement où il se trouve, quand on l'a repéré, quand il est menacé d'être mis à mal par les projectiles ennemis; il faut qu'on puisse l'amener rapidement à bonne portée des troupes qui menacent nos propres troupes, ou encore de l'artillerie ennemie « arrosant » nos tranchées, nos soldats. Ces caractères essentiels sont bien typiques de l'artillerie légère moderne, en particulier du canon de campagne français dit 75, et de notre canon de montagne.

Il faut également que, dans un temps extrêmement court, une seule pièce soit à même de lancer des masses de projectiles sur un but déterminé, même sur un but mobile, de le suivre, de l'encadrer, de l'arroser. Et c'est pour cela que l'un des caractères essentiels de l'artillerie légère des armées et des guerres modernes, c'est ce que l'on appelle le tir rapide. Ce tir rapide est en même temps presque un tir automatique, dans certaines au moins de ses phases; ces canons légers de campagne sont devenus de véritables machines perfectionnées, présentant tous les caractères du machinisme moderne.

LE CANON DEPORT ÉJECTANT LA GARGOUSSE.

C'est vers 1895 que le canon à tir rapide est né et a commencé de devenir absolument pratique, afin d'approprier le matériel d'artillerie aux conditions nouvelles de tactique pratiquées sur le champ de bataille. Quand nous insisterons un peu plus sur le tir du canon, nous verrons que l'artillerie doit être invisible, ne tire que derrière des obstables qui la masquent; d'ailleurs, quand elle veut atteindre l'infanterie, elle se trouve en présence d'un but que l'on a dit « à éclipses », les soldats n'avançant que par bonds successifs, ne se levant que pour se recoucher presque immédiatement, en se défilant, c'est-à-dire en se cachant le plus possible. Il faut donc réaliser un tir instantané, au moment précis où le but paraît. Il est vrai qu'il n'en est pas tout à fait de même quand il s'agit de démolir des tranchées, des fortifications ou des défenses en terre, en métal, en maçonnerie. Mais il est essentiel aussi d'obtenir un tir aussi rapide que possible, de ne point perdre de temps notamment dans le changement, dans le pointage, dans le tir, dans la remise en batterie pour un tir nouveau, afin d'écraser l'ennemi sous une masse de fer et de projectiles de toutes sortes tombant sur lui en un très court instant.

Autrefois, au moment du départ du coup, de la déflagration de la charge et de la projection du projectile hors du tube du canon, celui-ci reculait sur ses roues sous l'influence du choc en retour, de ce que l'on appelle pittoresquement le recul pour le fusil notamment ; et il fallait ensuite le ramener en batterie, pointer à nouveau ce canon, rechercher le but par une opération analogue à celle qui avait précédé le coup qui venait de partir. C'était une manœuvre pénible, lente. On résolut d'empêcher ce retour violent du tube en arrière, de rendre la pièce stable ; et c'est à quoi l'on est arrivé tout d'abord avec le canon français de 75 que l'on appelle volontiers modèle 1897. On n'a pas fait disparaître le recul, mais on l'absorbe, on l'amortit graduellement, et surtout on empêche tout déplacement de l'affût proprement dit du canon et de ses roues ; le tube dans lequel l'explosion de la charge s'est faite recule bien, lui, mais en glissant sur l'affût disposé de façon particulière. Comme on l'a dit fort justement, ce que l'on immobilise, une fois le premier coup tiré surtout, c'est la portion de l'affût qui est en contact avec le sol, tandis que le tube du canon reculera de 1 m. 10 à 1 m. 20, sur une sorte de glissière, à l'aide de galets verticaux dont il est muni. On dispose d'un frein, qui est hydraulique et pneumatique tout à la fois pour notre canon français, d'un frein à liquide et à air, qui réagit progressivement en ralentissant, progressivement aussi, le mouvement de recul du tube du canon ; si bien que l'affût ne subit qu'un effort assez faible, ne pouvant pas faire perdre le contact du sol aux roues. L'affût est du reste muni à sa partie arrière de ce qu'on appelle la bêche de crosse, sorte de pelle métallique verticale qui s'enfonce dans le sol au moment du tir du premier coup, et qui donne un appui absolument sûr à cet affût en lui assurant sa prise de position définitive. Il existe également, sous les roues, des patins formant freins et munis inférieurement de dents métalliques qui pénètrent elles aussi dans le sol, et fournissent les trois points sur lesquels le canon se trouve « assis » dès lors de façon définitive, stable, pour tous les coups que l'on voudra tirer ensuite.

Comme d'ailleurs on peut viser, pointer le canon dans une direction un peu quelconque, ainsi que nous le dirons dans un chapitre consacré spécialement au tir; si l'on veut continuer à atteindre le même but dans les mêmes conditions, ce but étant fixe, il n'y a plus à toucher à rien, il n'y a qu'à apporter au canon les projectiles nécessaires dans le temps le plus court. La rapidité du tir est étrangement facilitée par la simplicité des opérations que l'on demande aux artilleurs, aux ouvriers de cette machine-canon, par ce fait que l'ouverture même de la culasse produit l'éjection de la douille, ainsi que cela se passe pour le fusil de guerre; que d'autre part on fournit à ce canon léger de campagne une véritable cartouche complète, comportant la douille pleine de l'explosif, de la poudre chargée de lancer le projectile, et le projectile lui-même enchâssé à l'avant de cette douille. Le chargement se fait donc avec toute aisance. Ajoutons que, dans ce matériel essentiellement moderne et remarquable, le frein hydro-pneumatique, quand il s'agit du canon français, est complété par un dispositif récupérateur qui ramène automatiquement en batterie à sa place le tube-canon qui a reculé sur son berceau, par l'intermédiaire d'une glissière. Bien entendu, nous ne donnons que des indications générales, car la question complète du canon léger actuel nécessiterait à elle seule un livre.

UN CANON ANGLAIS A TIR RAPIDE.

Et pourtant il serait bien intéressant d'examiner par le menu cette merveille de mécanisme qu'est notre 75, comme on l'appelle familièrement, 75 qui a fait des merveilles dans la guerre de 1914-1915, et s'est accusé comme considérablement supérieur aux 77 allemands. Et cependant nos ennemis, avec leur espionnage savamment organisé, avaient cru tenir tous nos secrets en la matière!

Ce bijou mécanique n'en présente pas moins une résistance, une rusticité très marquée, pour subir les chocs les plus rudes, durant notamment son transport à travers tous les terrains; les artilleurs qui en sont les ouvriers ont à leur disposition des pièces de rechange qui permettent de remplacer rapidement ce qui néanmoins viendrait à se détériorer. Même sa fermeture de culasse présente une simplicité extraordinaire, assure une rapidité d'ouverture et de fermeture stupéfiante, en arrêtant pourtant complètement les gaz de l'explosion de la charge, qui pourraient avoir tendance à sortir par cette culasse et à brûler les artilleurs; d'autant que ceux-ci, le pointeur et le tireur tout au moins, peuvent demeurer assis sur deux caisses dépendant de la pièce de part et d'autre, derrière des boucliers métalliques, sans d'ailleurs subir de chocs très violents au moment du départ du coup. Cette fermeture de la culasse est obtenue d'un seul mouvement d'une manivelle, faisant tourner d'un demi-tour un bloc métallique fixé par une énorme vis se vissant dans la portion arrière du canon. Par ce demi-tour dans un sens, on rend libre l'orifice d'introduction de la cartouche et de l'obus; par un demi-tour en sens inverse, on ramène une partie métallique pleine à l'arrière de l'ouverture de culasse, qui se trouve masquée, et dès lors on peut mettre le feu à la charge à l'aide d'un petit marteau commandé par une poignée tirée par un servant. Ce canon si léger que deux attelages peuvent le traîner à toute vitesse à travers champs, lance, à une vitesse initiale de 529 mètres, un obus pesant 7 kg. 240, ou à 584 mètres un obus, non plus à balles mais explosif, de 5 kg. 315. Nous verrons tout à l'heure quel est le but de ces divers obus. Nous verrons également qu'il est loisible de tirer de 20 à 25 projectiles par minute; vitesse qui pourrait être dépassée considérablement, s'il n'était pas, comme de juste, absolument indispensable de se rendre compte des effets produits par le tir, du point où tombent les projectiles successifs.

Le canon proprement dit n'est pas autre chose qu'un tube d'acier long de 33 fois son calibre, creusé intérieurement de rayures pour donner le mouvement de rotation au projectile, comme dans le fusil, renforcé à l'arrière par un manchon, et en avant par une jaquette en bronze, une enveloppe spéciale reliée au manchon. L'affût de notre canon présente cette particularité qu'il peut se déplacer sur l'essieu des roues par coulissement; sur une certaine longueur, il se présente un filet de vis, ce qui permet de l'entraîner à gauche ou à droite, par rotation d'un volant. C'est cette disposition qui donne le moyen de pratiquer ce que l'on nomme le fauchage, dont nous reparlerons en parlant du tir. La portée maxima de notre 75 est de 6 500 mètres. Sa zone dangereuse est de 41 mètres pour un but de 1 mètre de hauteur à une distance de 1 000 mètres; que l'on se rappelle ce que nous avons expliqué pour la zone dangereuse du fusil, quelque peu analogue. La pièce en batterie pèse 1 100 kilos, 1 900 avec son avant-train; son caisson pèse 1 950 kilos. Ces chiffres permettront au lecteur quelques comparaisons avec le canon de 77 allemand dont nous allons parler. Auparavant, signalons d'un mot que nous avons également mis en service durant la guerre 1914 un canon un peu analogue, lançant un projectile de 75 à une vitesse initiale de 485 mètres seulement, et ne pesant que 960 kilos, et extrêmement mobile sur ses grandes roues.

Si nous jetons un coup d'œil sur l'artillerie légère des autres pays, nous songeons immédiatement au 77 allemand. Il a une portée maxima de 5 300 mètres, avec une vitesse initiale de 465 mètres seulement; sa zone dangereuse, dans les conditions indiquées tout à l'heure, est de 31 mètres, pas davantage. Il est vrai que les boucliers protégeant les servants sont plus épais et un peu plus grands; que le poids de la pièce n'est que de 950 kilos, de 1 800 avec l'avant-train; mais 5 servants au lieu de 3 sont ici nécessaires, ce qui augmente

LE CANON DE 60 DE MONTAGNE EN ACTION.

le poids total. Au surplus, la pièce allemande n'emporte avec elle, dans son caisson, que 397 coups, tandis que le chiffre correspondant est de 501 pour la pièce française. Le projectile allemand est également très notablement inférieur au nôtre, comme nous le verrons, en même temps que le dispositif assurant son explosion à tel ou tel point de sa course. Il est bien sûr pourtant que le principe sur lequel est construit le canon léger allemand ressemble étrangement à celui que nous avons adopté, puisqu'ils nous ont volontiers copiés, après nous avoir espionnés. Mais il y a notamment à ne pas perdre de vue cet inconvénient que le frein est complété ici par un récupérateur à ressort, alors que chez nous l'action de l'air comprimé est autrement avantageuse. La fermeture de culasse est très inférieure à la nôtre. On a pu constater que, par suite d'un ensemble de dispositions que nous ne pouvons point indiquer, le canon allemand peut se dépointer assez facilement en direction.

Si nous examinions le canon de campagne autrichien, nous constaterions qu'il a un calibre de 8 centimètres, et qu'il est analogue au canon allemand, tout en étant un peu plus puissant; il est fait de bronze forgé, alors que normalement on préfère maintenant l'acier. Ce bronze a semblé beaucoup moins résister que l'acier, au point de vue de l'usure des rayures notamment, sous l'influence des explosions successives des charges.

Pour le canon serbe, il a, comme le canon français, un calibre de 75 millimètres, et sort du reste des usines françaises du Creusot; il lance à 5 000 mètres un projectile de 10 kg. 500 grammes. Il est à noter que le matériel bulgare et le matériel grec ressemblent considérablement au matériel serbe. Pour le canon turc, il a été fourni par la maison allemande Krupp, et il est doté d'un récupérateur à ressort qui doit être remplacé assez souvent, comme tous les récupérateurs de ce genre. Ce sont, bien entendu, tous des canons à tir rapide, tirant de 20 à 25 obus à la minute quand cela est utile. L'Italie présente cette particularité qu'elle utilisait autrefois un canon Krupp, qu'elle a adopté maintenant un canon français de 75 millimètres de calibre, en acier, imaginé par le colonel Deport, celui que l'on peut considérer d'autre part comme le véritable père de notre canon de 75, sous réserve d'améliorations apportées par d'autres, comme le colonel Rimailho, le capitaine Sainte-Claire Deville. L'affût de ce nouveau canon italien d'origine française est très curieux, en ce qu'il se partage en deux sortes de flèches, que l'on peut écarter plus ou moins pour donner une inclinaison marquée au canon, lui permettre de tirer suivant un grand angle, comme on dit, au besoin sur un avion, un ballon dirigeable. L'écartement de la crosse en deux parties contribue à donner beaucoup plus de stabilité au canon, même quand il tire en obusier, mot que nous allons expliquer à l'instant. Il ne se dépointe pour ainsi dire jamais.

L'obusier est un canon qui peut être de calibre très variable, et qui présente cette particularité de ne pas avoir une trajectoire tendue, très horizontale, mais au contraire de pouvoir faire tomber son projectile sur le but à atteindre, sinon verticalement, du moins suivant un angle très marqué. Si bien que ce projectile pourra atteindre des troupes dans une tranchée, derrière un parapet protecteur, derrière une fortification. C'est une bouche à feu à tir courbe. On lance d'ailleurs de la sorte des obus renfermant une assez grosse charge d'explosif par rapport à leur diamètre, et dont les éclats auront une action très meurtrière. Les mortiers ne diffèrent pas sensiblement des obusiers, sinon en ce qu'ils ont un calibre très fort, destinés qu'ils sont à écraser par leurs projectiles des casemates blindées, des coupoles cuirassées. L'obusier n'est pas destiné à tirer de très loin, tandis qu'avec le canon ordinaire, dans lequel on met la charge de poudre la plus forte possible pour lancer le projectile, on cherche généralement une portée maxima ou une force de pénétration considérable du projectile atteignant le but. L'obusier est assez court, parce qu'il n'est pas nécessaire que la poudre continue d'agir longtemps sur le projectile pour lui donner une très grande vitesse. On comprend donc que, même dans l'artillerie légère essentiellement de campagne, on ait intérêt à disposer d'obusiers de calibre, de poids, de dimensions modestes, pour pratiquer le tir courbe; le dispositif du colonel Deport dont nous parlions tout à l'heure permet précisément d'arriver à ce résultat avec un canon ordinaire. La caractéristique de l'obusier, c'est de pouvoir faire franchir à son projectile, en hauteur comme on a dit, les ressauts, les reliefs du sol, pour frapper le but situé derrière ces reliefs. On peut au surplus bien mieux le défiler, le masquer, puisqu'il s'abritera derrière une crête assez haute par-dessus laquelle son projectile passera.

Quand on n'a pas construit des obusiers proprement dits pour le service de l'artillerie légère, ou adopté une disposition comme celle qui a été imaginée par le colonel Deport, on a combiné des dispositifs afin de diminuer la vitesse de déplacement du projectile, de lui imposer une trajectoire très courbe. C'est ainsi que, pour notre canon de 75, on a réduit la charge de poudre destinée à chasser le projectile hors du canon; on a aussi fixé sur les obus, terme générique pour tous les projectiles des canons quels qu'ils soient, une sorte de bobèche opposant de la résistance à la progression de cet obus dans l'air, ralentissant sa vitesse, lui permettant de tomber sur le sol suivant un angle très marqué. Aussi bien, c'est surtout parmi l'artillerie quelque peu lourde que nous retrouverons les obusiers et les mortiers.

On ne saurait oublier, au nombre des canons légers, ce canon de montagne dont nous avons dit un mot, et qui a été utilisé de façon particulièrement heureuse par l'armée française, par nos Alpins spécialement. Dans notre matériel, ce canon de montagne a un calibre de 65 millimètres seulement; il se construit suivant le principe du canon « au lancer », ou suivant un dispositif notablement différent. Pour le canon « au lancer », afin de diminuer la violence du recul du tube du canon qui tire sous un grand angle, afin que le tube glissant longuement ne puisse pas venir rencontrer le sol, on a pris des dispositions pour que, par avance, une portion du recul et du glissement soit annihilée. Au moment même où le tir va se faire, la mise à feu avoir lieu, le canon est lancé vers l'avant à l'aide de ressorts qui ont été bandés auparavant; et quand le recul commence à se faire sentir sous l'influence de la déflagration de la poudre, il a à lutter contre ce mouvement, qui réduit dans une proportion considérable le chemin que devrait autrement faire le tube-canon en reculant sur sa glissière. Naturellement les ressorts du récupérateur sont bandés à l'avance à bras; ou bien on emploie un dispositif à air qui a le même effet. Par ailleurs, et sous réserve de son calibre réduit, le canon de montagne, au moins français, ressemble beaucoup à notre 75. Il a fait des merveilles.

Avant d'en finir avec cette artillerie légère, et quitte à revenir sur les gros canons, comme nous l'avons dit, à expliquer comment sont constitués les projectiles, comment se fait exactement le pointage, le tir, etc., donnons quelques chiffres qui expliqueront en partie les dépenses énormes que nous avons indiquées comme résultant d'une guerre à notre époque. Le modeste canon de 75 français (nous disons modeste par rapport à son calibre) n'en revient pas moins à 15 000 francs, sans munitions bien entendu ; il doit être accompagné d'une voiture-caisson, dont le prix est de 5 000 francs ; dans la batterie, il faut encore un chariot, une forge, une fourragère. Et dans ces conditions la batterie de 4 pièces, de 9 caissons et de 3 voitures de service, revient à environ 120 000 francs. Pour la cartouche, qui mérite bien ce nom puisqu'elle renferme à la fois la charge et le projectile, elle coûte en moyenne 25 francs, et une batterie française emporte avec elle quelque 1 200 de ces cartouches. Ce sont d'ailleurs là des prix de revient ; et quand il faut se procurer rapidement une très grande quantité de canons que l'on demande à l'industrie privée, la batterie avec les munitions reviendra souvent à 200 000, 250 000, 300 000 francs.

RÉCEPTION ET VÉRIFICATION DES OBUS.

CHAPITRE XI

LE PROJECTILE DU CANON

o o o

Nous avons suffisamment parlé de la balle du fusil, laquelle balle sert également dans les mitrailleuses, les fusils-mitrailleurs, pour ne point avoir à y revenir. Au contraire, nous avons dit peu de chose du projectile du canon, que l'on couvre du nom général et générique d'obus; bien que, quand il s'agit de la bouche à feu même, le mot d'obusier ait un sens spécial qui s'applique au tir à trajectoire très courbe, comme nous l'avons dit, par-dessus des obstacles. L'obus, c'est le projectile allongé, cylindrique dans son corps, ogival par sa partie antérieure et pointue, qui s'est complètement substitué au projectile rond de jadis, au boulet.

Rappelons, ce que nos lecteurs savent peut-être, que ce projectile allongé, susceptible, de par sa fabrication, de par la ceinture de cuivre qui l'entoure à sa base, d'être animé d'un mouvement de rotation sur lui-même, grâce aux rayures intérieures et en relief du canon qui s'incrustent dans cette ceinture, assure une rectitude de tir précieuse. Du reste, depuis que l'obus s'est ainsi substitué au boulet rond et plein, l'obus présentant toujours une capacité intérieure, un vide susceptible de contenir soit une charge considérable d'explosif, soit une charge plus faible et des balles, des projectiles secondaires, il n'y a plus seulement à citer le poids de ce projectile principal pour le caractériser; il est essentiel aussi d'indiquer le type plus particulier auquel il appartient.

Il y avait, avant la généralisation de l'emploi des obus, des projectiles sphériques et creux que l'on appelait des bombes, susceptibles d'éclater en mille fragments; c'est même sous cette forme que s'est présenté d'abord l'obus à shrapnell, sur lequel nous allons insister; mais il s'est vite transformé en projectile cylindrique et ogival à sa pointe, rappelant beaucoup, sur des proportions différentes, la balle du fusil moderne, du moins par sa forme extérieure. Si l'on veut classer de façon générale les obus, il faut d'abord distinguer ceux qui sont destinés à éclater par eux-mêmes, et à projeter autour d'eux uniquement les morceaux entre lesquels ils ont été fractionnés, de par la détonation de l'explosif qu'ils contenaient; puis l'obus à shrapnell dont nous parlions à l'instant, où la puissance vulnérante est renforcée par l'existence, à l'intérieur de la capacité de l'obus, d'une série de balles projetées par suite de la vitesse qu'avait cet obus au moment de son éclatement; cet éclatement le fractionnant lui-même en morceaux plus ou moins petits, mais qui seraient trop peu nombreux pour effectuer la terrible besogne de mort.

On établit aussi une autre classification : il y a l'obus qui a pour but de s'attaquer aux cuirassements, aux fortifications, aux abris plus ou moins savants ménagés artificiellement aux troupes ou aux bouches à feu ennemies; puis l'obus qui est dirigé contre les rassemblements d'hommes, les troupes, les bataillons montant à l'assaut, souvent en colonnes serrées, quand il s'agit d'Allemands conduits d'après leurs méthodes brutales de l'attaque en masse. L'obus destiné à pénétrer un cuirassement, un abri, une défense très résistante par elle-même, doit rester intact jusqu'au moment où la pénétration est réalisée, doit être muni de parois suffisamment épaisses, très dures, homogènes. Cet obus, dit de pénétration, est destiné à faire explosion à un certain moment seulement, quand il est passé de l'autre côté du cuirassement, de la coupole, du blindage, le passage se faisant assez rapidement pour que l'explosion de la charge, provoquée pourtant en général par le choc même de l'obus contre l'obstacle, soit retardée jusqu'à l'instant voulu. A cet instant l'explosion de l'obus répandra derrière le cuirassement des morceaux qui formeront des projectiles terribles, en même temps que des gaz asphyxiants. De plus il aura été fait dans la coupole un premier trou, suivi sans doute d'autres, qui fissureront le métal ou l'abri atteint, et permettront à quelques coups successifs d'en venir complètement à bout, coume cela s'est passé pour les grosses fortifications de place à Anvers, à Maubeuge, etc. On comprendra encore mieux ce que nous voulons dire, en lisant le chapitre de ce livre consacré aux fortifications et places fortes.

L'obus du second type de cette deuxième classification doit, lui, se fractionner en morceaux, qu'il s'agisse d'un obus sans balles intérieures, ou de l'obus à balles appelé shrapnell ; l'éclatement est

Phot. Creusot.

ATELIER DE CEINTURAGE DES PROJECTILES.

obtenu par une fusée brûlant un certain temps, réglée comme nous le montrerons en parlant du tir du canon, assurant l'éclatement au bout d'une période déterminée par rapport à la distance du but, et comme conséquence, en tel ou tel point par rapport à ce but ; cet éclatement peut également résulter de l'emploi de la fusée à percussion, assurant l'éclatement et le fractionnement du projectile quand il vient à toucher un obstacle, la terre ou autre chose. L'obus à shrapnell est un projectile du type fusant, éclatant en l'air au bout de tel parcours ; précisément pour que les balles qui s'échapperont après rupture du projectile, puissent se répandre comme une sorte de pluie terrible, en arrosant en dessous les troupes qui se trouvent sur le terrain battu et visé.

Nous avons à peine besoin de faire remarquer que l'obus destiné à percer un cuirassement avant son explosion doit avoir des murailles robustes pour subir le choc ; d'autres précautions étant prises d'ailleurs pour lui permettre de traverser la couche métallique du cuirassement, faciliter sa pénétration. Tout au contraire, l'épaisseur des parois est tout à fait inutile pour les obus se rompant en fragments ou en l'air ou au contact du but. Pour ce dernier type d'obus, quand il ne doit pas contenir toute une série de balles de shrapnell, on a encore intérêt à lui donner des murailles fort peu épaisses, car on peut augmenter d'autant la charge d'explosif qu'il contiendra dans ses flancs. Nous dirons tout à l'heure quelques mots rapides des projectiles de marine, qui montreront mieux les conditions auxquelles doit répondre l'obus de pénétration, portant en fait le nom officiel d'obus de rupture, sans doute parce qu'il est destiné à se rompre derrière le cuirassement traversé.

Avant d'indiquer comment fonctionne le mécanisme d'inflammation de la charge de l'obus, soit qu'il s'agisse de le faire exploser au bout d'un certain temps, soit qu'on veuille un projectile fonctionnant par percussion ou plutôt comme conséquence de cette percussion, soit qu'il s'agisse d'un obus muni tout à la fois des deux dispositifs, indiquons en quoi consiste l'obus à shrapnell, qui a fait merveille dans la guerre de 1914-1915, du côté français surtout, mais dont, au bout d'un certain temps, on s'est mis à faire un peu moins usage, parce que le tir de l'obus fusant permet presque d'obtenir le même résultat. Ce shrapnell a été inventé par le lieutenant anglais portant le même nom, en 1808, et, comme nous le disions, sous la forme d'une sorte de bombe, d'un boulet sphérique où la poudre, la charge explosive était mélangée avec des balles que l'explosion devait distribuer sur la tête des troupes à détruire. Des perfectionnements y ont été apportés plus tard, parce que les balles étaient projetées un peu dans toutes les directions, que l'explosion pouvait se produire de façon prématurée; et l'on en est arrivé à séparer la série des balles, placées les unes à côté des autres, de la charge explosive, par un diaphragme, une sorte de cloison métallique. Pendant très longtemps les balles de shrapnell ont été faites de plomb durci par une addition d'antimoine. Couramment aujourd'hui on les fait simplement en fonte. Quand, sous l'influence de la fusée, l'explosif qui se trouve à la base de l'obus détone, les balles sont projetées à l'extérieur sous la forme d'une sorte de cône qui arrose véritablement le terrain, pour reprendre le mot très coloré employé par les artilleurs. On a donc pu dire sans exagération que le corps de l'obus est comme une petite bouche à feu arrivant au-dessus de l'ennemi, et lançant la mitraille qu'elle contient. C'est d'ailleurs sous l'influence de la vitesse acquise, que les balles tombent sur le sol et sur l'ennemi, à une allure relativement faible, mais les laissant encore très vulnérantes, terriblement dangereuses, surtout quand il s'agit de notre obus français. Il est à remarquer que les éclats de l'obus explosif, non chargé de balles, peuvent s'employer aussi bien contre les objets matériels, les murailles, les maisons, les canons, les bois, les arbres, que contre le personnel.

D'une façon générale, les projectiles de l'artillerie des différents pays se ressemblent beaucoup; à cela près que les explosifs employés, soit pour la projection de l'obus, soit pour le chargement de celui-ci, ne sont pas identiquement les mêmes. Nous pourrons fournir plus loin quelques renseignements à cet égard; mais notons

Phot. Creusot.

ACHÈVEMENT DES GROS PROJECTILES.

immédiatement que les Allemands se sont enthousiasmés pour un explosif qu'ils utilisent non seulement à leurs obus, mais encore à leurs torpilles, à leurs mines; le trinitrotoluol, ou, en abrégé, trinol. C'est lui qui noircit souvent d'une espèce de dépôt charbonneux les fragments des obus que l'on peut ramasser sur les champs de bataille. Et cela révèle immédiatement que la combustion ou l'explosion de ce produit est incomplète, parce qu'il contient trop de carbone. Nous n'entrerons point dans des détails chimiques; mais on peut comprendre que c'est un défaut véritable, puisque notamment ce carbone demeure inutilisé. C'est par traitement à l'acide nitrique du toluol ou toluène, provenant de la distillation du goudron de houille, que l'on fabrique le trinol, en additionnant du reste l'acide nitrique employé d'acide sulfurique.

Ce n'est point un produit nouveau, comme les Allemands auraient voulu le faire croire; il y a des années qu'on l'employait en Angleterre pour l'exploitation des mines de charbon, sous des noms divers. Dans ce cas, il a l'avantage de ne point dégager des gaz toxiques ; mais, au point de vue guerrier, ce serait plutôt un inconvénient, et il est étonnant que les Allemands n'y aient point songé, eux qui se sont mis à pratiquer les gaz asphyxiants de façon méthodique, en dépit des engagements pris en vertu de la Conférence de la Haye. Du moins ce trinol n'a pas d'action sur le métal de l'obus dans lequel on peut le couler, le tasser sans précautions spéciales ; il n'a point de tendances à se modifier, comme beaucoup d'explosifs. Par contre, il est peu sensible, détone mal, une fois qu'il est ainsi bourré dans l'obus ; cela donne lieu à de nombreux ratés que l'on a constatés pendant la guerre.

On ne trouvera sans doute pas mauvais que nous établissions une brève comparaison entre le projectile de notre 75 français et celui du 77 allemand. Pour le shrapnell de notre 75, les balles tombent à terre suivant un ovale de 25 mètres de large, de 300 mètres de long, ces balles étant, il est vrai, peu nombreuses sur les bords. Le nombre des balles est de 300 ; elles pèsent individuellement 12 grammes ; dans l'obus allemand, le nombre en est le même, mais le poids seulement de 10 grammes, ce qui explique le poids plus faible de l'obus, et elles sont animées d'une vitesse plus faible qui les rend sensiblement moins dangereuses. Pour l'obus explosif simplement de notre canon, obus à mélinite contenant 830 grammes du mélange explosif, il est particulièrement redoutable ; on a même pu constater que, par un phénomène physiologique qui n'est point complètement expliqué, l'explosion de ce terrible projectile suffit souvent à tuer brusquement, sans qu'ils présentent de blessures apparentes, les soldats ennemis qui se trouvent dans le voisinage de son point de chute et de détonation.

Nous avons tout à l'heure fait allusion par quelques indications générales aux gros projectiles employés pour le tir des canons de marine, et aussi des gros canons qui, comme on le verra, ont à jouer un rôle de premier ordre dans une guerre terrestre moderne. Le fait est que les gros canons de marine et les canons puissants plus ou moins facilement mobiles que l'on emploie et contre les armées et contre leurs abris, et contre les fortifications permanentes ou passagères, ne se différencient pas très sensiblement, sauf de par leur affût, la vitesse à laquelle le projectile sera lancé, et souvent aussi la portée. La grande vitesse est obtenue par l'augmentation de la charge de poudre servant à la propulsion de l'obus hors du canon, qui permet à la poudre d'agir plus longtemps sur le projectile, avant qu'il soit lancé dans l'air proprement dit. Le poids du projectile est également fort intéressant à toutes sortes d'égards.

Il ne faut point perdre de vue que, pour être en mesure de traverser un cuirassement métallique comme on en trouve ou comme on en trouvait dans les places fortes jusqu'à notre époque, il a fallu non seulement un obus en acier, mais ce que l'on appelle un obus coiffé ; cette coiffe n'étant pas autre chose qu'une sorte de calotte en acier trempé plus doux que l'acier de la pointe de l'obus. Cette masse métallique s'écrase à la rencontre de la plaque de la coupole cuirassée, en forme comme graissage et comme soutien pour la pointe

Phot. Creusot.

TOURNAGE DE GROS OBUS.

de l'obus, en l'empêchant de se rompre, ce qui lui permet de mieux pénétrer dans la surface durcie du blindage. Il a fallu d'ailleurs arriver à des calibres, à des diamètres énormes de projectiles, diamètre auquel correspond une longueur de canon considérable également; d'autant que cela permet de tirer un projectile plus lourd à une moindre vitesse de début pour obtenir un résultat identique. Les gros calibres assurent aussi l'emploi de charges d'explosifs très fortes, qui causent les ravages les plus terribles ou devant, ou derrière les cuirassements, suivant que l'obus est fait pour exploser de l'une ou de l'autre manière.

Comme le tir du canon dépend essentiellement de la manière dont éclatera ou en l'air, ou sur le but, le projectile lancé, en parlant tout à l'heure de ce tir du canon, nous ajouterons quelques détails sur le fonctionnement de la fusée, du dispositif d'inflammation de la charge du projectile, provoquant son explosion, sur la façon dont on peut régler cette explosion avec une précision curieuse, surtout dans notre petit canon français de 75.

Il va sans dire que les conditions de manipulation des projectiles, notamment au moment du chargement même, de l'introduction dans la portion arrière, la culasse de la bouche à feu, varient considérablement suivant le calibre, c'est-à-dire le diamètre, la grosseur du projectile. Que l'on songe que couramment, en matière de pièces de marine au moins, il faut manipuler des obus de 400 kilos et plus, comme c'est le cas pour le projectile du canon de 305 (millimètres), qui pèse 460 kilogrammes. Aussi, pour les montes des soutes à munitions, qui sont dans les fonds du navire, il faut des monte-charges, électriques ordinairement, qui les déposent dans un basculeur amenant l'obus devant la culasse même et le faisant glisser dans l'âme du canon.

UNE BATTERIE DE 75 ALLANT PRENDRE POSITION

CHAPITRE XII

LE TIR DU CANON

o o o

Certaines des indications que nous avons déjà données ont permis de préjuger quelque peu des conditions dans lesquelles se fait le tir du canon, par suite même de la variété des projectiles qu'il lance, sous l'impulsion de la charge de poudre propulsive. On a vu tout à la fois que, dans tel ou tel cas, on désire envoyer le plus loin possible un obus suivant une trajectoire très rectiligne; tantôt on cherche à tirer en tir plongeant, en obusier, à l'aide d'un obusier ou d'un mortier. D'autre part, l'éclatement du projectile se fait diversement, d'après le but même poursuivi. Nous pouvons d'ailleurs, à ce double égard, préciser les idées, quitte à insister plus longuement sur la nécessité où l'artillerie est de se défiler, comme on dit, de se cacher, de se masquer dans la guerre moderne; et aussi sur les principes généraux grâce auxquels on arrive à diriger exactement le canon sur le but que l'on veut atteindre, même quand on ne voit pas directement ce but, et cela à l'aide d'instruments que nous n'apprendrons sans doute pas à nos lecteurs à manœuvrer, mais que nous ferons suffisamment connaître pour qu'ils en apprécient les mérites et les services.

On se rappelle sans doute que, même avec un canon léger comme le 75, à l'aide de certains artifices, dispositifs, on peut tirer en obusier. Mais d'une manière générale on réserve plutôt ce tir à ces pièces lourdes dont nous allons reparler dans quelques pages, à des pièces très lourdes même comme les mortiers. Une des caractéristiques de l'obusier, c'est qu'on ne lui fournit pas une charge toujours identique comme au canon de campagne par exemple, chez lequel on cherche à donner au projectile une vitesse initiale aussi considérable que possible; on prépare le plus ordinairement, sur le terrain même, pour les obusiers et pour les mortiers, des gargousses à charges différentes, suivant la courbure plus ou moins grande que l'on veut donner à la trajectoire, en vertu du tir à effectuer, de la distance du but à atteindre derrière un obstacle. Si en effet la charge est relativement faible, bien qu'elle suffise (ce qui est indispensable) à élever l'obus au-dessus de l'obstacle, à le lui faire franchir, cet obus, n'ayant qu'une vitesse réduite, sera pour ainsi dire rapidement ramené vers la terre par le poids, la gravité, et retombera presque verticalement, à point nommé si l'on a bien su assurer le tir.

Pour ce qui est de l'explosion de l'obus dans telle ou telle condition, ce qui relève encore, comme nous l'expliquions, du tir du canon, elle est toujours assurée par une sorte d'amorce, un dispositif de fusée plus ou moins compliqué, et dont nous pouvons donner l'idée au point de vue général. Il y a naturellement des différences sensibles entre les divers procédés et les divers types de fusées utilisées dans les armées des différents pays; mais le principe est un peu le même. Nous devons reconnaître que, de l'avis général, la fusée ordinairement combinée et à double effet des obus français, et particulièrement de l'obus du 75, est considérée comme le meilleur type que l'on puisse adopter. Notons immédiatement qu'il ne faudrait pas croire que, pour l'obus percutant par exemple, susceptible de faire explosion au moment où il touche l'obstacle, ce soit le choc même qui détermine l'amorçage, la mise à feu, comme cela se fait pour un chien de fusil de chasse, ou pour le percuteur d'un fusil de guerre, de l'amorce du détonateur, qui fera à son tour exploser la charge du projectile. C'est toujours l'inertie que l'on met à contribution dans des conditions ingénieuses et curieuses.

Nous avons laissé entendre à plusieurs reprises comment la fusée fusante a pour mission de faire éclater l'obus à un certain moment de sa course, c'est-à-dire en un point et à une hauteur convenables au-dessus du but. Elle comporte nécessairement une sorte de petit chemin en spirale contenant de la poudre qui brûle très régulièrement, et dont l'inflammation se transmettra finalement par un tube perforé jusque dans le bas de l'obus, tube disposé dans l'axe de cet obus et communiquant, par des perforations intérieures, avec le chargement même du projectile. Suivant que la combustion de la spirale de poudre durera plus ou moins longtemps, la détonation de l'obus se fera plus ou moins tardivement ; si donc on a la possibilité d'allumer cette spirale de poudre soit à son extrémité antérieure, soit en un point de son développement inférieur et plus près du tube communiquant avec la charge, la détonation se fera à des moments très variables. On sait le temps qu'il faut pour que la combustion se fasse depuis le commencement de la spirale jusqu'à son extrémité ; on peut donc régler l'inflammation au point voulu de façon absolument mathématique, à 1/10 de seconde près. Il se passe en somme quelque chose d'analogue à ce que l'on réalise dans l'explosion des mines pour l'exploitation des carrières par exemple, et où l'on prend un morceau de mèche, de cordon Bickford plus ou moins long, suivant le temps dont on veut disposer avant l'explosion des cartouches, pour se retirer de la galerie et se mettre à l'abri.

LE TIR D'UNE PIÈCE DE 120 LONG.

Le point exact où il faut faire commencer l'inflammation de la spirale de poudre pour assurer la détonation à l'instant et au moment voulus, est assuré, pour l'obus français par exemple, par le fameux appareil appelé débouchoir, qu'il suffit de faire connaître dans son essence. Il opère avec une merveilleuse précision suivant les ordres donnés par le commandant de la batterie, les hommes n'ayant qu'à exécuter une opération très rapide, très simple, sans raisonnement aucun. Ils n'ont qu'à faire tourner une petite manivelle jusqu'à un trait indiquant la distance qui leur a été fixée ; ils placent simultanément deux obus dans l'appareil la pointe en bas, et, en agissant sur des leviers, ils amènent deux poinçons à percer exactement au point voulu, pour l'inflammation de la spirale fusante. Pas d'erreurs possibles : le réglage se fait une fois pour toutes si une série d'obus sont à tirer dans les mêmes conditions.

Pour ce qui est de l'inflammation même à ce point, le projectile renferme, dans la fusée, une sorte de petit marteau qui, au moment où l'obus est lancé par le canon, en vertu de l'inertie, de la tendance qu'il a à demeurer sur place, tandis que l'obus avance, frappe une capsule de fulminate de mercure, et met le feu à une rondelle de poudre dont les gaz chauds allument la spirale fusante. On comprend le reste. Pour ce qui est de la fusée percutante, il se trouve également une petite pièce mobile maintenue par un ressort. Au départ du coup, cette sorte de marteau vient se fixer dans des agrafes, mais elle ne peut continuer son chemin jusqu'à venir frapper une amorce qui se trouve plus loin. Au contraire, quand un projectile heurte un obstacle, une série de ressorts disposés à l'intérieur de la fusée se compriment sous l'influence de la diminution brusque de vitesse ou de l'arrêt ; le petit marteau heurte l'amorce, qui met le feu à la composition du tube dont nous avons parlé et fait finalement éclater l'obus. Nous avons d'ailleurs fait remarquer que l'on peut, dans un même obus, combiner les deux systèmes de fusée pour répondre à tous les besoins.

Il y a, bien entendu, des différences assez notables suivant les pays et suivant le calibre des projectiles, mais le principe est identique et il est facile à comprendre.

On comprend que tous ces préparatifs, notamment le débouchage, font partie des opérations à exécuter pour le tir du canon. Mais il est essentiel de ne point oublier que la base même du tir à notre époque, c'est le défilement ; les canons doivent être invisibles à l'ennemi, notamment aux aviateurs qui servent constamment à notre époque à repérer les batteries en même temps que les positions générales des troupes ennemies. Et c'est pour cela que, pour dissimuler les pièces, pour les défiler, si l'on emploie le mot classique, on utilise toutes sortes de trucs ; on les placera en plein bois, sous les arbres, sous les buissons : on recouvrira au besoin les canons, les caissons de branches d'arbre, de feuillage ; dès qu'un aéroplane ennemi sera signalé, on cessera le feu, les hommes se dissimuleront dans les abris à ce ménagés, ou sous terre. On en est même arrivé à installer dans des points où ils soient bien visibles et attirent l'attention des observateurs d'avions et les projectiles ennemis, de fausses batteries faites de pièces de bois tout au moins grossièrement taillées et montées sur des roues, constituées de cartonnage, de lattes, le tout peint en gris, de la couleur des canons, des caissons. Au besoin même on plante des mannequins, de vieux uniformes bourrés de paille : et très souvent, pendant des mois, ces fausses batteries attireront continuellement la fureur de l'ennemi, alors que la vraie batterie placée à peu de distance demeurera inaperçue, non repérée.

C'est pour la même raison que les chevaux, les avant-trains, les véhicules dont on n'a pas besoin, sont évacués à l'arrière, les chevaux en particulier étant souvent abrités dans des sortes de souterrains où l'on ne peut se douter de leur présence. Au reste, le poste d'observation même où le commandant de la batterie dirige le tir en donnant les instructions qui servent à la visée, à la direction, à

POSTE DE TÉLÉGRAPHIE SANS FIL POUR OBSERVATION DU TIR.

l'inclinaison du canon, aussi bien qu'au débouchage, est lui-même caché aussi soigneusement que possible, ainsi que les instruments qui y sont utilisés. Il est complété par une cabine de téléphoniste transmettant les ordres à la batterie, cabine qui n'est généralement

qu'un trou creusé en plein sol et de plus recouvert de rondins, d'une masse de terre, protégeant autant que possible le téléphoniste.

Pour se bien rendre compte de la nécessité de ce poste d'observation et de direction et des instruments dont nous venons de parler, il est essentiel de saisir les principes suivant lesquels se fait maintenant le tir des canons, aussi bien à la mer qu'à terre. Par suite du perfectionnement de toutes les armes, amenant précisément cette nécessité de se défiler que nous indiquions, le canon se défile toujours derrière une crête qui le puisse masquer à la vue directe de l'ennemi, du moins pour le canon employé à terre; et de plus il tire à de très grandes distances, ne permettant qu'à un observateur placé dans de très bonnes conditions et à une hauteur relativement grande, de constater si le but est atteint, si le tir est bien dirigé. Autrefois, on avait prévu l'usage courant d'une échelle spéciale faisant office d'observatoire pour le capitaine; aujourd'hui on cherche des points d'observation variés et cachés eux-mêmes. Les servants de la batterie, eux, ne voient pas le but ni le résultat de leur tir. On peut dire sans exagération que, pour l'artillerie de campagne de toute nature (pas seulement pour les canons légers), le tir direct est extrêmement rare; il a donc fallu adopter des procédés rendant le tir indirect aussi sûr et facile que le tir direct.

On a imaginé dans ce but une série d'instruments fixés à la pièce, du moins au moment du tir. Ce sont les organes de pointage proprement dit; d'autre part le commandant ou capitaine de batterie a à sa disposition d'autres appareils lui permettant de mesurer des angles et d'opérer des calculs relativement simples, dont il transmet les résultats à ses canonniers, en leur donnant des ordres suivant un langage convenu, qu'ils traduisent généralement par le déplacement de manivelles, de manettes sur des cercles gradués, avec une très grande facilité et une grande sûreté. Ce qui est nécessaire à ces canonniers, c'est la distance à laquelle on doit tirer, le temps au bout duquel l'éclatement de l'obus doit se faire, s'il s'agit de tir fusant, et enfin la direction où viser. Le commandant observe, lui, les points d'éclatement, de chute; il constate si les premiers coups sont trop courts ou trop longs; il prend une fourchette, comme on dit; et généralement le troisième coup résultant de la moyenne entre un coup court et un coup long lui permet d'arriver au but voulu. Ce commandant choisit un point de repère, un sommet de clocher par exemple, un arbre, au besoin il créera des repères en utilisant des jalons placés à une certaine distance, ces points de repère devant être bien visibles de la batterie. Si l'officier dirigeant la manœuvre sait l'angle que le but à atteindre fait avec le point de repère, il pourra donner aux canonniers l'ordre voulu pour faire décrire au canon cet angle même, et pointer effectivement en direction sur ce but. Il faut naturellement incliner la pièce suivant l'éloignement du but, donner la hausse, comme on dit, et cela d'après les indications que les chefs envoient aux hommes, le plus souvent par la voie téléphonique.

Il nous est impossible de songer à passer en revue les appareils optiques de précision qu'utilisent les officiers d'artillerie. C'est notamment la hausse panoramique, que l'on met également à la disposition des hommes pour la visée suivant l'angle dont nous parlions. On complète cette hausse par des pièces secondaires, quand le tir peut se faire de façon directe, ce qui est beaucoup plus simple, quand on peut pointer sur l'objectif. A la vérité, pour notre artillerie de 75 par exemple, on peut recourir à un dispositif moins compliqué. Ces outils perfectionnés s'imposent surtout pour le tir aux très grandes distances. D'après ce que nous avons dit tout à l'heure, on comprend que le commandant de batterie doit disposer d'appareils de mesure d'angle précis, commodes de manœuvre, en réglant ses indications suivant la position exacte qu'occupe chacune des pièces de sa batterie. Il est obligé de fournir à ses artilleurs ce qu'on appelle l'angle de site, mot bien savant qui correspond à la hauteur angulaire de l'objectif.

Nous ne parlerons pas des instruments secondaires. Parfois on fait usage du périscope analogue à celui que l'on emploie à bord des sous-marins, périscope permettant de voir au-dessus d'un obstacle, sans se montrer soi-même; on utilise surtout et à terre et bien plus souvent encore à la mer, pour le tir des canons de marine par conséquent, un instrument très perfectionné qui a complètement révolutionné les méthodes et les possibilités du tir, en mettant à même de tirer le canon à très grande distance. Nous voulons parler du télémètre, qui permet, par un appareil optique muni de prismes, d'apprécier la distance à laquelle se trouve un objet, en particulier le but sur lequel on tire. Il va de soi que cette connaissance est absolument indispensable pour que le projectile atteigne l'objectif, c'est-à-dire le but à détruire. Il nous serait un peu difficile en quelques lignes d'expliquer le fonctionnement et la construction d'un télémètre: du reste on en construit dans des types assez variables. Ce qui est important à savoir c'est qu'il permet aux artilleurs de ne plus apprécier au jugé les distances du tir, en interprétant des opérations de triangulation que le télémètre donne moyen d'exécuter. Un télémètre est d'autant plus précieux qu'il a des dimensions plus grandes, ce qui est le cas pour les télémètres de marine. L'emploi de cet appareil à bord des navires de guerre, et la commande du tir par un seul officier donnant simultanément des ordres à toutes les pièces, a transformé complètement la pratique des batailles navales.

Quand nous examinerons les procédés de la guerre moderne sur mer, nous verrons de plus près les canons, leur installation à bord des cuirassés. Ici plus que partout ailleurs, les machines sont mises à contribution, ce qui est indispensable eu égard à la masse et au poids des énormes canons de marine. Leur pointage se fait à l'aide de dispositifs de commande à l'eau comprimée ou électriques. Ce n'est pas tout à fait du tire rapide comme on l'entend pour le canon de 75, mais du tir très accéléré; d'autant plus que le tir des navires de guerre est centralisé entre les mains d'un officier spécial, se tenant dans le réduit cuirassé qui doit le protéger lui et tous les appareils de transmission des ordres du commandant aux diverses parties du navire, notamment aux tourelles des canons. Le réglage du tir à la mer est une opération complexe et délicate, par suite du déplacement rapide des navires sur lesquels on tire et des mouvements d'oscillation que les vagues leur font subir dans le sens vertical.

UN RIMAILHO EN POSITION DE TIR.

CHAPITRE XIII

GROS CANONS ET GRANDE PORTÉE

° ° °

Quand nous parlions des canons légers et aussi du tir du canon, nous avions fait remarquer que, de plus en plus, il s'était imposé, dans la pratique de la guerre, l'emploi de canons très puissants, canons lourds ou même canons monstres, si l'on en juge d'après les derniers échantillons mis à contribution, notamment par l'Allemagne d'abord, et quelque peu à la surprise de beaucoup de gens qui n'étaient pourtant pas tout à fait ignorants en ces questions.

En France, au contraire de ce qui s'est passé en Allemagne, on avait relativement un peu méprisé cette artillerie lourde, au moins l'artillerie très lourde; on se figurait que le merveilleux petit 75 pourrait répondre à tout, tenir tête aux obusiers, aux gros canons, à plus forte raison aux monstres, que l'on ne se figurait pas pouvoir se mobiliser facilement. Beaucoup de généraux apportaient l'autorité de leur nom à une opposition de principe contre l'artillerie lourde. Et pourtant, au lendemain de nos défaites de 1870, quand la France avait construit ou reconstruit à sa nouvelle frontière des places fortes puissamment armées, puissamment défendues contre les attaques de l'ennemi, l'Allemagne avait immédiatement cherché non seulement des obusiers et des mortiers de gros calibre, mais encore des bouches à feu très puissantes et pourtant très mobiles, avec lesquelles elle espérait détruire rapidement les fortifications les plus solides, les coupoles cuirassées les mieux établies.

Ce qui accusait immédiatement les résultats auxquels les Allemands arrivaient, c'est que bientôt ils possédaient un obusier (nos lecteurs savent ce que c'est) de 15 centimètres, qui recevait le nom d'obusier lourd de campagne, parce qu'il était pour ainsi dire destiné à suivre l'artillerie légère dans ses déplacements. Ils en mettaient également un en service de 10 centimètres et demi, en se préoccupant tout à la fois de ce que nous avons appelé le tir plongeant et le tir rectiligne de gros canons. Les mortiers étaient destinés à s'attaquer aux positions solidement fortifiées, tandis que les canons longs appartenant, eux aussi, à la catégorie des canons lourds à gros diamètre, avaient pour rôle de détruire des buts, des objectifs résistants à grande distance, grande portée, à tirer contre les villages, les constructions où les troupes peuvent s'abriter.

On est arrivé peu à peu à considérer partout que le tir à longue portée est très efficace et utile; d'autant que les avions permettent d'observer les points d'éclatement, de rectifier le tir, de constater les dégâts causés. Il n'est pas démontré, loin de là, que la plupart des gros canons allemands aient eu des résultats militaires très effectifs. Mais il est bien certain que leurs monstres à calibre énorme sont venus rapidememt à bout des fortifications les plus solides; nous le montrerons encore mieux dans un chapitre spécial, car la question vaut d'être bien comprise. Ce qui n'empêche que, le plus souvent, les fameuses marmites allemandes n'ont pas eu l'effet matériel ni l'effet démoralisant sur les troupes alliées que les Allemands en avaient escompté.

Au surplus, nous-mêmes nous avions déjà, avant la guerre, de grosses pièces d'artillerie; et depuis lors nous avons rapidement complété cette artillerie lourde, nous avons activé la construction des gros canons; nous sommes même arrivés à mettre en service, tout comme les Allemands, des canons véritablement monstres, susceptibles de tirer à très grande distance; tir qui le plus souvent se fait un peu à l'aveuglette malgré tout, et répond plutôt à la conception allemande de terroriser l'ennemi; ce à quoi elle est assez peu arrivée en bombardant nos villes ouvertes, nos cathédrales.

En France, nous avons utilisé le petit obusier de 105 (nous disons petit relativement, parce qu'il n'est pas plus lourd que le 75, il est aussi maniable que lui); puis l'obusier de 120. De même nous avons mis à contribution l'obusier de campagne de 150 (toujours « millimètres » de calibre); nous pourrions parler du 120 court ou du 155 long, ou de ce canon si intéressant, le 155 court à tir rapide, inventé par le commandant, devenu colonel, Rimailho. C'est bien une pièce à gros calibre, mais on a pu lui conserver une grande mobilité, grâce à ce fait qu'il se partage pour le transport en deux parties qu'il est ensuite aisé de réunir quand on se trouve au moment de tirer. Ce canon ne lance pas des projectiles de moins de 43 kilogrammes, ce qui est déjà considérable, et à raison de 5 à la minute, à une distance de 6 000 mètres. Chaque projectile contient un peu plus de 10 kilogrammes d'explosif, alors que les grosses marmites dont nous par-

CANON DE 120 COURT PRÊT A TIRER EN OBUSIER.

lions ne renferment que moins de 5 kilos, il est vrai pour une portée plus grande. Cette portée relativement faible du Rimailho résulte de la faible longueur et de la faible épaisseur qu'on a dû donner au tube du canon, ce qui ne permet pas d'y loger une forte charge développant des pressions trop élevées. Comme nous l'indiquions d'un mot, le tube même du canon, séparé de son affût, est emporté sur une voiture spéciale appelée voiture-porte-canon. L'affût, avec le frein de tir, forme une voiture-affût complètement indépendante. On réunit les deux éléments au moment du combat. Le mécanisme de la culasse de ce canon est tout à fait curieux, car elle s'ouvre automatiquement après chaque coup, une fois que le tir a été amorcé. Un canon comme le Rimailho tire normalement l'obus explosif, et exceptionnellement l'obus à shrapnell.

Notons que, pour remédier à l'inconvénient du poids des canons lourds, même quand il s'agit simplement du 120 long, on recourt volontiers à des ceintures de roues, des sortes de patins qui entourent chaque roue en l'élargissant, de façon à ce que le poids de la pièce se répartisse sur une surface plus large, et à ce que les roues ne soient pas exposées à s'enliser dans le sol.

Il faut bien reconnaître que les Allemands, dans la préparation soigneuse de l'agression qu'ils préméditaient depuis si longtemps, avaient établi toute une artillerie lourde très savamment combinée, très variée, qu'il leur a été possible d'amener sur le champ de bataille; et d'autant qu'ils ont eu recours plus largement que beaucoup d'autres pays à l'automobilisme, à la traction mécanique, dont nous reparlerons de façon un peu spéciale; que nous n'avons utilisée qu'au bout d'un certain temps surtout pour la traction des gros obusiers, notamment de 280. Les Allemands avaient à leur disposition des obusiers plus légers de 10 centimètres et demi, d'autres appelés lourds de 15 centimètres, lançant l'un la petite marmite, l'autre la marmite, pour reprendre les désignations pittoresques que nos troupes ont trouvées rapidement à leurs projectiles respectifs. Sans parler de certains canons un peu secondaires, nous aurions encore à signaler les canons de 13 centimètres, lançant à 13 kilomètres au moins un projectile de 40 kilos, un mortier de 21 centimètres portant jusqu'à 9 kilomètres, et projetant un obus de 119 kilos; puis le fameux obusier Krupp de 28 centimètres, tout à fait analogue à notre obusier de 280, expédiant à 10 kilomètres, de façon normale, un obus de 340 kilos. Ce n'est pas précisément une pièce légère, puisque avec son affût il représente à peu près 14 tonnes. Et c'est pour eux en particulier qu'il est utile de mettre à contribution les ceintures de roues dont nous parlions à l'instant.

Il ne faut pas perdre de vue que, si l'automobilisme a donné beaucoup de mobilité à ces pièces, les progrès généraux de l'artillerie se sont également appliqués à elles; ils permettent aux roues de demeurer fixes pendant le tir, assurent le retour automatique de la pièce en batterie après chaque coup, grâce à l'emploi d'un frein hydraulique et récupérateur. Ce frein et ce récupérateur, dans les gros canons allemands, sont loin d'être semblables aux dispositifs analogues des pièces françaises par exemple, mais le principe est un peu le même, et surtout le but poursuivi. Un obusier comme la pièce Krupp de 28 centimètres peut tirer suivant une inclinaison de 65°, et nous allons voir que cette inclinaison très marquée n'est pas seulement précieuse pour le tir plongeant; c'est elle aussi qui permet les portées très grandes, surprenantes même au premier abord, auxquelles on est parvenu dans certains cas.

En donnant un coup d'œil à la grosse et lourde artillerie des autres puissances engagées dans la guerre de 1914-1915, nous ne pouvons omettre en particulier celle des Autrichiens, puisqu'elle a contribué à l'agression contre la France, bien que les Autrichiens aient longtemps nié le fait et caché leur complicité; il ne faut pas oublier non plus que les gros obusiers ou mortiers de l'Autriche ont été pour beaucoup dans le triomphe rapide des Allemands sur les fortifications d'Anvers, de Maubeuge, et pour la ruée des Barbares sur la France. Dans le matériel d'artillerie autrichien en effet, à côté des canons lourds de 10 centimètres et demi tirant jusqu'à 10 kilomètres et demi, se trouvait le mortier autrichien de 30 centimètres et demi, mortier automobile lui-même, c'est-à-dire traîné par des tracteurs automobiles, pouvant lancer à près de 10 kilomètres un projectile de 400 kilos, tirant avec précision une dizaine de coups à l'heure, organisé en un véritable train routier, avec ses différents éléments; il va de soi qu'il suffit d'un de ces projectiles énormes pour écraser les coupoles cuirassées les plus résistantes. On a parlé également d'un mortier allemand de 32 centimètres, tirant à environ 13 kilomètres un obus de 950 kilos, et qui aurait été construit par la maison Krupp; mais il n'est pas absolument démontré qu'il existe. Quant au canon de 381 qui a tiré sur Dunkerque à une distance de 38 kilomètres, il s'agit là d'un canon de marine disposé sur un affût spécial, comme nous allons l'expliquer, qui a permis précisément d'atteindre cette portée très grande. Les Autrichiens possèdent également un gros mortier de 24 centimètres qui n'est pas sans être utilisé, il s'en faut de beaucoup.

L'armée anglaise n'était point sans disposer d'une artillerie puissante. Ils ont un « quatre pouces » analogue à notre 105 long, un cinq pouces; ces canons se présentant sous la forme de mortiers. Ils ont également mobilisé, au sens strict du mot, de gros canons de marine qui ont fait merveille, et qui ont pu travailler fort utilement en dehors du pont et des tourelles des cuirassés, des croiseurs que nous visiterons tout à l'heure. De leur côté, pendant la guerre 1914-1915, les Russes ont utilisé, en dehors des canons légers, des canons lourds de 10 centimètres et demi, des obusiers de 15 centimètres, des mortiers de 120. La vaillante petite artillerie serbe a mis à contribution des obusiers et des mortiers de 15 centimètres de modèle récent, et faisant de belle besogne.

Nous venons de parler des canons de marine; ils entrent bien dans la catégorie des gros canons et même des canons monstres; avec des poids énormes ils peuvent être facilement installés à bord des cuirassés et des croiseurs gigantesques que l'on utilise de façon courante; il importe que le canon de marine soit très puissant, présente un calibre énorme, pour démolir les murailles et les ponts cuirassés qui protègent le navire de guerre ennemi. Les calibres de 27, de 30 centimètres, surtout, pourrait-on dire, au moins pour l'instant, de 305 millimètres, sont les plus employés. Au reste, les canons de 34, c'est-à-dire de 34 centimètres, ne sont point une rareté non plus. Par suite de leurs conditions de construction, de leur grande longueur, de la charge très forte de poudre qu'on peut loger dans le canon, ces bouches à feu de marine permettent de réaliser de grandes portées. Normalement, en tirant avec une inclinaison de 14 à 16°, ces canons de 30 et de 34 centimètres enverront leurs projectiles jusqu'à une distance de 16 kilomètres ou de 20 kilomètres respectivement. Ces portées sont parfaitement pratiques à la mer, où, en s'élevant sensiblement au-dessus du pont, on peut apercevoir le navire ennemi, constater les dégâts faits par le tir, ou tout au moins l'arrivée des projectiles dans le voisinage du navire ou sur le navire même.

C'est précisément avec ces canons de marine ou avec des canons

UN OBUSIER DE 270.

construits tout à fait dans les conditions indiquées, que l'on a pu réaliser les tirs à très grande distance qui ont d'abord stupéfait beaucoup de gens, quand les Allemands ont pris plaisir à bombarder au hasard les habitations de Dunkerque ou de Compiègne ; il était simple de les imiter en recourant à des pièces de même nature. Aussi bien, ce tir à si longue distance à terre, en dépit des observations faites par les aviateurs, est un peu un tir au « petit bonheur », dans lequel on chercherait un effet moral, nous voulons dire un effet de terreur, cher aux mentalités germaniques. Pour atteindre ces très grandes portées, le maximum de la portée sensible, il suffit de faire tirer les canons de marine ou les canons analogues sous de grands angles, comme on dit, en les montant sur un affût qui permet de donner à la pièce une inclinaison atteignant 40°. Tandis que le canon de 30 centimètres ne portera qu'à 12 kilomètres, c'est-à-dire n'enverra son obus de 292 kilos qu'à cette distance, quand il tirera avec une inclinaison de 12° ; s'il présente une inclinaison de 30°, la portée sera de 20 kilomètres ; avec un angle de 40°, un projectile de 400 kilos, lancé à une vitesse de 750 mètres à la seconde, grâce à une charge de poudre énorme et à la longueur du tube du canon, portera sensiblement à 35 kilomètres. C'est que, quand on tire sous un grand angle, le projectile monte plus haut, trace une trajectoire plus courbe ; et si la vitesse qu'on lui a donnée, la charge de poudre qui l'a projetée hors du canon sont suffisantes, cette trajectoire le por-

MORTIER DE 220.

tera beaucoup plus loin que si le projectile était parti sous un angle faible, qui lui aurait fait rencontrer le sol avant qu'il ait épuisé toute sa puissance de déplacement. En tirant sur Dunkerque, les Allemands ont fait arriver leurs projectiles à près de 38 kilomètres, d'après le principe même que nous indiquions. Il paraît vraisemblable d'admettre qu'ils employaient pour cela un canon de marine de 381 millimètres, lançant un projectile de 760 kilogrammes, projeté par une charge de 315 kilos de poudre, lui imprimant une vitesse initiale de 940 mètres. Le gros projectile rencontre dans l'air une résistance à son déplacement proportionnellement beaucoup plus faible que le petit projectile ; et ce phénomène facilite encore la longueur du parcours qu'il effectuera sous l'influence d'une charge donnée de poudre. Pour expliquer tout cela, on a dit familièrement, mais avec beaucoup de vérité, que pour les gros canons tirant sous un angle très considérable, il se passe quelque chose d'analogue à ce qui se présente pour la lance d'une personne arrosant, et dont le jet porte d'autant plus loin qu'on relève davantage cette lance.

D'ailleurs, il ne faudrait pas croire que tout soit pour le mieux dans l'emploi de ces canons monstres. Sans doute, sur le moment, ils pourront un peu effrayer les populations civiles qui se voient bombardées et massacrées sans utilité militaire aucune. Mais l'effet ne dure point; il n'a pas de portée sur le résultat d'une guerre. D'autre part, il ne faut pas oublier que les très gros canons, par suite de l'énormité de la charge qui fait explosion dans leur tube et qui y produit une élévation de température formidable, voient rapidement ce tube mis hors de service et par l'élévation de température et par le frottement des particules résultant de l'explosion de la charge. C'est ainsi que souvent les très gros canons de marine seront complètement mis hors de service (jusqu'à ce qu'on renouvelle leur tube intérieur) après avoir seulement tiré une centaine de coups. C'est donc de l'artillerie de luxe, par le prix auquel revient chaque coup de canon tiré, en vertu de l'usure, de l'amortissement rapide du canon, et aussi de la dépense formidable de poudre qu'il faut faire, en même temps que du prix énorme du projectile lui-même.

CANON DE 75 MONTÉ SUR AUTOMOBILE POUR TIRER SUR AÉROPLANES.

CHAPITRE XIV

L'ARTILLERIE MOBILE

o o o

Nous avons vu la nécessité qu'il y a pour l'artillerie, même pour celle qui est relativement grosse, même pour les canons monstres, de présenter une mobilité, des facilités de déplacement aussi marquées que possible. Il va de soi que, pour ce qui est des canons monstres, cette mobilité est un peu relative; cela ne signifie pas vitesse au sens où nous l'entendons d'ordinaire. Mais, de toute manière, il est absolument indispensable que le canon puisse être transporté aussi rapidement que possible du point où il vient de tirer vers un autre point où il atteindra plus facilement l'ennemi; les déplacements lui sont également très souvent imposés en dépit des défilements, des précautions prises pour cacher cette bouche à feu, quand malgré tout les projectiles de l'ennemi le menacent sérieusement, menacent ou frappent les hommes qui le servent, les canonniers. Très fréquemment, quand l'ennemi est en retraite, il est essentiel qu'on puisse le harceler, en avançant les rangées de bouches à feu à mesure qu'il recule; dans des conditions telles que la distance entre ces bouches à feu et par conséquent l'ennemi, c'est-à-dire la portée des canons demeure à peu près constante et effective.

Pour les très grosses pièces en particulier, l'immobilité à laquelle elles étaient jusqu'ici condamnées avant les progrès qui se sont faits à l'occasion de la guerre 1914-1915, les mettait particulièrement en danger. C'est ce à quoi nous avons fait allusion, c'est ce que nous montrerons encore mieux en expliquant comment les coupoles cuirassées de telle place forte et les pièces qu'elles abritaient avaient été mises hors de service très rapidement. Et les facilités de déplacement relatif données aux canons monstres, sur des voies ferrées notamment, les mettent à même de ne pas subir un bombardement victorieux, grâce à des déplacements sans doute peu importants en eux-mêmes, mais suffisants pour rendre inutile le repérage qui a été fait une première fois par l'ennemi.

Tout naturellement la mobilité, la facilité des déplacements et leur rapidité ne sont pas seulement nécessaires pour les bouches à feu, les canons; elles rendent également les services les plus précieux pour les hommes de troupe, quand ils sont simplement porteurs du fusil, ou encore quand ils sont armés et servants de petites bouches à feu légères auxquelles il nous a paru nécessaire de consacrer une étude particulière, les mitrailleuses notamment, qui tiennent le milieu à certains égards entre le canon et le fusil. C'est pour cela que, dans un instant, dans ce chapitre même, nous parlerons de l'utilisation des motocyclettes et des voitures automobiles protégées par un blindage, au transport de ces mitrailleuses de type divers, autant qu'à celui de canons de campagne légers, pour ce qui est des automobiles blindées. C'est pour cela aussi que la bicyclette a été mise couramment à contribution avec d'excellents résultats; il ne s'agit pas seulement des bataillons ou des compagnies entièrement montés à bicyclette, mais encore et presque surtout des hommes employés comme agents de liaison, agents de renseignements, estafettes, etc., recourant à cet appareil qui peut être considéré comme un instrument de transport automobile, qui permet de passer presque partout avec de la vitesse, en débarrassant l'homme du poids de son corps et des diverses choses qu'il peut transporter.

Une des applications les plus caractéristiques de la mobilité de l'artillerie nous est fournie par les trains blindés, véritables trains de chemins de fer roulant sur des voies ferrées déjà existantes ou parfois construites spécialement dans ce but, et constitués d'une locomotive blindée elle-même pour protéger ses organes et son personnel, tirant derrière elle une suite de wagons dont quelques-uns ne sont pas autre chose que de petites forteresses roulantes, des abris solidement blindés pour les canons qui y sont installés. Il y a déjà des années que les trains blindés avaient été utilisés, notamment pendant la campagne des Anglais contre les Boers; ces der-

TRAIN BLINDÉ BELGE A LA DÉFENSE D'ANVERS.

niers trains ayant été quelque peu improvisés et ne portant guère que des mitrailleuses sur leurs wagons plates-formes, ce qui les laissait assez facilement à la merci de l'artillerie ennemie. Peu de mois après les débuts de la guerre de 1914, on a vu apparaître les trains blindés surtout sur le territoire de la Belgique, et pour le compte des armées alliées aussi bien que pour celui de l'armée allemande.

La locomotive est à l'abri derrière des plaques d'acier, acier spécial à haute résistance, d'une épaisseur de 3 centimètres; les roues elles-mêmes étant protégées, car ce sont des organes absolument indispensables à la mobilité du train. Pour le train même, chacun de ses wagons plates-formes à bogies ordinaires, pour qu'il puisse tourner plus aisément dans les courbes raides et que la stabilité de la plate-forme demeure entière, porte un canon à tir rapide sur affût à pivot central, comme cela se passe généralement à bord des navires de guerre pour les petites pièces. Ce canon est protégé tout au moins par un cuirassement circulaire, le plus ordinairement sans coupole métallique; mais on peut parfaitement constituer sur le wagon une vraie tourelle cuirassée; et, dans ce cas, c'est généralement la tourelle qui tourne sur le pivot avec le canon même. Le plus souvent, le train blindé comporte des wagons où l'on loge et abrite des tireurs, des soldats munis de leurs fusils, et tirant par des meurtrières sur les troupes ennemies qui tenteraient d'arrêter le passage de ce convoi; les véhicules pour les soldats sont aussi bien blindés que les véhicules portant les canons. Ceux-ci peuvent être de types variables, et on s'est trouvé bien, dans de multiples circonstances, d'installer à bord des trains blindés des canons pour aéroplanes, qui ne sont guère autre chose que des canons de 75 ou équivalents pouvant prendre un angle de tir extrêmement rapide, tirer presque verticalement pour atteindre les machines volantes et les ballons. Nous devons ajouter qu'il est très simple d'installer dans le train blindé quelques wagons destinés à fournir un abri pour la nuit aux soldats faisant le service de ce train; on aura des dortoirs, un réfectoire, une cuisine, etc.

On peut s'étonner que l'ennemi laisse en bon état les voies ferrées sur lesquelles les trains blindés seront susceptibles de s'avancer et de tirer contre lui; mais il faut songer que cet ennemi a très fréquemment intérêt à conserver les voies ferrées intactes, parce qu'il espère, à un moment donné, s'en servir à son profit.

En parlant des canons monstres et même de certains canons simplement très lourds, nous avons montré la nécessité où l'on a été de recourir à la traction automobile à l'aide de tracteurs relativement puissants, pour rendre possible leur déplacement à travers la campagne. Il n'y avait guère à songer à recourir uniquement à des attelages de chevaux, qu'il aurait fallu trop nombreux. Aussi bien, et comme nous le montrerons plus spécialement en parlant des services rendus par l'automobilisme dans la guerre moderne, le cheval a de gros inconvénients; et non pas seulement parce qu'on perd une bonne partie de sa force initiale quand on veut l'associer avec un très grand nombre de ses semblables pour tirer une charge très lourde. Il subit très facilement des blessures qui le mettront hors de service, alors que le tracteur et ses organes peuvent être réparés mécaniquement assez vite, sauf des circonstances et des avaries tout à fait graves.

Les trains routiers que possédaient les Autrichiens par exemple au début de la guerre pour leurs plus gros obusiers, les tracteurs français, américains ou anglais que l'on a utilisés du côté des Alliés, en France, notamment, pour notre obusier de 280 divisé en trois ou quatre éléments, afin que le transport en soit plus facile, ont bien montré la nécessité et l'utilité pratiques de ce que nous avons appelé la mobilisation des canons, au sens matériel du mot. Ces tracteurs peuvent se contenter d'une puissance de quelque 50 chevaux quand il s'agit même de tirer le tube complet d'un obusier, ou encore son berceau ou son affût; le tracteur et l'élément traîné auront la faculté de traverser les prés, les champs, les espaces rocheux même, de monter des pentes extrêmement accentuées, d'amener assez facilement et surtout assez rapidement l'obusier dans des positions difficiles. Il est certain que, dans beaucoup des armées qui ont pris part à la guerre de 1914-1915, on ne s'était pas rendu compte suffisamment encore des propriétés si précieuses que le tracteur automobile et l'artillerie mobile pouvaient offrir, alors que pourtant, depuis une quinzaine d'années déjà, certaines maisons de constructions comme le Creusot et la maison Brillié avaient fourni au Portugal une batterie automobile qui était trop passée inaperçue, parce qu'elle présentait les défauts inévitables d'une première tentative.

Nous avons dit que les canons sur voies ferrées pouvaient rendre de puissants services dans la défense ou même l'attaque des positions solidement fortifiées de façon permanente, quand il s'agissait de très grosses pièces. Encore une fois, il ne faut pas oublier qu'une grosse pièce immobilisée à poste fixe est inévitablement sacrifiée à bref délai, parce que les avions ennemis peuvent la repérer, le canon ennemi la détruire. Le fameux mortier allemand de 42 centimètres (s'il a jamais existé), le canon allemand de 381 millimètres et le canon autrichien de 305 millimètres dont nous avons parlé, ne peuvent être transportés et tirés que sur une voie ferrée, de largeur normale du reste. Ils sont montés sur une plate-forme que supportent deux bogies à trois essieux; au moment du tir, ce ne sont pas les roues qui supportent la réaction de ce tir, des vérins prenant appui sur le sol soulagent la plate-forme, la calent de façon immuable et parfaite. Même pour des batteries d'obusiers de 200 millimètres à tir rapide, on a trouvé un avantage considérable à les faire rouler et tirer sur une voie ferrée, ce qui leur permet des déplacements à peu près instantanés, et rend presque inutile le réglage du tir ennemi contre eux, lors même qu'ils ne seraient pas suffisamment défilés; chose rare pour un obusier, puisqu'il peut tirer par-dessus des obstacles très élevés lui fournissant un abri, un masque.

Ceux qui considèrent que l'existence du 420 est bien réelle, ont

CANON DE 155 ATTELÉ A UN TRACTEUR PANHARD.

fourni des détails très curieux, non pas seulement sur sa portée, mais encore sur son affût, monté lui-même sur des galets qui roulent sur un rail circulaire; le tout étant placé sur un truc de chemin de fer dont le milieu est fort abaissé et qui repose sur deux bogies à trois essieux. Bien entendu, ici plus que pour tout autre canon, il est absolument indispensable que, pendant le tir, les bogies ne supportent ni poids ni réaction, ni effort, et on fait intervenir des vérins hydrauliques énormes reposant sur le ballast. Le mortier, avec son affût et sa plate-forme, pèserait quelque chose comme 100 tonnes.

Pour les voitures automobiles blindées portant mitrailleuses ou petits canons, canons légers par exemple de 75, elles peuvent être disposées de manière à ce que le canon y demeure à poste fixe et tire, ou au contraire à ce que ce canon, surtout quand il s'agit d'un canon de 75, soit rapidement descendu de la plate-forme au moment du tir, pour y être remonté ensuite en quelques minutes seulement à l'aide de treuils et d'une rampe spéciale se plaçant à l'arrière du véhicule, quand on veut réaliser la mobilité et transporter rapidement la bouche à feu en un autre endroit où l'ennemi sera tout surpris de la voir arriver si vite. Dans leurs agressions sauvages contre les villages pourtant non occupés par des troupes, où ils arrivaient pour semer la terreur, surprenant tout le monde après s'être lancés à l'aventure, tirant au hasard de chaque côté de la route sur les maisons les plus paisibles, les Allemands avaient utilisé, dès le début de la guerre, de façon puissante, des automobiles blindées armées chacune d'une ou deux mitrailleuses.

La grande force de cette artillerie légère automobile, si on peut lui donner le nom d'artillerie, c'est la brusquerie de son arrivée, l'instantanéité pour ainsi dire de son départ, qui ne laisse pas toujours à l'ennemi le temps de se ressaisir. Les armées alliées ont imité avec succès les pratiques allemandes dans ce qu'elles avaient de légitime, de non contraire au droit des gens et aux engagements signés; en Belgique notamment les autos-mitrailleuses, les automobiles blindées, voitures-canons ont joué un rôle très précieux. Sans doute le blindage de ces véhicules est relativement léger; mais, fait de plaques d'acier au nickel, il est absolument à l'épreuve des balles de fusil, même tirées de très près. On a pu assez facilement improviser de ces autos-mitrailleuses ou de ces voitures-canons blindées, en utilisant des voitures de tourisme recouvertes d'une carapace métallique, débarrassées de leur carrosserie ordinaire. Les types les plus divers d'automobiles blindées ont été imaginés, parfois comme en Italie, avec quatre mitrailleuses montées deux par deux de chaque côté; souvent elles ont une véritable coupole cuirassée qui met les hommes parfaitement à l'abri, mais ce qui peut avoir de sérieux inconvénients pour la ventilation de l'intérieur du véhicule, au grand dommage des canonniers.

Nous n'osons pas insister sur l'emploi des chiens de trait; ils ont rendu de réels services pour le déplacement très rapide des mitrailleuses, mais ont le grand tort de se prendre assez souvent de panique. On ne saurait oublier le rôle joué par la motocyclette ou même le tricycle automobile pour le transport de petites bouches à feu légères.

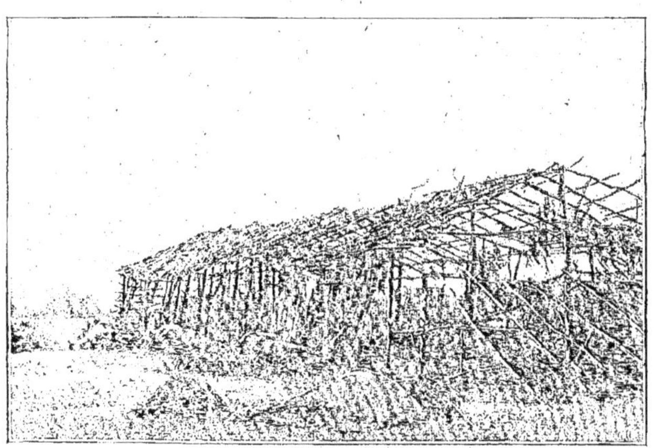

EFFET D'UN OBUS SUR ABRI-ÉCURIE.

CHAPITRE XV

LA PUISSANCE DU CANON

○ ○ ○

Nous avons dit quelques mots de la puissance de pénétration du fusil, laquelle se retrouve, toutes proportions gardées, dans la mitrailleuse; la puissance de cette petite bouche à feu se traduira par exemple par l'envoi de 400, 500, 600 coups à la minute et même davantage, s'il s'agit d'une mitrailleuse avec laquelle on ne vise qu'approximativement. D'ailleurs, pour peu que l'on sache ce que c'est qu'un kilogrammètre, que l'on se rappelle que 75 kilogrammètres correspondent à un cheval-vapeur, et que le moteur d'une automobile de tourisme par exemple représente 30 à 40 chevaux quand il est vraiment puissant, on sera édifié sur la puissance propre d'un fusil d'infanterie moderne, en songeant que l'explosion qui se produit dans son canon, au moment où on tire un coup, correspond à peu près à 1 200 kilogrammètres. Il est vrai que, comme nous le disions, il n'y a que le tiers de cette puissance théorique qui serve à lancer la balle à grande vitesse. Il est vrai aussi que ce moteur spécial, pour reprendre un mot déjà employé par nous, ne travaille à chaque coup que pendant une durée extraordinairement faible; ce qui n'empêche que la pression à l'intérieur du canon est de 3500 atmosphères; 200 fois à peu près celle qui s'exerce à l'intérieur d'une chaudière à vapeur.

Les chiffres sont encore bien plus édifiants quand il s'agit d'un canon, même à calibre modeste, à plus forte raison des gros canons, des canons monstres, de ceux que nous retrouverons sur le pont des cuirassés. Combien n'est-on pas loin des moyens élémentaires de propulsion, de lancement des projectiles qui avaient été inventés au début de l'histoire de la civilisation humaine, qui sont encore utilisés sous la forme des frondes, des flèches ou même du jet à la main, par les populations tout à fait primitives! L'emploi des poudres et des explosifs, ce qui n'est pas tout à fait la même chose, comme nous allons le voir, a permis à l'homme de diminuer le poids du projectile qu'il voulait lancer contre son ennemi, en comptant davantage sur la vitesse que prendrait ce projectile. C'est pour cela que la balle des fusils modernes est si petite; pour cela aussi que, relativement tout au moins aux dégâts formidables qu'il peut faire, l'obus du canon moderne est assez peu de chose. Sans doute, il y a bien de ces obus qui pèsent 900 kilos, presque une tonne; mais quelle puissance destructive n'ont-ils pas à côté de ces énormes blocs de rochers que les hommes primitifs faisaient rouler à bras sur leurs ennemis, pour n'arriver qu'à un résultat assez mince!

Il est bon de se rappeler, pour comprendre l'explication de cette puissance du canon moderne, et aussi la résistance qu'il doit présenter, les pressions intérieures formidables auxquelles son tube métallique est soumis, le mécanisme du lancement du projectile. C'est toujours une charge de poudre, un explosif spécial qui fournit par une décomposition chimique une masse de gaz énorme elle-même, qui chasse au dehors le projectile, en lui imprimant sa vitesse et aussi son mouvement de rotation, grâce aux rayures en hélice de l'intérieur du canon. Au reste les explosifs employés dans la charge sont des poudres à décomposition, à combustion, mettons à explosion lente; il faut que la combustion des gaz ne

EFFET D'UNE GROSSE MARMITE SUR UN ARBRE EN ARGONNE.

se produise pas de façon instantanée dans toute la masse, qu'ils se dégagent peu à peu, pour continuer à pousser le projectile tant que celui-ci n'est pas sorti du tube du canon; si l'explosion était très brusque, on ne se trouverait plus en présence d'une poudre propulsive, et la chambre du canon, comme l'âme du fusil, ferait elle-même explosion, se briserait sous l'influence d'un effort démesuré.

Sans doute la pression que donne le dégagement des gaz de cette poudre lente est considérable, mais elle est néanmoins très faible par rapport à celle qui se produit quand on fait exploser une cartouche de mines dans une carrière; à plus forte raison quand l'obus chargé d'un explosif véritablement violent détone en atteignant le but ou à une certaine hauteur au-dessus de terre. Nous n'allons point faire une théorie des explosifs; il nous semble en avoir assez dit pour faire comprendre le phénomène qui intervient au regard de la charge dans le canon ou dans le fusil, et celui qui survient dans l'obus au moment de son explosion. Les explosifs violents détonent plutôt qu'ils ne brûlent; au contraire les explosifs lents brûlent, en fournissant de plus en plus de gaz et en augmentant peu à peu la pression derrière le projectile qu'on doit lancer hors de la bouche à feu. C'est pour répondre à ce besoin d'une formation rapide d'abord, puis se ralentissant ensuite un peu, des gaz d'explosion, que l'on a imaginé les poudres modernes, poudres du reste sans fumée, constituées de lamelles, de cubes, de petits cylindres, de petites masses perforées, etc. Ce sont les connaissances que l'on appelle balistiques qui ont permis de fabriquer savamment ces poudres, d'arriver à une précision extraordinaire dans leur action sur le projectile, notamment eu égard à la vitesse que l'on veut réaliser.

On utilise pour cela suivant les pays soit la nitro-glycérine, soit le coton-poudre gélatinisé avec addition ou non de cette nitro-glycérine; il y a toute une série de poudres, toutes aujourd'hui sans fumée. Cette absence de fumée n'ayant pas seulement l'avantage de ne point révéler la présence et l'emplacement du canon qui tire, mais encore manifestant la décomposition complète de l'explosif en gaz; alors que, dans les poudres avec fumée, il subsistait une partie des produits qui les composent qui demeuraient à l'état solide, sans utilisation possible, en suspension dans l'air, et constituant précisément la fumée.

Ainsi que nous le laissions entendre, cet emploi de poudres ne brûlant que peu à peu, avec une régularité prévue par les chimistes spécialistes, n'en impose pas moins au canon des pressions et des efforts énormes.

Heureusement les progrès de la métallurgie se sont faits parallèlement à ceux de l'industrie des poudres et des explosifs, les uns rendant les autres possibles; les canons se construisent avec des qualités d'acier extraordinaires à tous égards. Cela est nécessaire, puisqu'il a été calculé que, dans les pièces de campagne de 75, en moins de 3/10 de seconde, la pression atteint dans le canon près de 3 000 kilogrammes par centimètre carré. Ce sont des chiffres qui ne parlent pas toujours à l'esprit; mais que l'on songe que, dans une chaudière même de navire de guerre, travaillant, comme l'on dit, à forte pression, il est rare que le métal de la chaudière, beaucoup plus mince il est vrai que les parois d'un canon, subisse une pres-

MAISONS DÉMOLIES PAR UN OBUS A REIMS.

sion, un effort de plus de 20 kilos par centimètre carré! La force vive développée et emportée pour ainsi dire par l'obus sortant du canon peut être évaluée à quelque 88 000 kilogrammes; qu'on se rappelle ce que nous avons dit plus haut. Et comme on peut considérer le canon comme un moteur projetant son piston, ce que nous avons également expliqué; pendant un temps il est vrai extraordinairement bref de 75/10 000 de seconde, il fournit, au moment du tir du projectile, une puissance de plus de 100 000 chevaux-vapeur. Or les plus grands navires actuellement à flot, qu'il s'agisse de navires de guerre ou de grands transatlantiques comme celui que les Allemands ont volontairement détruit en assassinant 3 000 personnes, n'ont pas une puissance de plus de 70 000 chevaux.

Nous en sommes ici aux canons de 75; si nous parlions des canons de marine de 34, de 35 centimètres de diamètre qui sont couramment utilisés, ils donnent une puissance, toujours pendant l'espace d'un rien, de 25 millions de chevaux-vapeur. Mais, pendant ce temps, si court qu'il soit, à quelle pression, à quelle force d'arrachement formidable l'acier constituant le canon ne doit-il pas résister! Ce qui n'empêche que, grâce aux merveilles de la métallurgie moderne encore une fois, il est extraordinairement rare qu'un canon fasse explosion, sous l'influence de la détonation ou de la combustion, plus exactement, de sa charge.

Ces pressions sont pourtant d'autant plus à redouter que le métal est élevé à une température très haute par le phénomène même de décomposition de la poudre; les pièces les plus délicates du mécanisme du canon supportent tout cela vaillamment, et une bouche à feu aura pu tirer plusieurs milliers de coups, au moins quand il s'agit des petits canons, résister à ces milliers d'obus lancés, sans que la moindre déformation se manifeste dans son véritable mécanisme d'horlogerie. On utilise bien entendu pour la fabrication de ces bouches à feu des aciers spéciaux, souvent alliés de nickel, dont la composition a été étudiée minutieusement, a fait l'objet d'expériences suivies.

Il est curieux de rappeler à ce propos, comme le faisait M. Henry Le Chatelier, que la force vive communiquée à un seul de nos projectiles modernes, même de calibre assez modeste, représente celle qu'aurait pu développer un guerrier de l'antiquité en employant 5 journées de travail, ininterrompu, qu'on le remarque, pour bander sa catapulte. Un autre chiffre va nous édifier encore. Voici un obusier de 305, lançant un obus de 400 kilos à une vitesse très élevée, il est vrai, de 900 mètres à la seconde. Ce projectile possède, au moment où il sort du canon, une force vive équivalente à celle qu'il faudrait exercer pour soulever à une hauteur de 1 mètre une charge de 16 000 tonnes, correspondant au poids de 1 000 wagons à marchandises chargés, de capacité moyenne. La puissance de ce projectile se manifestera parce que, à 8 kilomètres, elle sera capable de traverser un blindage en acier de 39 centimètres d'épaisseur, ou de dissocier un massif de béton de plus de 2 mètres d'épaisseur. Le projectile est bien digne du canon qui le lance, puisque l'on verra couramment des obus de 30 centimètres traverser sans subir d'avaries, s'ils ne sont point armés d'une fusée percutante pouvant les faire exploser auparavant, une épaisseur de 30 centimètres d'acier; mais à condition qu'ils soient coiffés d'un petit massif d'acier doux ménageant la violence du choc sur la surface du cuirassement.

Ceci nous amènerait plus particulièrement à l'examen de la constitution de l'obus et de sa fabrication; de l'une, nous avons dit quelque chose; de l'autre, nous allons parler dans le chapitre suivant. Il est évident du reste que c'est par l'obus que la puissance du canon se manifeste; et c'est ainsi qu'un canon de 40 centimètres, calibre il est vrai énorme, fournira par l'intermédiaire de son obus une puissance de 41 millions de kilogrammètres environ, correspondant à celle que pourrait donner un bloc de granit de 10 mètres de long, d'autant de large, de 5 mètres d'épaisseur, tombant d'une hauteur de quelque 30 mètres. Ce sont des chiffres qui dépassent presque l'entendement, et qui expliquent les bouleversements que les gros canons ont pu causer au milieu des fortifications les plus résistantes en apparence.

On ne s'étonnera pas si ces bouches à feu, soumises presque continuellement à des efforts pareils, s'usent assez rapidement. Non pas le canon en lui-même, mais son tube intérieur, et surtout les rayures en hélice dont nous avons parlé à plusieurs reprises, et qui sont indispensables pour assurer la régularité du tir. Quand ces rayures sont notablement usées, il faut renvoyer le canon à l'usine; on lui remettra un tube intérieur. Pour les canons de petit calibre, l'usure est relativement très faible, la charge étant elle-même assez minime et n'entraînant pas des élévations de température très considérables. Notre 75 tirera 4 000, 5 000 coups et davantage, sans qu'il perde vraiment de la précision de son tir. Mais, pour les gros canons, l'usure et par suite l'amortissement, le renouvellement partiel du canon s'imposent au bout d'un assez faible nombre de coups tirés. Souvent il suffira de 300 coups, même de moins, tirés avec la pleine charge, et non pas la charge d'exercice, pour que les gros canons, notamment de marine, nécessitent une réfection. C'est ce qui fait que, dans le prix d'un coup de canon, si on veut l'exactitude, il faut tenir compte non pas seulement du prix de l'obus, du prix de la poudre, mais encore de l'usure même de la bouche à feu, usure qui est considérable pour chaque coup, s'il faut répartir la somme sur quelque 300 coups ou moins. Pour un canon de 30 centimètres environ, le prix de chaque coup ressortira à près de 5 000 francs; pour un calibre de 34 centimètres, ce prix sera de quelque 5 800 francs; alors que le prix correspondant n'est que de 25 francs pour notre 75, grâce au nombre énorme de coups

TROU PRODUIT PAR UN OBUS DE 305.

qu'il peut tirer avant d'être mis temporairement hors de service.

On voit que la puissance extraordinaire du canon moderne et de l'outillage militaire se paye, se paye chèrement; ce qui contribue à expliquer les chiffres que nous donnions au début de ce livre pour les dépenses invraisemblables qu'entraîne une guerre moderne, surtout quand elle se poursuit pendant des mois.

Aussi bien le chapitre des poudres et des projectiles est-il un des facteurs les plus importants des dépenses de guerre : tout simplement parce que la consommation des unes et des autres est continue et prodigieuse. Nous allons le constater.

SERVANTS D'ARTILLERIE APPORTANT DES OBUS.

CHAPITRE XVI

LA QUESTION DES MUNITIONS

o o o

Les difficultés mêmes qui se sont présentées à un certain moment pour les Alliés, en particulier pour les Russes, au cours de la Guerre 1914 1915, ont bien montré que cette question des munitions est une question de premier ordre. Le fait est que le fusil ou le canon le plus perfectionnés n'ont qu'une valeur nulle s'ils n'ont point de projectiles à lancer; et que d'autre part il serait bien inutile d'avoir des bouches à feu (pour employer le terme général) présentant un débit aussi rapide que possible, pouvant tirer 20 ou 25 coups à la minute comme le canon de 75, ou des centaines de balles, comme la mitrailleuse ou le fusil mitrailleur, si les fantassins et soldats mitrailleurs, les canonniers n'étaient point largement alimentés de munitions, ne pouvaient point les lancer par milliers au moment voulu, quand besoin est, lorsqu'il s'agit de préparer une attaque d'infanterie, en démolissant les retranchements de l'ennemi, ou d'écraser une place forte, de faire taire l'artillerie adverse.

C'est qu'en effet plus que jamais, dans cette guerre tout à fait moderne, on a constaté que la préparation des attaques d'infanterie par l'artillerie était une nécessité absolue; on a même pu s'apercevoir, au début de la campagne, que nos troupes se lançaient souvent avec trop de hardiesse, afin d'exécuter la besogne elles-mêmes, sans attendre que leur artillerie leur ait rendu cette besogne plus facile, c'est-à-dire moins périlleuse. On en est revenu de ces méthodes, la prudence s'est imposée davantage; il s'agissait de préserver des existences précieuses et de triompher plus facilement des hordes de barbares qu'on lançait en colonnes serrées contre nos armées. L'artillerie ne doit pas seulement écraser les abris, les tranchées, les fortifications; même à très grande distance, il faut encore qu'une véritable pluie d'obus, de petit calibre le plus souvent, forme un véritable barrage empêchant l'ennemi d'arriver ou l'empêchant de recevoir des renforts par l'arrière. Un de nos généraux les plus distingués a dit qu'il faut maintenant faire la guerre à coups de munitions : rien n'est plus vrai. Et pour cela, il faut pouvoir fabriquer les munitions à foison, tout comme on les dépense. C'est à profusion que l'on consomme les obus.

Les preuves sont faciles à trouver. Il n'en est pas du reste différemment des munitions qu'on pourrait appeler légères. Il suffira d'une cinquantaine de mitrailleuses pour consommer un million de cartouches en une heure, et les mitrailleuses sont elles-mêmes répandues par milliers sur toute la ligne de front de combat d'une guerre moderne. C'est par millions également que les fantassins consommeront les cartouches dans leurs fusils. Un calcul, fort approximatif du reste, est arrivé à faire penser que les Alliés, pendant la guerre de 1914-1915, devaient brûler chaque jour au moins 30 millions de cartouches. Pour les obus, les gros projectiles, les chiffres, sans être absolument précis, ont pu être recueillis pour certains engagements, pour certaines batailles. C'est ainsi que, lors des fameux combats autour de Neuve-Chapelle, les canons anglais ont lancé sur l'ennemi, en une quinzaine de jours, quelque 400 000 obus. On a calculé que cela représentait plus d'obus qu'il n'en avait été consommé, par cette même artillerie anglaise, pendant les deux ans et demi qu'avait duré la guerre du Transvaal, la guerre contre les Boers dont nous avons parlé plus haut. Dans son attaque contre l'armée russe, dans la région de Tarnow à Gorlice, l'artillerie allemande, autant qu'on a pu s'en rendre compte, aurait lancé 200 000 obus de toute espèce, depuis le calibre 77 jusqu'au calibre 30 centimètres, en une heure seulement.

Cette profusion de consommation des grosses munitions, des obus de canons est rendue d'autant plus nécessaire que, comme nous le verrons en parlant des fils de fer barbelés, des obstacles de toutes sortes que l'on établit pour essayer d'arrêter le passage de l'infanterie, c'est souvent à l'aide du canon qu'on les détruit maintenant.

Mais que d'obus ne faut-il pas alors lancer sur un même point pour arriver à déchiqueter des lignes de fils de fer, à couper les poteaux qui les soutiennent!

Quand, au mois d'avril 1915, dans l'Argonne, au bois d'Ailly, nos soldats ont eu à se défendre contre les attaques répétées des Allemands, en une heure et demie seulement, sur un front de 350 mètres de long et sur une profondeur de 400 mètres à peu près, il a dû

Photo Creusot.

OBUS FABRIQUÉS PAR MILLIERS DANS UNE USINE.

tomber quelque 20 000 obus allemands, obus du canon de campagne aussi bien que gros obus de 105, de 150, de 210. Tout naturellement les fusils et les mitrailleuses parlaient en même temps, les grenades et les torpilles aériennes sillonnaient l'air, ce qui augmentait dans des proportions formidables la consommation des projectiles sous la forme de projectiles de faible calibre.

On affirme que, du 5 au 13 avril 1915, dans une partie de la forêt d'Apremont, on a dû lancer quelque 200 000 projectiles. Ce sont des chiffres qui paraissent invraisemblables, et qui sont pourtant certainement au-dessous de la vérité. De même on a estimé que, près de Souain, nos artilleurs ont dû envoyer en quelques jours au moins 100 000 obus de gros calibre sur les fortifications et les défenses de l'ennemi. Au fameux fort de Troyon, dont la résistance a été si héroïque et finalement triomphante, en 5 jours, il est tombé des milliers d'obus allemands de 150, de 280, de 305, représentant chacun le poids de métal énorme que l'on sait, contenant des masses formidables d'explosif et possédant une puissance destructive dont les quelques chiffres indiqués plus haut donnent une idée approximative. Au reste il y avait des années que certains de nos généraux qui n'avaient pas toujours été aussi heureux dans leurs prévisions relatives à la grosse artillerie, avaient affirmé qu'il fallait prévoir dans la prochaine guerre une consommation de projectiles absolument fantastique, que, pour les pièces de canons de campagne notamment, on devait en fabriquer d'avance au moins 3 000 par canon, si l'on voulait ne pas être pris de court. On se rappelle certainement que, à la suite de la bataille de la Marne, nous nous sommes trouvés en présence d'une disette relative de ces obus, et qu'autrement nous n'aurions pas eu de peine à repousser hors du territoire français les hordes germaniques qui étaient descendues sur Paris, à la suite de la violation du territoire de la Belgique, qui avait tant facilité leur entrée en France.

On avait cru, jusqu'à la veille de la guerre, qu'il suffirait des seules usines militaires pour alimenter les besoins de l'armée en obus, en fabriquant quelque 400 000 obus par mois, ce qui est sans doute énorme; on est arrivé à s'apercevoir que la consommation quotidienne est plutôt de 100 000 obus par jour, ce qui en fait donc 3 millions par mois; et encore à supposer qu'il ne se livre pas de batailles exceptionnelles.

Dans ces conditions, il était absolument indispensable que l'on multipliât les usines de fabrication; et chez nous comme en Grande-Bretagne et dans beaucoup de pays alliés, on a fait appel à tous les concours, sans toujours répondre suffisamment aux exigences de la défense ou de l'attaque. Une foule d'usines qui travaillaient sans doute le métal, mais en exécutant des machines très pacifiques, se sont mises à monter des tours, des machines à estamper, à emboutir comme il en faut, ainsi que nous le verrons, pour la fabrication des obus. Ces usines multiples ont une productivité très variable, certaines en fabriqueront des dizaines de mille dans leur journée; d'autres ne produiront que plus modestement, mais en apportant néanmoins un concours précieux. On sait au reste que les armées russes ont été profondément mises en état d'infériorité dans leur lutte contre les Allemands et les Autrichiens, par ce fait que la fabrication des obus ne pouvait se faire qu'assez faiblement sur le territoire russe; il a fallu faire appel au Japon, au Canada, aux diverses puissances neutres étrangères dont les industriels, privés uniquement, bien entendu, se sont mis à fabriquer de façon intensive pour la clientèle nouvelle qui leur surgissait. Pour la Russie d'ailleurs, on se trouvait en présence d'une difficulté spéciale, en ce sens qu'il fallait faire parvenir les munitions de l'étranger et souvent de pays très lointains jusque sur le territoire de l'Empire; il n'y avait pas songer à passer par la mer Baltique ni par les Dardanelles, tant que celles-ci étaient occupées et fermées par les Turcs. Les munitions ne pouvaient arriver que par le Nord ou par le Transsibérien, en subissant de très longs retards. Au reste en Angleterre même, où pourtant l'industrie métallurgique et mécanique était si puissante et bien organisée, on a dû créer des centaines d'usines nouvelles pour fabriquer les obus par milliers et par millions.

Il n'est guère possible de se procurer de chiffres un peu véridi-

Photo Creusot.

TOURS AUTOMATIQUES D'UNE USINE DE MÉCANIQUES EMPLOYÉS A FABRIQUER DES OBUS DE 75.

ques sur la production totale des munitions et projectiles destinés aux diverses armées ayant pris part à la guerre de 1914-1915; on a pu estimer pourtant avec vraisemblance que l'Allemagne devait produire quotidiennement quelque chose comme 250 000 projectiles (obus et gargousses réunis) rien que pour ses canons légers de campagne. On sait l'usage qu'elle a fait des canons de gros calibre, et en particulier des obusiers (ce que les Anglais et beaucoup de gens appellent volontiers des howitzers). Il est curieux d'autre part de songer que très probablement les Yankees, c'est-à-dire les Américains de l'Amérique du Nord, avaient reçu des commandes de matériel de guerre, comprenant il est vrai de l'outillage, des canons, en même temps que des munitions, pour quelque chose comme 5 milliards de francs, et qu'ils avaient exporté pour un milliard de munitions seules.

Pour comprendre ce que doit être la production des projectiles, des munitions, des balles et cartouches de fusil, des obus et des gargousses de canons, il est nécessaire de se rappeler ce que nous avons dit tout à l'heure des explosifs, des poudres de charge, en même temps que ce que nous avions expliqué plus haut. Ce n'est pas seulement la métallurgie pour l'obus et son creux intérieur, pour la fabrication de la gargousse ou de la douille, que l'on met à contribution; mais encore l'industrie chimique pour les deux catégories de poudres qui entrent dans la constitution de l'obus complet. Il faut recourir intensivement à ces substances explosives dont M. Nordmann a dit fort justement que ce sont des substances qui tendent, sous des influences diverses, à occuper brusquement un volume beaucoup plus grand et à projeter vivement les parois qui les entourent, les enferment. L'influence que l'on met à contribution pour les poudres et explosifs, c'est l'inflammation ou, plus exactement, la combustion agissant sur les explosifs solides et divers que l'on emploie en artillerie et dans la guerre. Les éléments essentiels des explosifs sont d'ailleurs ce qu'on appelle les carbures d'hydrogène, combinaison variée, puis le chlore et l'azote, sous la forme de l'acide nitrique, des nitrates, etc. : nous ne pouvons que donner quelques indications extrêmement rapides en la matière.

C'est de ces substances déflagrant très rapidement que l'on charge la gargousse ou la douille en même temps que l'intérieur de l'obus, en choisissant tel ou tel type de poudre ou d'explosif ou fusants, ou détonants et brisants. Sans doute, leur préparation est très complexe et très compliquée, il faut les fabriquer par grandes masses pour répondre aux besoins de la guerre; mais il nous est impossible de suivre cette fabrication. Et nous nous contenterons d'indiquer comment se fabrique l'obus proprement dit.

Pour ce qui est du projectile du fusil, les choses sont quelque peu analogues, quoique beaucoup plus simples. La balle de petit calibre peut être coulée, le métal dont elle est constituée n'oblige pas à la garnir de bandes de cuivre pour recevoir l'empreinte des rayures intérieures, empreinte qui donnera le mouvement de rotation au projectile. Quant à la douille du fusil, sur une échelle réduite, elle se fabrique exactement comme la gargousse du canon, principalement par emboutissage, sous l'action de presses spéciales enfonçant graduellement et de plus en plus le métal qui se présentait d'abord à l'état de feuille plate.

Le prototype de fabrication de l'obus c'est celle de l'artillerie de campagne, du 75, quand il s'agit de la France. On met du reste à contribution dans cette fabrication des méthodes un peu diverses, plus ou moins compliquées, plus ou moins simples; les plus simples étant pratiquées pour ce petit obus, du moins beaucoup plus que les autres, parce qu'elles permettent d'aller vite, d'abaisser les frais et la lenteur de la fabrication. Ce que nous avons dit en général permet de se rappeler qu'il comporte toujours une sorte de chambre intérieure, mais taillée dans une masse d'acier; nous ne pouvons pas dire un bloc parce que cette chambre est souvent formée de plusieurs parties rapportées, se vissant les unes sur les autres, que notamment la fusée, dont nous avons vu le rôle important, est toujours posée après coup, à cause de sa constitution et même, le plus ordinairement, du métal dont elle est composée, généralement du cuivre, parfois de l'aluminium.

Pour fabriquer l'obus, il faut toujours un lopin, comme on dit, une sorte de barre d'acier de 82 millimètres de diamètre qui est coupée par des scies à découper le métal, des machines à tronçonner, tronçonnant effectivement deux barres d'acier de grande longueur simultanément. Chaque lopin est un peu plus long que l'obus terminé. Quand l'obus doit être fait entièrement au tour, ce qui ne s'impose plus pour les petits obus, ce qui au contraire est en partie nécessaire pour les gros projectiles, on le livre à un premier tour qui le traite extérieurement, puis à un autre tour le creusant intérieurement, d'autres tours successifs achevant le finissage soit intérieur, soit extérieur. Il s'en faut que cet intérieur, par exemple pour l'obus de 75, soit simplement un cylindre; on y trouve deux portions cylindriques, la portion inférieure étant notablement plus étroite que la portion supérieure, et se reliant à l'autre par une portion conique. Les métallurgistes ont très souvent à leur disposition, pour effectuer ces opérations diverses, et même pour amener à la longueur exacte voulue l'obus en cours de fabrication, des tours universels sur lesquels tous les travaux successifs peuvent se faire par changement d'outil.

Cette sorte de boîte de forme générale cylindrique qu'est l'obus peut être obtenue plus simplement et moins coûteusement non plus par le forage, la taille au tour, mais par l'emboutissage. Dans ce but, on chauffe à la couleur du rouge cerise le lopin, que l'on place sous le pilon d'une presse spéciale à emboutir; ce pilon est muni d'un poinçon de forme spéciale qui pénètre à l'intérieur du lopin, dont l'extérieur est maintenu, soutenu par une cavité métallique où on l'a logé. Le poinçon a précisément la forme extérieure que l'obus devra présenter intérieurement, les deux cylindres réunis par un cône. D'un seul coup du pilon l'opération est faite; il suffira ensuite de tourner extérieurement le cylindre métallique obtenu.

Mais, de toute manière, il faut ensuite enfermer partiellement ce cylindre ouvert à sa partie supérieure; c'est ce que l'on appelle l'ogivage, à moins que l'on ne visse sur le cylindre une partie métallique faite isolément, ce qui est plus coûteux. L'ogivage est obtenu généralement par un appareil qu'on appelle le pilon à ogiver; on exécute une sorte d'emboutissage sur le métal convenablement chauffé. Il ne s'agit pas naturellement de la fermeture complète de l'obus; on laisse à sa partie supérieure, au sommet de l'ogive, un orifice qui non seulement permettra d'y placer après filetage la fusée dont le rôle est essentiel, mais encore de loger l'explosif à l'intérieur de l'obus, au besoin les balles, s'il s'agit d'un shrapnell, et le dispositif d'amorçage. D'ailleurs très souvent l'ogive est formée d'une partie métallique rapportée obtenue elle-même par tournage ou par emboutissage, et munie d'un pas de vis servant à la fixer sur l'obus quand celui-ci a été rempli.

Pour les gros obus, l'acier est fondu en lingots, puis soumis à un forgeage lui donnant plus d'homogénéité; la masse sera ensuite traitée sur un tour spécial, enfin à l'aide d'une machine à aléser, à creuser et à tourner intérieurement, pour ménager la cavité où on loge la charge d'explosif. On peut faire aussi des obus à l'aide d'une masse d'acier forgé que l'on étire suivant le procédé qui sert maintenant à la fabrication des corps creux. Il faut d'ailleurs toujours, pour les gros obus, rapporter à l'extrémité de la pointe de l'ogive la coiffe d'acier doux dont nous avons parlé. Il ne faut pas oublier que, de toute manière, l'obus doit être doté vers son culot, sa partie inférieure, d'une sorte de ceinture de cuivre qui s'engage dans une gorge creusée mécaniquement au pourtour de l'obus et suivant un tracé en ondulation; c'est sur cette ceinture, qui ne peut se déplacer à cause des ondulations qui la maintiennent, que les rayures prendront pour assurer la rotation du projectile.

Nous avons négligé bien des opérations, notamment le travail du bouchon du chapeau formant l'extrémité supérieure du projectile, le corps de la fusée, que l'on fabrique à l'aide de tours plus ou moins compliqués.

TYPE DE FORTIFICATION MODERNE AVEC COUPOLES.

CHAPITRE XVII

FORTIFICATIONS ET PLACES FORTES

° ° °

Il faut, dans la description de la guerre moderne, conserver la division classique des ouvrages fortifiés en deux grandes catégories : les fortifications permanentes et les fortifications passagères. Les forts, les redoutes, les places fortes et les villes fortifiées font partie de la première, tandis que les retranchements, les tranchées et tous les ouvrages de terrassements faits au moment des hostilités, si importants dans la guerre de 1914, rentrent dans la seconde catégorie.

Les fortifications ont eu un rôle à jouer, à toutes les époques. Le moyen âge marque, dans l'histoire, une période spéciale; car les constructions de cette époque différaient des systèmes employés par les Grecs et les Romains, qui avaient été des maîtres en la matière. Du château fort au temps de Vauban, il faut constater des évolutions successives, quoique lentes; mais, c'est avec Vauban que la fortification prend une place bien nettement définie. Les progrès se sont poursuivis depuis jusqu'au jour où la puissance des explosifs et la force en même temps que la précision des canons ont dépassé la résistance des fortifications, malgré l'emploi de matériaux spéciaux et le concours si précieux de la métallurgie.

Le château de Pierrefonds, si consciencieusement réédifié par Viollet-le-Duc, peut être considéré comme le type classique du château fort du moyen âge avec ses hautes tours, ses robustes et épaisses murailles, ses fossés profonds, ses ponts-levis, ses meurtrières, ses mâchicoulis et ses barbacanes. La puissance de cette forteresse et de toutes ses semblables, par exemple, le château du roi René à Angers, consistait dans l'épaisseur et la hauteur de leurs murailles, dans les bons flanquements de tours puissantes, dans toute une suite d'ouvrages extérieurs qui rendaient nécessaire, pour l'attaque, l'intervention de « l'artillerie à feu », déjà prépondérante, au XIVe siècle, dans l'art de la guerre. Ce qui n'empêche que ses effets étaient presque nuls contre les épaisses murailles des châteaux forts. Monstrelet parle de Pierrefonds comme d'une place de premier ordre; « il était, dit-il, moult fort deffensable et bien garny et rempli de toutes choses appartenant à la guerre ».

Combien on était loin pourtant de la ville romaine fortifiée, entourée d'une ceinture de murailles, flanquée de tours s'élevant de distance en distance! Le système de protection comportait quelquefois deux enceintes et plus. Les murailles, hautes et épaisses, étaient surmontées par des chemins de ronde protégés par des créneaux, des barbacanes et des mâchicoulis.

Sans entrer dans les détails, il faut constater que le développement de l'artillerie a rendu de plus en plus grande la vulnérabilité des murailles en pierre. Pour protéger les maçonneries des ouvrages, on résolut d'abord de les doubler par derrière de fortes masses de terre; on creusa ensuite les fossés plus profondément, pour masquer les revêtements en pierre; et enfin, pour les dissimuler tout à fait, on recourut à un système de protection obtenu par la construction d'un glacis extérieur façonné avec les terres des déblais. La fortification « dominante » a fait place graduellement à la fortification « rasante ».

L'ouvrage le plus ancien sur les fortifications date de 1527, il est dû à Albert Dürer; le premier traité français remonte à 1554, il fut écrit par Erard de Bar-le-Duc. Mais, pour trouver des solutions pratiques, il faut arriver à Vauban, qui, en 1678, était commissaire général des fortifications. Avec Vauban on arrive à la fortification rationnelle, puisqu'il abandonne les constructions géométriques pour régler les tracés suivant les besoins du terrain et les nécessités des emplacements. La tactique de Vauban variait suivant qu'il s'agissait de défensive ou d'offensive. Le premier, il eut recours, pour attaquer les places fortes, aux tranchées reliées par des parallèles, aux feux croisés, aux boulets creux et au tir à ricochet;

pour défendre les forteresses, Vauban simplifia les tracés et amé-liora les dehors, qu'il rendit plus vastes.

Parmi les diverses catégories de fortifications permanentes, il faut retenir, comme les plus usitées, le système polygonal qui est celui des forts détachés, et le système bastionné, qui s'applique aux périmètres étendus, les fortifications des grandes villes par exemple. Les forts détachés sont rarement des carrés, le pentagone est très en faveur; les pentes ou fronts sont tracés de manière à assurer le croisement des feux de leurs angles. Les bastions sont construits dans le même but; ils sont disposés pour permettre de croiser le feu des canons placés sur les flancs.

TYPE DE VIEILLE FORTERESSE : PIERREFONDS.

Au nombre des ouvrages de fortification permanente, on compte également les redoutes, qui sont de forme polygonale sans angles rentrants, avec des dispositifs de remparts permettant à l'artillerie de projeter ses coups dans toutes les directions. Il faut faire figurer également dans cette catégorie les redans, ouvrages retranchés ayant la forme d'un angle plus ou moins rentrant, et les lunettes ou petites fortifications en ligne droite avec parties rentrantes.

Les forts nouveaux ont été construits en béton armé, alors que la pierre meulière était une matière grandement suffisante il y a une vingtaine d'années. La plupart des revêtements des murailles de Vauban étaient en briques. Les matériaux les plus constants, les bétons armés les plus solides, même les coupoles blindées et les tourelles cuirassées, résistent aujourd'hui difficilement aux effets de l'artillerie; les gros canons modernes avec leurs lourds projectiles, chargés de puissants explosifs, ont vite réduit les plus solides armatures. Sur terre comme sur mer, dans la lutte entre la cuirasse et le canon, l'artillerie, pour le moment du moins, semble être maîtresse des plus résistants moyens de protection; d'autant que le repérage, par avion surtout, des fortifications fixes, est chose facile et rapide.

Les coupoles et tourelles métalliques sont d'introduction très récente; elles ont pour objet de mettre à l'abri les pièces de l'artillerie de défense. Elles sont de deux catégories, oscillantes ou à éclipse. Une coupole oscillante système Mangin est constituée par une calotte sphérique, mobile autour d'un diamètre horizontal perpendiculaire au plan de tir. Certains forts de Liége étaient munis de coupoles à éclipse, système Schumann, qui, formées par un cylindre en tôle d'acier, étaient cuirassées à leur partie supérieure et surmontées d'une calotte. Une plaque circulaire sert d'affût à la pièce et repose sur une couronne de galets. Ces engins sont enterrés, de manière à ne laisser émerger que la calotte au-dessus de la plongée. Avec la coupole oscillante, suivant que la cuirasse bascule dans un sens ou dans l'autre, les embrasures s'élèvent ou s'abaissent, se plaçant tantôt au-dessus de l'avant-cuirasse, tantôt au-dessous d'elle.

L'éclipse d'une tourelle ne demande que quelques secondes; pour le tir des pièces, l'ouvrage métallique s'élève de 60 centimètres environ. La manœuvre de toutes les tourelles et celle des coupoles est hydraulique ou électrique. Les calottes, les murs et les avant-cuirasses sont en acier très résistant de 0 m. 12 à 0 m, 15 d'épaisseur. La courbure fuyante de la calotte est calculée pour que, autant que possible, sous les angles habituels du tir, le projectile n'éclate pas dessus, mais qu'il ricoche simplement à la surface.

Les coupoles, qui sont armées, suivant les circonstances, d'un ou de deux gros canons jumelés, ont des dimensions diverses; leur diamètre varie entre 5 m. 40 et 6 m. 50. Certaines coupoles sont aménagées avec plusieurs pièces secondaires. Le nombre de ces ouvrages varie suivant l'importance du fort où ils sont installés. Les fondations sont constituées d'un massif en robuste maçonnerie ou en béton armé, avec bétonnages et constructions souterraines, où sont disposés des logements et magasins. Ces locaux, abris casematés, sont parfaitement ventilés et éclairés à l'électricité. Des galeries souterraines font communiquer les diverses coupoles et tourelles entre elles. Comme toutes ces installations modernes sont différentes des moyens de défense et des procédés de protection employés dans les guerres précédentes! Et pourtant, avec des systèmes bien rudimentaires, des villes, à toutes les époques de l'histoire, ont tenu tête à de puissants adversaires et ont soutenu contre leurs agresseurs des sièges de longue durée. Nous ne rappellerons guère Troie, qui a résisté dix ans aux Grecs, et la ville d'Azoth, qui a tenu vingt-neuf ans avant d'être prise par le roi Psammetich. En 146 avant l'ère chrétienne, les Romains ont mis un an à entrer dans Carthage. Richard Ier, d'Angleterre, a assiégé pendant deux ans la place d'Akkon. L'île de Crète ne s'est rendue aux Turcs, en 1669, qu'après un siège de vingt-quatre ans.

A des époques moins lointaines il faut signaler Gibraltar, qui a été bombardée pendant plus de deux ans, exactement huit cent soixante-quatorze jours, sans résultat, par les Français et les Espagnols luttant contre les Anglais. Les défenseurs de la citadelle étaient à peine 7 000 hommes, alors que les armées des assiégeants comptaient un effectif de 40000 soldats environ. Quotidiennement six mille projectiles en moyenne tombèrent sur la forteresse.

Sébastopol, défendue par les Russes, au cours de la guerre de Crimée, résista aux armées franco-anglaise et turque pendant trois cent vingt-sept jours. Le tir moyen était de 100 coups par jour et par pièce, et la plus longue portée des canons n'atteignait pas 3 kilomètres. Les projectiles les plus lourds pesaient de 15 à 20 kilogrammes. Si les statistiques sont exactes, le nombre de coups tirés par les assiégeants aurait été de 1 200 000 pour les canons français, de 500000 pour l'artillerie anglaise. Les pièces de marine de la flotte alliée auraient lancé 400 000 boulets environ. Quant aux Russes, on estime qu'ils tirèrent près de 2 millions de coups. Ces chiffres sont bien faibles auprès de l'orgie de munitions à laquelle nous assistons dans une guerre moderne. Ce qui fut lancé, pendant toute une année à Sébastopol, ne représente même pas ce que notre armée emploie en une quinzaine. Les canons de 1915 ont une autre portée et les projectiles sont autrement dangereux, leur puissance destructive est autrement forte.

Paris, en 1870, résista, pendant cent trente-deux jours, aux armées allemandes, qui lancèrent sur la capitale, au cours de janvier 1871, environ 25 000 obus. La plus importante journée de bombardement fut celle du 3 janvier, qui coûta, dit-on, 1 million 200 000 francs à l'artillerie prussienne. Ne parlons pas de Metz, mais citons la vaillante place de Strasbourg, qui résista quarante-sept jours, et l'héroïque forteresse de Belfort, qui tint tête aux Allemands pendant cent sept jours, et qui assura le libre départ de sa garnison. Parmi les sièges célèbres, il ne faut pas oublier, en 1865, celui de Richmond, lors de la guerre de Sécession, qui dura près d'un an, malgré de formidables attaques. Le général Lee commandait cette place forte. En 1877, les Turcs défendaient Plevna contre les Russes; le siège, qui dura cent quarante-quatre journées, se termina par une sortie désespérée de l'armée assiégée, commandée par Osman Pacha. Pendant la même guerre, les Russes ne purent prendre Kars aux Turcs qu'après un siège de cinq mois; cette même forteresse, trente-deux ans auparavant, avait été défendue pendant huit mois contre 50 000 Russes par une armée turque, forte de 15 000 hommes seulement, commandée par le général anglais Williams.

Le siège de Khartoum par le général Gordon, contre les armées du Mahdi, ne dura pas moins de trois cent quarante et un jours; pendant la guerre du Transvaal, il y eut une série de sièges mémorables : celui de Ladysmith a duré cent dix-huit jours : celui de Kimberley, cent vingt-six jours; celui de Mafeking, deux cent treize jours. Lors de la mutinerie des Indiens contre la domination britannique, Delhi et Lucknow opposèrent aux troupes anglaises une résistance énergique; la première de ces villes soutint un siège de quatre mois, alors que la seconde capitula seulement au bout de trois mois et demi.

Lors de la guerre russo-japonaise en 1904 et 1905, la forteresse de Port-Arthur, dont les travaux qui l'eussent rendue imprenable n'étaient point terminés, fut défendue par le général Stoessel contre le général Togo pendant deux cent dix jours. Mais il est encore un siège plus récent, c'est celui d'Andrinople, qui ne se rendit qu'après s'être défendu pendant cent cinquante-cinq jours. Les historiens de la guerre de 1914-1915 parleront, quand le moment en sera venu, des sièges de Liége, de Namur et d'Anvers, ainsi que de ceux de Maubeuge et de Przemyzl; mais ils auront à signaler la facilité avec laquelle la grosse artillerie écrase les fortifications modernes.

Dans les années qui suivirent la perte de l'Alsace-Lorraine, la France reconstruisit ses défenses contre l'Allemagne. On crut que la frontière de Dunkerque à Longwy était protégée par la neutralité de la Belgique et du Grand-Duché de Luxembourg, mais que des précautions particulières étaient indispensables entre Longwy et Bâle, où seule une ligne conventionnelle sépare le territoire français du territoire allemand. Dans cette région, le génie français a construit quatre forteresses de première classe, composée chacune d'une citadelle centrale entourée d'une ceinture de forts détachés, d'un diamètre tel que toute une armée peut, en cas de besoin, s'y tenir à l'abri des projectiles ennemis. Ces forteresses sont Belfort, Épinal, Toul et Verdun. Belfort bloque la trouée entre les Vosges et le Jura et ferme la route qui va du Rhin à Lyon. Besançon, à 75 kilomètres, est également fortifiée. Les montagnes qui s'étendent entre Belfort et Épinal sont couronnées par une chaîne de forts. Toul défend l'entrée entre la Meuse et la Moselle; une autre chaîne de forts relie cette forteresse à celle de Verdun.

Les principales défenses permanentes de l'Allemagne étaient sur le Rhin; elles sont constituées par les forteresses de Wesel, de Cologne, de Coblence et de Mayence, qui existaient avant la guerre de 1870. Les Allemands, en quarante années, avaient grandement amélioré les ouvrages de ces places fortes, ainsi que les défenses de Strasbourg, Metz et Thionville.

Au nord-ouest, la France est défendue par Calais, Dunkerque, Gravelines et Bergues; entre la frontière maritime et Verdun, il n'y avait que deux forteresses, Maubeuge et Lille, et encore cette dernière ville, qui fut jadis si remarquablement fortifiée par Vauban, fut-elle déclarée ville ouverte. Le camp retranché de Paris était le plus vaste du monde. Autour de la capitale existent trois lignes de défense. La première, bien peu efficace, est constituée par l'enceinte des fortifications. La seconde est formée par la ceinture des forts de

1870; elle passe par le Mont-Valérien, Clamart, Châtillon, Montrouge, Alfortville, Nogent, Rosny, Noisy-le-Sec, Aubervilliers, Saint-Denis. La troisième ligne, la seule qui puisse jouer un rôle important dans la défense, forme une ellipse de près de 150 kilomètres, dont le grand diamètre a 45 kilomètres et le petit 35. Toutes les hauteurs de cette zone si étendue sont fortifiées, ainsi que les bois; les vallées sont amplement défendues. L'investissement d'un camp retranché aussi vaste demanderait une armée formidable. Il fut pourtant, en septembre 1914, considéré comme indispensable de tenir les Allemands à distance raisonnable des forts avancés, à l'aide d'armées de campagne; c'est ce qui a sauvé Paris et amené la victoire de la Marne.

Aussi bien aujourd'hui la grosse artillerie, avec l'aéroplane, est sûre de détruire rapidement les fortifications permanentes les plus redoutables en apparence. On ne réduit plus les camps retranchés, on pratique une trouée à leur périphérie et l'on y pénètre.

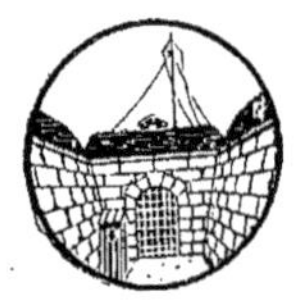

SOLDATS DU GÉNIE A L'ENTRÉE DE GALERIES EN CONSTRUCTION.

CHAPITRE XVIII

LE GÉNIE EN CAMPAGNE LA GUERRE DE TRANCHÉES

○ ○ ○

DANS la guerre moderne, la technique et la tactique se présentent sous des aspects bien particuliers, inconnus jusqu'ici ; la physionomie du champ de bataille a été totalement modifiée, et son organisation transformée de point en point. Bonaparte avait bien écrit, il y a plus d'un siècle, que « avec des outils, du bois et des bras, on ferait une place forte là où il n'en existerait pas » ; mais il ne pensait guère que viendrait un jour où les terrassements, la sape et la mine prendraient une importance de tout premier ordre. Les terrassements jouèrent un rôle de premier plan devant Sébastopol, lors de la guerre de Crimée; mais les méthodes employées de nos jours sont bien différentes de celles de nos pères, et jamais on ne connut de guerre où les tranchées, les sapes et les mines intervinrent d'une manière aussi complète.

Ce ne sont pas des batailles auxquelles nous assistons; nous nous sommes trouvés en présence de sièges en règle. Les belligérants, de part et d'autre, ont creusé de longues lignes de tranchées, quand ils n'ont pas construit des séries de petites fortifications avec abris édifiés à l'aide de sacs pleins de terre et de matériaux divers. Des galeries, des passages souterrains, des boyaux reliaient entre eux les divers ouvrages, qui, quoique figurant dans la catégorie des fortifications passagères, mériteraient d'être classés parmi les fortifications permanentes.

C'est pour ces motifs que, dans la guerre nouvelle, l'arme qui joue le premier rôle, sinon par l'importance du nombre, du moins par l'étendue de ses devoirs et l'exemple de son sacrifice, c'est le génie. Ce sont les compagnies du génie qui améliorent les tranchées de première ligne, qui construisent les défenses accessoires pendant la nuit.

Le génie est une des armes les plus intéressantes parmi les armes d'élite de notre armée nationale; des travaux très importants ressortent de ses attributions. Le génie s'occupe en effet non seulement des fortifications et des mines; il construit les ponts et établit les chemins de fer. L'aérostation, la télégraphie, la colombophilie et quantité d'autres applications savantes dépendent de son organisation, dont il faut faire remonter l'origine à plus d'un siècle et demi. A cette époque le corps des ingénieurs ou « engeigneurs » était chargé du service des engins employés par les armées et surtout des appareils utilisés pour la défense et l'attaque des villes assiégées. L'importance prise par les diverses fonctions du génie s'est accrue au fur et à mesure des progrès scientifiques et de l'application des inventions et découvertes aux besoins militaires.

Le corps du génie comprenait en France, avant la guerre de 1914, 9 régiments ou plutôt une trentaine de bataillons, parce que, en réalité, un régiment du génie n'existe pas, en temps de guerre; les bataillons seuls comptent et chacun d'eux est affecté au corps d'armée dont il porte le numéro; mais, comme il y avait plus de bataillons du génie que de corps d'armée, un certain nombre de bataillons avaient des affectations spéciales, telles que chemins de fer, télégraphie, aérostation et aviation. En guerre, le bataillon du génie de chaque corps d'armée fournit une de ses compagnies à chaque division d'infanterie et une à l'ensemble du corps d'armée. Certaines compagnies sont désignées, suivant les besoins, pour les services des forteresses. C'est pourquoi on dit, en parlant de ces trois affectations différentes : compagnies divisionnaires, compagnies de corps et compagnies de place.

Chaque « parc » de compagnie divisionnaire possédait, au moment de la déclaration de la guerre, plus de 420 outils divers, avec un matériel de transport important, trois voitures attelées en guides à 3 chevaux, une voiture légère pour explosifs, deux fourgons à vivres et à bagages. Si le matériel de la compagnie est insuffisant, il est toujours possible de faire appel à celui du parc de corps d'armée, qui, avec un grand nombre de voitures, comprend 2200 pelles, 950 pioches, 1350 outils de destruction, 5000 sacs de terre, des agrès et engins divers et des caissons à explosifs.

Le matériel et l'outillage dont il vient d'être question sont utilisés par les sapeurs et les mineurs; nous parlerons plus loin des engins employés par les autres catégories de soldats du génie. Les sapeurs, en campagne, sont chargés, en même temps que de la surveillance et de l'entretien des fortifications permanentes, de tous les travaux nécessaires à la défense et à l'attaque des places; ils construisent tous les moyens de fortification passagère, tels que les épaulements, tranchées, redoutes, fortins; ils travaillent aussi à la construction des lignes de camps retranchés, font des abatis d'arbres, exécutent les digues d'inondation. Le génie fait également les reconnaissances qui dépendent de ces ouvrages et assure leur défense, au cours des travaux, contre les attaques de l'ennemi.

Dans la guerre moderne, les fortifications de campagne, qui ont été simplement désignées sous le nom de tranchées, ont pris une place tellement importante, que les seules compagnies du génie ne pourraient pas suffire à les exécuter, d'autant plus que le propre de la guerre de siège est de créer de véritables taupinières et que les terres à manipuler et travailler représentent des cubes formidables. Un calculateur patient a établi — d'une façon peut-être un peu fantaisiste — que 35 millions de tonnes de terre ont été déblayées pendant les 10 premiers mois de la guerre de 1914. Il faut noter ce chiffre sous toutes réserves, en constatant que, si cette terre n'était pas restée aux abords des fouilles, pour faire des parapets et fortifier les trous, il eût fallu, pour l'emporter, 70000 convois de 50 wagons chacun, soit un train de 18000 kilomètres de longueur. Quoi qu'il en soit, et sans attacher à ces chiffres une trop grande importance, il faut constater que le terrain, sur les vastes superficies dépendant d'un front de 100 kilomètres, a été retourné de fond en comble, et que, pour des terrassements de cette importance, le personnel du génie aurait été insuffisant; il a donc eu recours à la collaboration des fantassins, même à des hommes de la réserve et de la territoriale, qui sont devenus en quelques jours d'excellents terrassiers militaires. Les fantassins fournissent des équipes commandées par des sapeurs, les groupes d'équipes constituent des sections, dont l'ensemble forme des chantiers qui, suivant leur importance et leur nombre, sont conduits par des caporaux et des sergents sous la direction des officiers du génie. Cette collaboration de l'infanterie était prévue avant la guerre de 1914, puisque chaque compagnie avait à sa disposition, répartis sur les sacs des hommes, 80 pelles, 80 pioches et 25 outils de destruction, c'est-à-dire des haches, des serpes, des cisailles et une scie de boiseur, avec des manches de rechange.

UNE TRANCHÉE D'ACCÈS DANS LA RÉGION DE CARENCY-ABLIN-SAINT-NAZAIRE.

On a beaucoup vanté, à diverses reprises, les qualités des Allemands pour l'organisation de leurs tranchées; nous ne sommes pas restés en arrière.

Le duc Albert de Wurtemberg rendait un hommage éclatant à la valeur de nos sapeurs et de leurs aides, quand il disait : « Les Français s'entendent magistralement à organiser la défense des tranchées, des bois et des villages. »

Les fortifications de campagne peuvent être divisées en plusieurs catégories : les ouvrages de position, qui sont très solides et destinés à renforcer des points importants, mais dont l'exécution n'est possible qu'avec le temps et les ressources nécessaires; les retranchements de construction rapide, exécutés à proximité de l'ennemi, sur le champ de bataille, c'est-à-dire, en langage plus moderne, sur le front même. Les tranchées rapides se composent simplement d'une fouille avec un talus, tandis que, pour les travaux de position, elles comprennent un parapet, une tranchée intérieure avec terre-plein, des gradins, une banquette de tir, un talus intérieur. Ces ouvrages sont quelquefois munis de fossés extérieurs, d'escarpe, de contre-escarpe et de glacis, à moins qu'ils ne soient partagés par des réseaux de fils barbelés, de chevaux de frise et autres accessoires dont il sera question plus loin.

Les tranchées sont aménagées pour résister à de dures attaques et pour offrir à leurs défenseurs un abri aussi confortable que possible. Les talus sont consolidés par des revêtements, établis ordinairement en même temps que les remblais, et composés de fascines fixées par des piquets ou noyées dans les parapets, de claies faites avec des branches d'arbres, de gabions ou paniers sans fond de 1 mètre de hauteur, de gazon, de pierres sèches, de treillis en fils de fer ou de sacs de terre.

Les défenses accessoires des tranchées ont pour objet de gêner la marche de l'ennemi, arrêter l'assaut et retenir le plus longtemps possible l'assaillant sous le feu du défenseur. Dans cette catégorie se placent en première ligne : les abatis d'arbres, les réseaux de fil de fer, les palissades, les chevaux de frise, les trous de loups, les fougasses.

Les abatis sont formés par des arbres abattus, dépourvus de leurs feuilles et des petites branches. Les réseaux de fil de fer, qui le plus souvent est barbelé, formant ronces métalliques, sont constitués par des rangs de pieux, plantés en quinconce, réunis entre eux par des fils de fer entre-croisés et peu tendus. Ce moyen de défense a été très usité dans la guerre de 1914-1915. Des usines entières et en très grand nombre ont été mobilisées pour fabriquer les importants approvisionnements barbelés exigés par les besoins militaires. Les États-Unis en ont fourni des quantités considérables. Le réseau de fil de fer ordinaire du système Brun (du nom d'un ancien ministre de la guerre) est employé chez nous concurremment avec le cheval de frise, formé de 2 croix de Saint-André, en bois ou en métal, reliées entre elles par des fils de fer formant un parallélipipède. Le cheval de frise, qui mesure de 1 m. 60 à 2 mètres, est placé, pendant la nuit, devant les tranchées aux endroits où elles sont très rapprochées de celles de l'ennemi ; l'opération de mise en place est rapide, parce que les pieux ont été préparés pendant le jour. Le réseau Brun se compose d'un grand cercle de fil de fer enroulé sur

TYPE CLASSIQUE D'UN RÉSEAU DE FILS DE FER BARBELÉS.

lui-même ; deux hommes tiennent chacune des extrémités, sur lesquelles ils tirent fortement jusqu'à ce qu'ils aient obtenu une sorte de long ressort à boudin de 1 mètre de diamètre environ et de plusieurs mètres de longueur. On roule cette pièce par-dessus le parapet et on l'installe devant la tranchée. Les réseaux de fil de fer ont été très en faveur au cours de la guerre moderne de tranchées ; les palissades ou palanques, constituées par des pièces de bois de dimensions diverses, ont été même employées. Mais on s'est servi, à maintes reprises, des « trous de loups », excavations en tronc de cône disposées en quinconce. Les fougasses sont constituées par des charges de poudre ou de mélinite enfouies dans le sol, auxquelles on donne le feu au moment où l'assaillant passe à proximité. Ce sont tantôt de petits fourneaux à poudre établis par forage, tantôt des pétards de mélinite, isolés ou réunis en masse, dissimulés dans le sol. N'oublions pas de dire que, dans les trous de loups, on enfonce souvent des bâtons pointus, sur les pointes desquels se blessent les pieds des assaillants, et que les fougasses sont souvent recouvertes de cailloux et de pierres, qui sont projetés en tous sens au moment de l'explosion. Le réseau de fils électriques, dans lequel on envoie de forts courants, est de création toute moderne; il constitue un moyen de défense terrible, mais l'installation n'en est pas toujours possible en campagne.

La disposition des tranchées et des fortifications de campagne, ainsi que l'installation de leurs accessoires et des systèmes de défense, n'est pas abandonné au hasard. Tout est calculé; car, comme l'a fort justement dit le général Joffre, « à la guerre, on n'improvise rien ».

L'attaque des réseaux de fil barbelé se fait couramment par des équipes du génie, qui, armées de fortes cisailles, coupent ou essayent de couper les fils, en précédant l'infanterie, en lui préparant le terrain et en facilitant l'assaut. On a cherché d'autres moyens, car celui-ci coûte la vie à un trop grand nombre d'hommes. Le canon porte-amarre des sauveteurs maritimes a été employé; il lance un crochet sur lequel on tire ensuite pour ébranler et arracher le réseau métallique. On a utilisé aussi des porte-charges à roulettes et des lance-cartouches. Mais l'action la plus certaine, c'est celle de l'artillerie, qui bombarde les fils et y ouvre de larges brèches. Un savant norvégien, Hansen, a inventé, pour arracher les fils de fer, une sorte d'obus dont la paroi sur sa longueur est pourvue de points faibles, de sorte que, en éclatant, de petites barres à bords aigus sont lancées. Elles brisent les fils de fer et leurs supports. On a également essayé d'automobiles pourvues à l'avant de lames coupantes.

Le génie, en 1914, en 1915, a joué un rôle qui, par son importance et sa diversité, est digne des plus grands éloges.

CAVALERIE TRAVERSANT UN PONT DE BATEAUX CONSTRUIT PAR LE GÉNIE.

CHAPITRE XIX

MINEURS ET PONTONNIERS

o o o

La guerre de tranchées a eu pour conséquence immédiate la guerre souterraine; car, chaque fois que, pour gagner du terrain et s'approcher plus près des lignes ennemies, il n'est pas possible de cheminer à découvert, sur le terrain ou dans les sapes, il faut progresser sous terre et mettre en pratique les procédés de la « guerre de mines ». La dénomination est doublement exacte, puisque les sapeurs travaillent à des déblais souterrains comme des mineurs, qu'ils creusent des puits, quelquefois très profonds, et que, au fond de ceux-ci, ils ouvrent, dans plusieurs directions, des galeries, dites rameaux de combat, à l'extrémité desquelles ils emploieront des explosifs et feront sauter des mines.

Les terrassements militaires de la guerre moderne, tranchées à ciel ouvert et leur corollaire indispensable, l'action souterraine, doivent être considérés comme la conséquence indirecte des transformations de l'armement, qui, après la période, encore toute récente, des combats à longue distance, nous ramène au contact direct des combattants. C'est le canon moderne qui est la cause principale de cet état de choses; mais si l'artilleur, avec la puissance de ses pièces, a nécessité cette étonnante transformation des procédés de combat, c'est le sapeur-mineur, avec ses outils, surtout primitifs, et ses moyens d'action plutôt rudimentaires, qui a rendu possible la mise en pratique des méthodes nouvelles. Il est vrai que l'assaut à la baïonnette nous ramène, de temps à autre, au temps de l'arme blanche.

Il est assez rare dans la guerre moderne, on peut dire qu'il est en quelque sorte exceptionnel dans la guerre de tranchées, puisque les fortifications de campagne, constituées par des séries de taupinières, sont le plus souvent attaquées au moyen de terrassements et de sapes et que, lorsque les lignes sont trop rapprochées pour que l'attaque par voie de terrassements se fasse à découvert sur le terrain, il est fait usage des procédés souterrains. Les deux ennemis alors progressent sous terre à la rencontre l'un de l'autre, et ils cherchent à atteindre leurs tranchées réciproques et à les faire sauter. Ce combat de mines consiste à creuser le sol jusqu'à la profondeur nécessaire et à marcher vers l'ennemi en pratiquant des conduits souterrains, qui, pour coûter le moins de travail possible et être exécutés assez vite, sont toujours fort étroits. La section de ces galeries ne mesure jamais plus de 0 m. 80 de hauteur et 0 m. 80 dans sa plus grande largeur. Le travail, dans ces conditions et à cause de l'absence presque complète de ventilation, est des plus pénible; au fur et à mesure de l'avancement, on étaie, afin d'éviter les éboulements, avec des cadres tout préparés que l'on place les uns à la suite des autres. Les sapeurs s'avancent à plat ventre dans la galerie, à la file indienne, ou rampent sur les mains et les genoux; le mineur de tête attaque le terrain au pic ou à la pioche, il fait l'ouverture de la galerie. Les déblais sont repris avec des pelles courtes par les sapeurs placés à la suite, qui les chargent dans de petits chariots spéciaux tirés à la corde ou poussés à bras. Ces chariots amènent les terres provenant du déblai jusqu'au fond du puits, d'où elles sont hissées, au treuil jusqu'à la surface du sol. Ces puits ont des profondeurs variables; il y en a qui ne mesurent que 2 et 3 mètres; dans la guerre de 1914-1915, certains ont été descendus jusqu'à 20, 26 et même 30 mètres au-dessous de la surface du sol. Nous sommes bien en présence d'une guerre de taupes, comme on l'a souvent écrit.

Dans l'organisation de la défense des places fortes, les mines sont généralement préparées à l'avance; elles donnent lieu à des travaux d'une grande solidité, exécutés le plus souvent en maçonnerie. Les mines sont alors placées en avant d'un fort ou d'un ouvrage de fortification permanente; elles partent toujours du fossé en s'avançant sous le glacis et se prolongeant quelquefois fort loin au delà de celui-ci. Ce dispositif crée un système de contre-mines qui empêche l'assaillant de s'aventurer sur le glacis. Pour détruire ce système, l'assiégeant se trouve dans l'obligation de procéder à l'exécution de toute la série des ouvrages, qui, dans leur ensemble, constituent ce qu'il a été convenu d'appeler la guerre de mines. Qu'une compagnie du génie opère contre une fortification ou qu'elle travaille contre un groupe de tranchées, la besogne est la même, et les procédés employés ne diffèrent guère. Il se produit souvent que

Photo Manuel.

ENTRÉE D'UNE SAPE.

les sapeurs des deux camps marchent les uns au-devant des autres, et que, dans les galeries, on entende distinctement les coups de pioches donnés dans les galeries de l'adversaire. Souvent on fait sauter des mines pour arrêter la marche de l'ennemi et bien des mineurs ont été engloutis dans les éboulements produits par ces explosions; dans beaucoup de circonstances on a rapidement dégagé les galeries, pour se servir des ouvrages faits par l'adversaire.

Dans une guerre de mines, l'avantage est le plus souvent à celui qui a pu arriver à occuper le dessus du terrain. A-t-on idée d'une pareille lutte!

Dans l'exécution des ouvrages souterrains, les principaux cheminements sont appelés galeries ou écoutes, alors que ceux de moins d'importance sont des rameaux et que les conduits qui réunissent entre elles une série d'écoutes sont des transversales. Les galeries partent d'une tranchée ou bien d'un puits creusé à la profondeur voulue. Les écoutes, comme leur nom l'indique, servent à écouter si l'ennemi travaille, et cela est facile, parce que le bruit de la pioche s'entend très distinctement et les coups peuvent être comptés. Quand les galeries sont creusées sur une certaine longueur et qu'on suppose qu'elles sont arrivées à peu de distance des ouvrages de l'ennemi, on exécute alors des rameaux. Les rameaux diffèrent des galeries par leurs dimensions et aussi par le système de boisage.

Il existe plusieurs sortes de rameaux : le grand rameau, qui a 1 mètre de hauteur sur 0 m. 80 de largeur; le petit rameau, qui mesure 0 m. 80 sur 0 m. 65; le rameau de combat, qui a une section de 0 m. 70 sur 0 m. 60 seulement. Certains de ces derniers, au cours de la guerre de 1914, ont été exécutés dans des cas spéciaux avec une section de 0 m. 80 sur autant de large. Au bout du rameau de combat, généralement boisé avec des madriers de chêne, se trouve la chambre où l'on installe le fourneau de mine.

Certaines galeries ont été construites entre puits successifs, et la façon d'opérer ressemble alors en tous points au procédé civil employé pour le terrassement dans des égouts ou galeries de métropolitains. Les puits sont de types et de dimensions divers. Le plus usité est celui qui a été mis en pratique par le capitaine du génie Boule; il mesure 0 m. 80 de côté et n'est composé que de châssis.

Les travaux de percement des galeries sont éclairés, suivant les circonstances, tantôt à la lumière électrique, tantôt par des lampes de mineurs ou même des bougies. Dès que les sapeurs ont fait passer les explosifs dans une galerie, ils ne doivent plus y pénétrer qu'avec la lampe de sûreté. La ventilation des galeries est parfois obtenue par l'emploi de gaines qui partent du commencement des ouvrages et permettent le renouvellement de l'air vicié, l'évacuation des gaz.

Le fourneau de mine, quand il explose, produit un vaste entonnoir. Les explosifs employés pour le charger sont la poudre noire ou la mélinite, suivant les effets que l'on désire obtenir. La poudre produit des projections; on obtient avec elle les meilleurs entonnoirs, tandis que la mélinite donne des effets brisants. On allume les fourneaux de mine avec des amorces et à l'aide de fusées lentes qui brûlent à raison de 1 mètre en 90 secondes. Lorsque la charge est placée à une grande distance, les sapeurs emploient le cordeau détonant, qui est formé par un tube d'étain de 5 millimètres de diamètre rempli de mélinite fondue. Ce cordeau détone sous l'action d'un détonateur de fulminate de mercure placé à l'une de ses extrémités; la détonation se transmet avec une vitesse de 4 000 mètres par seconde.

Tels sont les principes de la guerre souterraine moderne. Nous devons nous borner à décrire les ouvrages exécutés et à expliquer les méthodes employées. Les éboulements et les explosifs n'épargnent pas nos vaillants mineurs du génie, et quand les galeries adverses se rencontrent, les combats dans l'obscurité du sous-sol sont terribles.

Le génie en campagne fait les tranchées à ciel ouvert, il travaille à la guerre de mines; mais, parmi les rôles multiples qui lui sont attribués, il en est un autre auquel ne manquent pas les dangers de toutes sortes : c'est la guerre fluviale, le travail des pontonniers, qui construisent les ponts et assurent le passage des cours d'eau. Ces opérations s'exécutent souvent sous le feu de l'artillerie ennemie; la besogne est périlleuse et nous pourrions citer, parmi tant d'autres, certain pont sur la Marne qui fut commencé par une équipe de près

AUTO BLINDÉE PASSANT UN CHAMP D'INONDATION SUR UN RADEAU.

de 300 sapeurs-pontonniers et ne fut achevé que par 85 soldats, tous les autres ayant été tués ou blessés au cours du travail.

Le passage des cours d'eau a, de tous temps, été une nécessité militaire de premier ordre. Pour la marche des armées et pour leur ravitaillement, il faut des ponts aux endroits où il n'en existait pas auparavant, ou pour remplacer les ouvrages du temps de paix détruits pour une raison ou pour une autre. Les ponts militaires sont de catégories très diverses, utilisées suivant les emplacements où ils sont nécessaires et les besoins auxquels ils doivent répondre. Pendant les premiers mois de la guerre de 1914, plusieurs ponts de bateaux ont été lancés sur la Marne, sur l'Aisne et sur l'Oise, pour remplacer les ouvrages détruits au moment de la retraite stratégique qui suivit la bataille de Charleroi. Ces ponts flottants sont composés d'embarcations à fond plat, placées de distance en distance, pour former piles et recevoir les poutrelles, madriers et plats-bords dont l'ensemble constitue le plancher du pont. Ces ponts sont solides; les compagnies du génie les édifient rapidement avec un matériel préparé d'avance, convoyé dans des véhicules spéciaux, attelés de chevaux conduits par les sapeurs-conducteurs. Des régiments entiers passent sur ces ponts; l'infanterie, la cavalerie, l'artillerie et les convois de matériel s'y engagent avec confiance.

La construction d'un pont de bateaux est une opération militaire qui s'exécute avec méthode. On installe d'abord, sur chaque rive, la culée, formée par un groupe de bateaux, tandis que les autres embarcations partent, les unes d'amont et les autres d'aval, pour prendre la place que leur assignent leurs numéros respectifs. Quand les bateaux sont à leur place, on jette l'ancre, et on lance les poutrelles qui reposent aux deux extrémités sur les embarcations, et forment ainsi, dans toute la largeur du cours d'eau, un véritable plancher. Une équipe spéciale recouvre ce plancher de madriers, placés en travers, pour constituer le tablier. Quand la navigation sur le fleuve ou la rivière ne peut pas être interrompue, on procède à l'ouverture, à un endroit déterminé ou à plusieurs emplacements, d'une « portière », solution de continuité momentanée du pont, obtenue par une ou plusieurs séries de bateaux mobiles.

Les pontonniers du génie construisent aussi des ponts de pilotis avec les arbres qu'ils abattent dans les forêts voisines ou sur le bord des routes, partout où ils peuvent les trouver; en quelques heures, ils ont établi sur un cours d'eau un pont de circonstance, sur lequel pourra passer sans danger une armée tout entière. Ce sont ces ouvrages improvisés en charpente qui sont exécutés quand le temps presse. Lorsqu'ils sont moins pressés par les nécessités, les soldats du génie exécutent des ponts de chevalets, qui sont souvent de véritables chefs-d'œuvre établis avec les matériaux et les bois trouvés dans la région, aux abords mêmes de l'endroit où il est nécessaire de faire passer les troupes et de construire un pont militaire.

Le génie dispose des ponts métalliques, tels que le pont Henry, qu'ils lancent dans des circonstances tout à fait spéciales. Il fait aussi usage des ponts de tonneaux, des radeaux, des planchers mobiles, des passerelles en bois de toutes catégories.

Mais le sapeur, s'il est un constructeur énergique et alerte, devient un destructeur, quand cela est nécessaire, et fait sauter, en quelques instants, les ponts en acier ou en pierre les plus robustes, pour empêcher les armées ennemies d'utiliser ces ouvrages. Quitte, lorsque les communications peuvent être reprises sans inconvénient, à rétablir l'ouvrage.

UN BUREAU DE POSTE DANS LES TRANCHÉES.

CHAPITRE XX

CORRESPONDANCES ET COMMUNICATIONS MILITAIRES

° ° °

Les progrès réalisés dans l'industrie, au cours de ces vingt-cinq dernières années, grâce aux applications de l'électricité, devaient fatalement avoir une répercussion directe dans les milieux militaires. La dernière guerre nous a montré, encore mieux que les précédentes, tous les services que la téléphonie et la télégraphie peuvent rendre aux armées; les installations téléphoniques ont été multipliées à l'infini, encore plus que les lignes télégraphiques, qui avaient été mises en service avec tant de succès lors des conflits antérieurs. La télégraphie sans fil, installée depuis plusieurs années à bord des navires de guerre, a fait cette fois son apparition sur les champs de bataille, et plus particulièrement pour permettre aux aéroplanes de communiquer avec le sol, et de transmettre rapidement les résultats de leurs observations.

La télégraphie optique, malgré tous les perfectionnements dont elle a bénéficié, apparaît comme un moyen de communication primitif, même lorsqu'elle emploie les signaux lumineux produits au moyen de lanternes perfectionnées ; elle a pourtant été utilisée dans la guerre de 1914. La poste par pigeons voyageurs peut encore avoir son utilité; mais il semble qu'elle ait été peu employée cette fois. Nous avons pourtant, en France, de nombreux colombiers militaires, dont l'organisation a fait l'admiration des officiers compétents.

La télégraphie militaire, qui dispose d'un matériel tout spécial avec voitures automobiles, dévidoirs, appareil de transmission, piles et tous les accessoires nécessaires, fait partie des nombreuses organisations techniques militaires qui ont eu tant de besognes à remplir; elle semble cependant avoir été détrônée par la téléphonie, qui permet la réalisation immédiate et constante des communications rapides. Le téléphone a joué un rôle considérable, et c'est par centaines de milliers que se comptent les appareils distribués sur tous les points du front et de l'arrière. Les fils téléphoniques forment dans toute la région des armées une toile d'araignée immense. On trouve le téléphone partout.

Voici une tranchée. L'officier d'infanterie qui la commande communique avec le chef de bataillon, placé à plusieurs kilomètres. Le commandant a, dans son abri, un tableau qui lui permet de correspondre avec son colonel, avec la brigade, quelquefois avec diverses batteries d'artillerie et avec tous les officiers placés sous ses ordres. Les brigades correspondent entre elles; elles sont reliées avec la division, qui elle aussi a son téléphone particulier avec le corps

LA POSTE A CHEVAL AU FRONT.

L'ARRIVÉE DES JOURNAUX DANS LES LIGNES.

d'armée. Les généraux commandants d'armées disposent de lignes nombreuses pour transmettre leurs ordres sur tous les points et recevoir de partout les indications et les renseignements utiles. Dans ces conditions, il est facile de concevoir quelle est la grande importance de l'installation téléphonique aux bureaux de l'État-major du Généralissime. Le téléphone sert à transmettre les ordres partout et à expliquer, en retour, de quelle manière ils ont été exécutés et les résultats que cette exécution a donnés. La téléphonie est la reine des batailles. Nous sommes, avec elle, bien loin du temps où les officiers chevauchaient au grand galop leurs montures, pour porter les ordres du général qui, placé sur une hauteur, surveillait le mouvement des troupes. Nous nous sentons, avec l'importance prise par le téléphone, bien éloignés de l'époque, encore cependant toute récente, où les estafettes circulaient à bicyclette. Cela ne veut pas dire pourtant que le cheval et la bicyclette ne soient pas encore employés; il y a même des motocyclettes rapides qui circulent entre les diverses sections, car il arrive souvent que les fils téléphoniques sont coupés pour des motifs divers, par des éclats d'obus par exemple, et alors il faut avoir recours aux procédés de transmission moins modernes.

Le téléphone a joué un rôle très important, rôle de tous les instants, dans le grand drame militaire européen. Une meule, un arbre, un pan de mur, un clocher d'église, un campanile, une butte, un point élevé quelconque, tout est bon pour constituer un poste d'observation. Un officier, de cet endroit, surveille les mouvements, repère au télémètre la position de l'ennemi, et, de cet observatoire improvisé, transmet à ses chefs, au moyen du téléphone, le résultat de ses observations; ou bien, si cet officier commande une batterie d'artillerie, il donne des ordres aux pointeurs et fait rectifier les tirs des pièces, il commande le feu ou le fait cesser. Le téléphone est partout sur le champ de bataille, sur les points les plus avancés comme dans les régions de l'arrière.

L'organisation des équipes télégraphistes et téléphonistes est différente en temps de paix ou en période de guerre. Ces équipes sont groupées, en temps de paix, en unités d'instruction dépendant des services du génie; aussitôt après la mobilisation, elles sont divisées en sections isolées, qui opèrent séparément auprès des différentes divisions. Comme les compagnies de sapeurs et de mineurs, les télégraphistes et téléphonistes forment, en temps de guerre, des sections divisionnaires et des sections de corps d'armée. Chez les Allemands, les troupes de télégraphie comprenaient, avant août 1914, trois bataillons de trois compagnies qui tiennent garnison à Berlin, Francfort-sur-l'Oder, Coblentz et Munich. Des détachements du train étaient affectés à chaque bataillon, et fournissaient les attelages nécessaires. Cette organisation datait d'octobre 1899, époque à laquelle furent groupés, en Allemagne, sous le nom de troupes de communication, les régiments de chemins de fer, les télégraphistes et les aérostiers, qui, jusqu'alors, avaient dépendu du service du génie.

Chez tous les pays belligérants, et même chez les Turcs, paraît-il, peut-être depuis qu'ils sont devenus les vassaux de l'Allemagne, en dehors du personnel technique, comprenant des ouvriers pour la pose et la réparation des lignes téléphoniques et télégraphiques et de leurs appareils divers, les sections disposent d'un certain nombre de voitures pour le transport du matériel, de l'outillage et du personnel. Ces véhicules, autrefois attelés de chevaux, sont souvent à traction automobile, ce qui leur permet de se déplacer plus rapidement. Le matériel comprend des appareils de télégraphie, des téléphones, une centaine de kilomètres de fils ou de câbles, des commutateurs, des crampons et des supports pour fixer les lignes partout où leur installation est possible. Ces lignes sont tantôt aériennes, tantôt souterraines.

L'emploi de la téléphonie et de la télégraphie sans fil, jusqu'ici considéré au point de vue militaire comme assez délicat, a donné d'excellents résultats. Ces moyens de communication ont été utilisés dans de nombreuses circonstances, mais plus particulièrement par les aviateurs et par les officiers-signaleurs installés dans les nacelles des ballons captifs, dont il sera question dans un autre chapitre. Les officiers observateurs disposent également d'un système de signaux aériens qui rend de grands services.

Les diverses portions d'une armée correspondent entre elles par des procédés tantôt anciens, tantôt modernes; tous les procédés perfectionnés ont été mis en œuvre dans la guerre de 1914.

Les soldats doivent pouvoir correspondre également avec leurs familles et leurs amis, et vice versa; c'est la poste militaire qui est chargée de ce service, avec la collaboration de l'administration civile, et l'on comprendra facilement combien est compliquée l'organisation de ce service, quel travail donne son fonctionnement.

Le nombre considérable de lettres envoyées par les « poilus » et la grande quantité de missives qui leur sont adressées, ont obligé les services postaux français à créer, d'accord avec l'autorité militaire, une organisation toute spéciale, qui a donné d'excellents résultats, ainsi que les services de transport des colis envoyés au front. Il a fallu faire la mobilisation des correspondances postales, pour que, parmi tant d'épreuves que le fléau de la guerre fait subir aux militaires et aux civils, les uns et les autres n'aient pas à supporter la plus cruelle de toutes, le manque de nouvelles de ceux qui sont chers.

MORTIER DIT CRAPOUILLOT DATANT DE 1841.

CHAPITRE XXI

PROCÉDÉS DU TEMPS PASSÉ

○ ○ ○

Il est curieux de constater que, peu à peu, dans la guerre moderne, il a été introduit une série de procédés des temps anciens; mais ce serait une faute grave que d'attribuer à ceux-ci une valeur plus grande qu'ils n'en ont en réalité, et de laisser croire qu'ils sont devenus des facteurs d'une importance très grande.

Toutefois, si ces procédés anciens ont été remis en service, il faut constater que la plupart d'entre eux ont été tellement modifiés, pour répondre aux nécessités modernes, que ces procédés de jadis, en raison des perfectionnements subis, n'ont plus que des rapports lointains avec les engins anciens dont ils portent le nom et avec lesquels, le plus souvent, ils n'ont rien de commun que le motif qui les a inspirés. Les grenades des xve et xvie siècles, les jets de pierres du xive siècle, les tranchées de César et même celles de Sébastopol, les crapouillots, les arbalètes, les obus et les mortiers qui les lancent, les fusils de rempart, les torpilles aériennes ne sont certes pas des inventions nouvelles; mais, si, comme le jeu de l'oie, tous ces engins sont renouvelés des Grecs, des Romains et des peuples qui leur ont succédé, les appareils, procédés et engins modernes qui portent les mêmes noms possèdent des qualités bien supérieures.

On ne peut oublier le rôle prédominant que la science a pris dans les conflits militaires, et elle a réagi même sur le matériel et les procédés du passé utilisés dans une guerre à courte distance qu'on ne prévoyait guère.

La valeur personnelle même des soldats doit être étrangement supérieure à celle des militaires de jadis; car c'est dans des conditions absolument nouvelles que tout ce matériel ancien a dû être mis à contribution.

Il faut bien du reste reconnaître que l'appel fait de plus en plus et surtout plus que jamais à la nature individuelle du soldat, la prépondérance que cette valeur prend dans le combat, sont en quelque sorte, eux aussi, comme un retour aux méthodes du passé. Si grands que soient le rôle des engins puissants et l'importance de leur action collective, le courage des hommes conserve, reprend toute sa valeur dans les combats modernes comme dans les batailles d'autrefois.

Mais il est d'autres procédés anciens, perfectionnés pour les besoins modernes, qui ont un caractère plus matériel; après cette constatation morale, passons à leur examen. Les balles explosives et les balles dum-dum (employées du reste uniquement par les Allemands, Autrichiens, Turcs), et que nous retrouverons parmi les procédés criminels, sont les petites-filles des balles étoilées, contre l'emploi desquelles Turenne, en 1675, protestait déjà en les qualifiant d'engins déloyaux entraînant des souffrances inutiles. Les ruses et les surprises ont existé à toutes les époques; les buissons qui marchent en masquant des hommes, procédé employé pendant la guerre de Mandchourie et souvent mis en principe en 1914-1915, ne sont certes pas une invention nouvelle. Les liquides inflammables sont un perfectionnement de l'emploi des huiles bouillantes et de la poix chaude que les assiégés lançaient sur les assiégeants, et les bombes incendiaires ressemblent singulièrement aux feux grégeois. Ici du reste nous sommes encore dans le chapitre des procédés criminels, sur lesquels nous reviendrons.

Les compagnies d'arbalétriers de nos départements de l'Oise, de l'Aisne et de la Somme, qui, en temps de paix, se réunissaient dans les villages pour faire des concours de tir, ont joué un rôle dans la guerre actuelle. Certains de leurs membres furent utilisés pour des lancements de projectiles spéciaux et les arbalètes, modifiées en vue de ce nouvel emploi, furent employées, nous a-t-on dit, pour projeter des grappins devant servir à arracher les fils de fer. Les soldats qui se servirent de cette arme furent baptisés les arbalétriers de la République.

La torpille aérienne est un perfectionnement de la fusée de guerre, qui avait disparu devant les progrès de l'artillerie, vers le milieu du XIVe siècle. Le canon de lancement est une sorte d'affût en lames métalliques ou en lames de bois, une véritable charpente cylindrique, qui sert principalement à la visée, au maintien de la torpille, tant qu'elle n'a pas suffisamment de vitesse pour se soutenir dans l'air. Il suffit d'un canon de 25 centimètres de diamètre pour lancer une torpille de 10 centimètres, alors qu'un canon de 50 lancera un projectile de 30; la première pièce pèse 265 kilogrammes et la seconde tout au plus 700 kilogrammes. Ces engins sont, de ce fait, facilement transportables à bras d'hommes, d'autant plus qu'ils sont aisément démontables. Le dispositif moteur ressemble assez à celui des fusées. C'est la réaction sur l'air d'une charge de poudre à l'extrémité qui assure la propulsion *inférieure de la torpille*; les gaz résultant de l'inflammation de la charge se dilatent vers l'arrière et, comme ils trouvent résistance à l'avant, par suite même du poids de la torpille, ils repoussent celle-ci, lui imprimant une vitesse croissante en prenant appui sur l'air environnant.

MINENWERFER ALLEMAND.

La torpille aérienne est employée surtout dans les combats à faible distance qui se poursuivent par-dessus les tranchées ou de tranchée à tranchée; si elle atteint son but avec une vitesse considérable, cela n'est pas dû vraiment à la force propulsive que lui imprime le lancement proprement dit, lancement qui, le plus souvent, est effectué à l'air comprimé. Cet engin est souvent doté d'un propulseur parfois double, et en cela ressemble à la torpille marine; l'hélice ou les hélices sont mises en rotation par le moteur qui se trouve à l'intérieur, et ce sont ces hélices, une fois que le projectile est sorti de la bouche du canon, qui permettent d'obtenir une vitesse propre qui s'ajoute à la vitesse donnée par le lancement.

Les torpilles aériennes ont été étudiées, il y a déjà plusieurs années, par M. Maxim, qui les chargeait de 1 000 kilogrammes d'explosifs. Un peu plus récemment, un Suédois, le lieutenant-colonel Unge créa une torpille volante dont il céda le brevet à la maison Krupp. Ces engins, qui primitivement renfermaient de 2 à 40 kilogrammes d'explosifs, ont dû être perfectionnés et servent certainement dans la guerre actuelle; il en est de même sans doute de la torpille volante inventée par M. Weichert, professeur à l'Institut météorologique de Göttingen, qui, mue par un petit moteur électrique, marche, dit-on, à la vitesse de 12 000 mètres à la minute. On a prétendu qu'il était maintenant possible de diriger et de gouverner les torpilles aériennes par l'action des ondes de télégraphie sans fil, et même de les faire exploser à volonté dans tel ou tel endroit de sa course : cela nous semble bien ambitieux.

Les mortiers et les obusiers actuels ne ressemblent guère à ceux du passé; les obusiers, par exemple, à longue portée, qui lancent des projectiles ayant une action terriblement destructive, ne peuvent vraiment pas être comparés aux pièces en bronze verdegrisé de la terrasse des Invalides. Mais des points de comparaison peuvent être aisément trouvés entre certains vieux mortiers et les crapouillots, qui, d'une extrémité à l'autre du front, envoient de nos tranchées sur les retranchements ennemis des masses d'explosifs et bouleversent les ouvrages. Les bombes, dont les poids respectifs sont 115, 275, 1 040 et 1 320 kilogrammes, suivant la capacité des mortiers et le diamètre des projectiles — 15, 22, 27 et 32 centimètres, — sont lan-

TORPILLE AÉRIENNE PRÊTE A ÊTRE LANCÉE.

cées sous des angles très élevés; elles tombent de haut et font de grands ravages dans un rayon assez important tout autour de leur point de chute.

Les établissements Krupp fabriquent depuis 1912 un canon de tranchée à bombes, assez léger pour suivre l'infanterie dans les déplacements; cette sorte de mortier lance un projectile de 85 kilogrammes à une distance de 300 mètres. Cette bouche à feu, véritable arme de tranchée, ne pèse que 530 kilogrammes; la largeur de son chariot ne dépasse pas 0 m. 80 et la longueur de la pièce, avec les deux brancards, atteint 2 m. 60 seulement. Le calibre intérieur du mortier est 45 millimètres; mais le projectile, pour être lancé, ne pénètre pas à l'intérieur du canon. La bombe sphérique est munie d'une tige qui entre seule dans la pièce; c'est sur l'arrière de cette tige que vient s'exercer l'action des gaz de la poudre faisant explosion.

En dehors du crapouillot, dont il a été question plus haut, et qui n'est pas d'une précision remarquable, nous avons des obusiers ou mortiers de tranchées qui sont des armes d'une justesse parfaite. Ce sont des pièces absolument nouvelles par leur construction, sinon par leur principe, qui donnent d'excellents résultats, ainsi que les lance-mines, également nouveaux, employés dans nos retranchements pour lancer à 1 400 mètres de distance des projectiles chargés de 90 kilogrammes de mélinite tombant de 1 000 mètres de hauteur. Ces engins sont d'une grande mobilité et la rapidité avec laquelle on peut les changer d'emplacement ne permet pas de les repérer facilement. Nos mortiers de tranchée, dont la fabrication ne demande, suivant leurs calibres, que deux à onze jours, ont grandement dépassé l'efficacité des Minenwerfer allemands, dont il a tant été question au début de la guerre de 1914, mais qui ont moins fait parler d'eux par la suite.

On s'explique parfaitement cette sorte de régression qui s'est faite, pour une partie du matériel et des procédés, du moment où l'on songe simplement au voisinage des fronts, du fait de l'utilisation des tranchées abritant des combattants qui se feront vis-à-vis durant des mois et des mois. Les engins classiques, en raison même de leur fonctionnement, de leur grande portée, sont impuissants pour faire pénétrer sûrement leurs projectiles dans les tranchées à très faible distance. On en revient à la situation des combattants de l'*ancien temps*, et la situation relative étant la même, il faut procéder comme eux : à cela près que les projectiles lancés de façon primitive renferment des explosifs aussi perfectionnés qu'il est possible,

Les procédés anciens ont été imités, mais modifiés; si les nouveaux appareils conservent parfois quelque ressemblance avec ceux de jadis, il est certaines organisations militaires qui ont été totalement changées. Le cantonnement, les camps et les bivouacs ont des aspects tout différents de ceux du passé; sur la ligne du front tout au moins, la question du logement du soldat est solutionnée par l'application de méthodes jusqu'ici ignorées. Sur le front et souvent à 15 et 20 kilomètres en arrière, des villages entiers ont été construits dans le sol même, pour rendre les abris tout à fait invisibles. Ce sont des demeures de Troglodytes ou des huttes de sauvages, des habitations coloniales avec un grossier mobilier. La tente en toile a complètement disparu dans les régions de l'Est et du Nord; on ne la trouve que dans certains groupements de l'armée anglaise. Le logement du soldat français en face de l'ennemi n'a plus rien de commun avec les campements dont on a tant parlé lors des guerres précédentes. Et nous trouvons encore ici trace d'une de ces évolutions profondes montrant comment le progrès se fait même quand on semble imiter un passé plus ou moins lointain.

Parmi les procédés et appareils du passé utilisés à nouveau, nous n'avons pas parlé des grenades, parce que nous leur consacrons un chapitre spécial.

SOLDAT GRENADIER AU MILIEU DU MATÉRIEL DE TRANCHÉES.

CHAPITRE XXII

GRENADES ET GRENADIERS

○ ○ ○

Alors que tant de choses s'imposent à notre attention quand nous étudions le matériel et les procédés d'une guerre moderne, il peut sembler étrange, au premier abord, que nous consacrions un chapitre aux grenades et aux grenadiers. C'est que précisément une des caractéristiques de cette guerre, c'est d'avoir mis à contribution les outillages les plus variés, d'avoir en particulier fait appel à nouveau de façon intense à ces grenades jadis si employées, en même temps qu'à une multitude de procédés du temps passé dont nous venons précisément de parler. Les grenadiers n'ont point reparu avec leur titre officiel; mais toutes les troupes d'infanterie ont été dotées de grenades perfectionnées, qui rappellent étrangement celles que l'on employait de façon courante il y a un siècle et même beaucoup plus.

Il y a en effet bien plus d'un siècle que la grenade avait été abandonnée au profit du fusil, du canon, plus tard de la mitrailleuse lançant une pluie de petits projectiles que l'on considérait comme

LANCEURS DE GRENADES EN PLEIN TRAVAIL.

remplaçant avantageusement les espèces de petits obus à mitraille que sont les grenades. Il n'en restait guère que le souvenir sous la forme d'un ornement ou d'un insigne des uniformes, sur le képi de l'infanterie, sur le col des soldats du Génie, représentation approximative de la grenade avec son panache classique de flammes. C'est vers le XVIe siècle surtout que l'usage et par suite la fabrication des grenades s'étaient répandus; on en avait employé en grand nombre au siège de Rouen, en 1562; à cette époque comme maintenant, on ne pouvait les utiliser que de très près, en les lançant dans les tranchées ou dans les passages étroits où l'on se rencontrait face à face avec l'ennemi; leur usage était d'autant plus habituel que les corps à corps ou les combats à peu de distance l'étaient eux-mêmes. La classique grenade française, dont le nom provenait d'une ressemblance grossière de cette petite sphère avec le fruit que tout le monde connaît, était une sorte d'obus, de boulet creux rempli de poudre; avant de la lancer, on introduisait dans le tuyau de bois dont elle était munie une petite mèche allumée brûlant lentement. Au reste, grâce à un dispositif spécial, à une petite balle de plomb, la mèche ne pénétrait dans le fond du tube que quand la grenade touchait terre; les parois du tube étaient inférieurement perforées de petits trous; le feu se communiquait alors à la poudre de façon à faire exploser la grenade et à projeter ses éclats de tous côtés. L'instrument était assez dangereux, une maladresse pouvait le faire éclater entre les mains mêmes du grenadier chargé de la lancer; pour obliger la grenade à toujours tomber sur le côté, on glissait dans le haut du tube des petites branches avec des feuilles jouant le même rôle que les plumes d'une flèche. Les grenadiers étaient choisis parmi les soldats les plus robustes et les plus grands; il leur fallait un apprentissage complet pour bien arriver à se servir de ces projectiles; ces grenadiers, qui ont été officiellement créés en 1667 en France, s'élançaient dans les tranchées après y avoir envoyé leurs projectiles à main. On les avait coiffés du bonnet de fourrure classique pour leur donner un aspect plus terrible qui, pensait-on, devait contribuer à démoraliser l'ennemi.

La grenade avait perdu de sa vogue au fur et à mesure que l'artillerie se perfectionnait, encore bien davantage depuis que les mitrailleuses, les canons-revolvers étaient venus permettre de lancer des volées de petits projectiles sur les bataillons ennemis; de leur côté, les obus à mitraille, les shrapnells jouaient un rôle redoutable qui semblait devoir éclipser pour toujours celui de la grenade. Et pourtant celle-ci avait été perfectionnée considérablement au commencement du XIXe siècle et un peu plus tard, quand on avait songé à la munir d'une fusée que l'on enflammait par frottement : dans ce but, une tige métallique rugueuse était introduite dans le trou ménagé au centre de la fusée; à cette tige, à ce rugueux était reliée une cordelette que le grenadier s'attachait au poignet, ou accrochait à un bracelet de cuir; et quand il lançait la grenade, la cordelette retenant le rugueux, celui-ci sortait de la fusée en frottant et en enflammant l'amorce. Par conséquent la fusée se mettait à brûler, et au bout d'un court instant le feu se communiquait à la poudre et assurait l'explosion de la grenade, quand celle-ci tombait à terre ou dans les tranchées, au bout de sa trajectoire.

EXPÉRIENCE DE LANCEMENT DE LA GRENADE.

Lors de la guerre russo-japonaise, dont nous avons parlé à plusieurs reprises, on avait déjà mis à contribution de nouveau la grenade, mais une grenade perfectionnée, se présentant par exemple, du côté des Japonais, sous la forme d'une boîte de fer-blanc coiffée de son couvercle, entourée d'une bague de plomb; la chute du projectile sur ce couvercle produisait l'enfoncement d'un petit percuteur et déterminait l'explosion. La guerre de 1914-1915, avec ses combats de tranchées durant des mois et mettant les troupes ennemies presque au contact immédiat, à quelques dizaines de mètres les unes des autres, a ramené forcément l'usage des grenades, ainsi que de tous ces procédés du temps passé qui semblaient oubliés pour toujours, et qui pourtant ont fait merveille.

Au lendemain de la guerre russo-japonaise, la grenade était devenue réglementaire dans l'armée française; c'était une sorte de petite bombe munie d'un cordon Bickford, sorte de mèche à base de poudre qui brûle assez lentement. On allumait cette mèche avant de lancer la grenade. Ce lancement était effectué à l'aide d'une courroie de cuir, un peu comme on le fait avec une fronde. On avait également imaginé un dispositif comportant une pièce de bois et un ressort permettant de lancer plus vigoureusement la grenade.

Aujourd'hui, dans les diverses armées, on a combiné des types de grenades très variés. Ce qui est essentiel, en dehors bien entendu des éclats métalliques qui pourront être lancés comme des projectiles tout autour du point d'éclatement de la grenade, c'est une fusée d'inflammation et de détonation. Le plus souvent cette fusée est faite d'une étoupille montée dans un corps de fusée en bois, et nous nous retrouvons alors en face du rugueux dont nous parlions; quand on tire sur lui à l'aide d'une cordelette quelconque, la composition fulminante qui est à l'intérieur de la fusée s'enflamme, elle agit comme détonateur et comme inflammateur : elle enflamme la matière fusante, qui va brûler quelques secondes et qui transmettra le feu à la charge du projectile. Comme c'est seulement la projection de la grenade qui arrache le rugueux et qui enflamme la composition fulminante, il y a très peu de chances pour que des accidents se produisent entre les mains des soldats chargés de lancer les grenades. Le temps qui s'écoule entre l'inflammation du fulminate et la communication du feu à la charge explosive est souvent assez long pour qu'une grenade, tombant sans éclater dans une tranchée ennemie, soit recueillie par cet ennemi et lancée à nouveau en sens inverse vers ceux qui l'avaient projetée.

Les troupes anglaises ont mis particulièrement à contribution une grenade d'un type spécial qui comporte une sorte de long manche que le soldat saisit par une de ses extrémités, tandis qu'à l'autre bout de cette espèce de canne est fixée une charge de lyddite, en même temps que le détonateur destiné à la faire exploser. Normalement un dispositif de sécurité est prévu, qu'on enlève seulement au moment du lancement du projectile, et qui empêche le percuteur de pouvoir fonctionner jusqu'à ce moment. En fait il agira quand la grenade tombera sur son extrémité la plus lourde et sur la tête du détonateur. Au surplus, on a fixé au bout libre de l'instrument une lanière d'étoffe, qui joue le rôle des plumes de la flèche dont nous parlions, et qui permet à la grenade lancée vigoureusement par le poignet du soldat de se déplacer dans l'air suivant une courbe assez régulière et de tomber à peu près verticalement sur le détonateur même. Les soldats portent plusieurs de ces projectiles attachés à la ceinture, et peuvent les lancer successivement sur les tranchées ennemies. Il est vrai que, dans celles-ci, on a la ressource de disposer des toiles métalliques au-dessus de la tranchée, pour obliger la grenade à détoner à une certaine distance des hommes, de manière à ne leur imposer que des blessures légères ou négligeables.

Ajoutons avant de finir que bien souvent, lorsque les approvisionnements de grenades manquaient durant la guerre de 1914-1915, les soldats français, avec leur ingéniosité habituelle, fabriquaient des grenades d'un genre tout particulier qui produisaient des effets vulnérants redoutables. Ils utilisaient tout ce qu'ils avaient sous la main, notamment les vieilles boîtes de conserves des formes les plus diverses. Il suffisait d'y déposer bien entendu un explosif d'abord, une ou plusieurs cartouches de dynamite ou de mélinite, puis d'y entasser des morceaux de métal susceptibles de devenir projectiles, des balles de shrapnell, des éclats d'obus et mille autres choses. Alors il ne s'agissait plus de recourir pour l'inflammation à un rugueux savamment combiné. On installait un bout de cordon Bickford aboutissant à un petit détonateur, indispensable pour assurer l'explosion de la dynamite ou de la mélinite. Et la grenade traînant derrière elle sa mèche enflammée à l'avance faisait merveille elle aussi. Souvent également on s'est trouvé très bien de lier ensemble quelques cartouches d'explosifs, d'y fixer un bout de mèche, et de lancer le tout contre l'ennemi. On a du reste fabriqué méthodiquement également ce que l'on a appelé des calendriers, des raquettes explosives, faites essentiellement d'une lame de bois taillée de manière à fournir un manche par lequel on puisse les saisir et les lancer; sur la raquette ou le calendrier est disposée une boîte contenant un explosif qui produit des effets très dangereux, au moins à faible distance, ce qui est le cas dans la guerre moderne de tranchée.

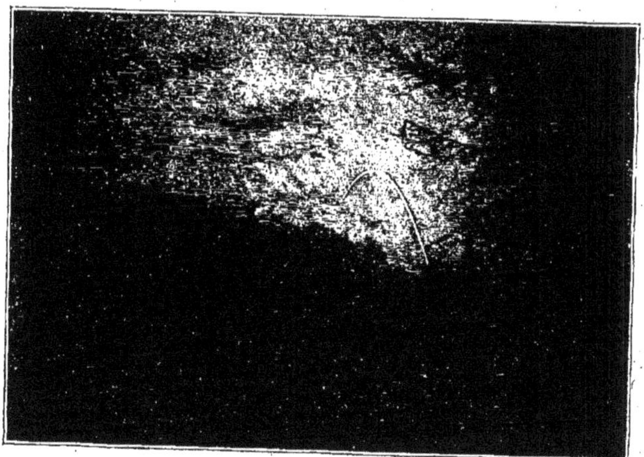

UNE FUSÉE ÉCLAIRANTE ALLEMANDE.

CHAPITRE XXIII

LE COMBAT DANS LA NUIT

○ ○ ○

Les combats dans la nuit ne furent jamais aussi fréquents qu'au cours de la guerre de 1914-1915 ; ils sont comme une des conséquences directes des méthodes militaires nouvelles, qui ont donné une place si importante aux surprises et aux manœuvres sournoises. Les tranchées, les sapes, les systèmes de mines, les méthodes adoptées pour la dissimulation des batteries d'artillerie et des lignes d'infanterie, tous ces dispositifs ont fait en quelque sorte le vide sur le champ de bataille. Une troupe qui marche pendant le jour se montre fatalement d'une manière plus ou moins complète ; elle se voit obligée de découvrir forcément tout ou partie de sa composition et expose les fractions visibles, les sections découvertes, comme autant de cibles vivantes, aux feux de l'ennemi, qui, avec les coups rapides et précipités des mitrailleuses et les tirs de barrage des canons légers et de l'artillerie lourde, fauchent impitoyablement dans la colonne, et y sèment la mort. Dans ces conditions, c'est pendant la nuit que s'opèrent les attaques et les contre-attaques d'infanterie, que s'exécutent les déplacements de troupes et les changements de position des batteries, que marchent les expéditions de toutes sortes, et particulièrement celles qui ont pour but la destruction des réseaux de fils de fer. C'est certainement moins chevaleresque que les attaques face à face et les corps à corps de jadis; mais les dangers sont moins grands, et, dans les guerres d'usure, il est une condition essentielle, celle de ménager les existences humaines.

Les combats nocturnes doivent être considérés comme une des nécessités de la guerre moderne, et cette nécessité de manœuvrer, d'attaquer ou de se défendre pendant la nuit, oblige les armées en présence à se surveiller dès que le soleil disparaît à l'horizon, et à employer à cet effet des engins spéciaux et des appareils destinés à percer les ténèbres et à créer un éclairage puissant pour lutter contre l'obscurité de la nuit. Lorsque le soleil ou la lune refusent leur lumière, on supplée à cette absence par un éclairage artificiel, encore plus utile que la lumière naturelle, parce qu'il est possible de le produire suivant les besoins, de le supprimer dès qu'il n'est plus nécessaire, de graduer son intensité, et de régler la durée de son éclat.

Les fusées et les obus éclairants, les flambeaux et les feux de toutes sortes que la science des artificiers fournit aux armées, répandent la clarté en pleine nuit, sur toute une région, pendant une période de temps déterminée, variant de 10 à 15 minutes suivant la composition de ces projectiles d'une espèce particulière. Ils sont projetés dans l'espace pour donner sur certains points un éclairage d'une intensité calculée; grâce à cette lumière artificielle, les abords peuvent être examinés, les lignes ennemies surveillées. Il est facile, tant que dure la lueur, de voir ce qui se passe dans la région et d'examiner, sur toute l'étendue de la partie éclairée, les points qu'il est nécessaire de surveiller.

Les obus et les fusées sont lancés dans l'espace comme le sont les bombes des feux d'artifice, lors des fêtes publiques des temps de paix. Certaines fusées ressemblent singulièrement à ce que, dans les réjouissances municipales, on appelle des chenilles, ces sortes de spirales lumineuses qui voltigent dans le ciel, avec cette différence cependant que la puissance éclairante des fusées militaires est autrement plus intense et que la durée de l'éclairage est plus longue.

Si intéressants et si utiles que soient les projectiles lumineux, ils ne procurent pas les résultats pratiques que donnent les projecteurs électriques, qui, en temps ordinaire, reçoivent des applications nombreuses dans l'industrie, les travaux publics et la navigation commerciale. Pendant longtemps leur concours, au point de vue de leur utilisation militaire, avait été limité à l'emploi sur les navires de guerre et pour la défense des frontières maritimes. La guerre

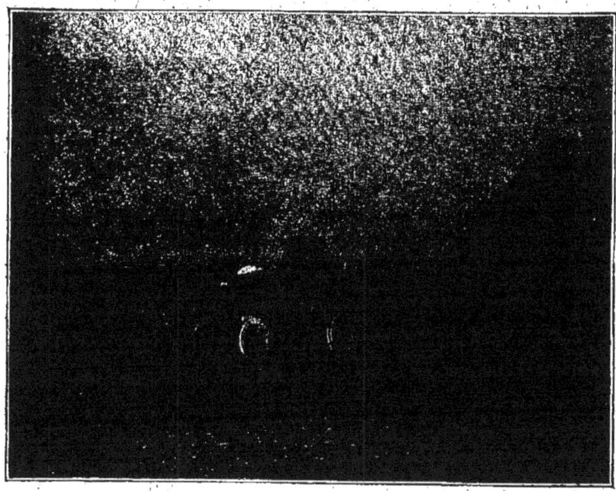

UN PROJECTEUR DANS LA NUIT.

moderne a donné à ces engins droit de cité dans les armées de terre.

Les projecteurs en effet ont pris une place considérable au cours de la guerre de 1914, non seulement sur mer mais aussi sur terre. Les appareils sont fixes, lorsqu'on les emploie dans les forts, ou mobiles, quand ils sont affectés à des troupes en campagne. Les dirigeables et certains avions ont été munis de ces engins, grâce auxquels, lorsque ces navires aériens se livrent à des reconnaissances nocturnes, il est possible de fouiller l'espace en pleines ténèbres pour visiter certains points, ou pour en bombarder d'autres. Ces mêmes projecteurs permettent de dépister les ballons et avions se livrant à des attaques de nuit.

Ce résultat, qui cependant a sa valeur, est bien modeste en comparaison de ceux qu'obtinrent chaque nuit, depuis la victoire de la Marne, les auto-projecteurs distribués sur toutes les parties du front, et même sur bien d'autres emplacements.

Électricité, mécanique et automobile, ces trois facteurs se trouvent partout, dans toutes les manifestations des combats modernes. Pour donner une idée des derniers types d'auto-projecteurs mis en service en France, disons que la voiture qui figurait aux manœuvres de 1913, portait un projecteur de 0 m. 60, maintenu par quatre lamelles pourvues de ressorts amortisseurs, et que cette même voiture était chargée d'un élévateur permettant de monter la lanterne à une certaine hauteur. Depuis, divers constructeurs ont établi des phares automobiles de 0 m. 90 de diamètre et des projecteurs, plus souvent employés dans les forts, qui atteignent 2 mètres de diamètre.

Il existe aussi des projecteurs à main, dont le matériel est porté par des hommes; mais ces appareils sont éclairés à l'acétylène, tandis que ceux de la marine, des forts et des automobiles emploient la lumière électrique. Les projecteurs de la marine sont installés sur divers emplacements, près des tourelles, sur le pont, à proximité des batteries; quelques-uns d'entre eux, ceux de sabord par exemple, sont déplacés, à cause de leur poids, sur des voies installées à cet effet. Certains projecteurs sont construits pour pointer au zénith; ils sont employés pour les reconnaissances aériennes. D'autres sont établis pour donner tantôt deux faisceaux divergents, tantôt une nappe lumineuse unique de 15 degrés.

Contrairement à ce qu'on pourrait croire, les projecteurs ne servent pas de cible aux feux de l'ennemi, parce que le déplacement des appareils est facile et aussi parce que le repérage d'un point lumineux même fixe ne peut être obtenu que par une triangulation délicate. Les projecteurs percent les voiles de la nuit, et ils sont difficiles à atteindre, au point qu'ils doivent être considérés comme invulnérables.

L'armée anglaise a fait, il y a quelque temps, l'expérience d'un phare projecteur automobile dont le déplacement est facile et le transport rapide. Le mérite de cet engin revient à un spécialiste, l'ingénieur J.-W. Brooke, qui a apporté un soin particulier à sa mise au point. Le châssis, tout en acier, mesure environ 6 mètres de longueur; il est disposé avec une plate-forme qui supporte un moteur à pétrole d'une puissance de 50 chevaux et une lanterne de

PROJECTEUR AUTOMOBILE.

phare très puissante. Le moteur sert à la traction de la voiture; il actionne aussi les dynamos produisant la lumière électrique pour le projecteur, appareil très soigné, qui, avec une puissance d'éclairage de 40 000 bougies, projette à une distance de 10 kilomètres un rayon lumineux mobile facile à diriger dans tous les sens. La voiture est construite pour marcher à une vitesse de 45 à 50 kilomètres à l'heure. Les roues sont du type des roues des canons, en acier avec moyeux en bronze; elles sont munies de bandages solides et disposées de manière à pouvoir circuler sur les routes défoncées, dans les chemins ruraux et même dans les terrains de culture. Quatre hommes suffisent au fonctionnement et à la manœuvre du phare ainsi qu'à la direction de l'auto. Les projections peuvent être faites en marche ou au repos. La mise en lumière des projecteurs ne demande que 50 secondes. Les rayons projetés sont d'une grande netteté, leur stabilité est absolue, ils ne souffrent pas des chocs de la marche. La voiture peut, sans qu'il soit nécessaire de la ravitailler, faire un parcours de 180 kilomètres, et la lumière peut, de ce fait, être donnée sans interruption pendant dix heures consécutives.

Les projecteurs de ces voitures, comme ceux des voitures françaises, comme ceux de la marine et tous les autres, reposent sur le même principe. Le foyer est constitué par un arc électrique, et l'on peut affirmer que Davy, en 1813, ne se doutait pas, lorsqu'il en fit la découverte, que, cent ans plus tard, le passage d'un courant à travers deux baguettes de charbon placées dans le prolongement l'une de l'autre serait si utilement employé pour les besoins des combats nocturnes. L'invention du savant anglais a été la base; les améliorations successives apportées dans l'application du principe ont permis de donner des feux électriques d'une formidable puissance aux armées en campagne.

LE PONT D'UN CUIRASSÉ.

CHAPITRE XXIV

LE COMBAT SUR MER. LE CUIRASSÉ MODERNE

○ ○ ○

La guerre navale demande encore plus que les combats sur terre une longue préparation; elle réclame de nos jours un matériel très compliqué, pour la construction et la mise en service duquel il est fait appel à la contribution des sciences les plus diverses et à la collaboration d'un grand nombres d'industries importantes. Toutes les grandes nations du monde ont, depuis de longues années, dépensé des sommes considérables pour se créer un matériel de guerre maritime et constituer des flottes composées d'unités puissantes répondant aux besoins modernes. Chacune de ces unités a un rôle différent à jouer, suivant la catégorie à laquelle elle appartient; les caractéristiques des différents types de catégorie des navires sont très différentes, elles varient suivant les espèces, et il y a lieu d'établir des distinctions bien marquées entre les vaisseaux de guerre suivant qu'il s'agit de cuirassés de ligne — dreadnoughts et superdreadnoughts, — de croiseurs de bataille, de croiseurs cuirassés, de navires éclaireurs dits croiseurs protégés, de torpilleurs d'escadre, de sous-marins ou de toute autre catégorie de navires.

Les opérations de la guerre navale se diversifient à l'infini; mais les grands combats se limitent le plus souvent à la guerre d'escadre et à la guerre de croisière; il y a de ce fait des combats de ligne, qui sont des luttes d'artillerie entre grands cuirassés, et des combats de course, qui mettent en action les croiseurs, les torpilleurs et toutes les catégories de navires de vitesse. Les Allemands ont introduit la piraterie dans la guerre navale moderne, en donnant à certains de leurs sous-marins des missions tout à fait contraires aux principes admis. Dans la guerre de 1914, les véritables combats de ligne ont surtout été des raids d'hydravions, des mouillages de mines et des expéditions de sous-marins; par contre, la guerre de croisière a donné lieu à des combats d'escadre. La guerre de course a été mise en pratique, dans bien des circonstances, pour donner la chasse à des bâtiments sans défense; elle a été employée aussi par certains navires, ne portant pas les pavillons des Alliés, qui, voulant éviter le combat, se retiraient à toute allure loin de la portée des canons. La flotte allemande restant prudemment enfermée dans ses ports, les batailles navales ont, le plus souvent, été rendues impossibles.

Au début des hostilités en 1914, quatre marines se sont trouvées en présence : celle de l'Angleterre et celle de la France, d'une part; celles de l'Allemagne et de l'Autriche, d'autre part. Les navires japonais sont ensuite entrés en action. La marine italienne s'est mise en marche à son tour, dès que les Italiens ont jugé le moment venu pour eux de prendre part à la grande lutte européenne. Quelle est la puissance de chacune de ces marines? Voilà la question à laquelle il faut répondre, avant d'examiner la fonction des grands cuirassés modernes et des autres navires de guerre.

Parlons d'abord de la flotte militaire britannique, la plus redoutable de toutes, puisque les deux plus fortes marines du monde, unissant leur puissance, arriveraient difficilement à représenter une force égale à la sienne. Le budget dépassait, en 1913, un milliard 300 millions de francs, sans compter les 500 millions consacrés à la construction de navires nouveaux. Depuis 1889, l'Angleterre a construit 56 cuirassés, dont plusieurs superdreadnoughts, 43 croisenrs cuirassés, 80 croiseurs protégés, des contre-torpilleurs, des destroyers et des sous-marins.

Les circonstances ont voulu que la flotte britannique fût prête à prendre la mer dès le début des hostilités. Le 18 juillet 1914, lors de la grande revue navale de Spithead, la plus formidable flotte que jamais la mer ait portée était assemblée. Elle couvrait une vaste superficie, s'étendant sur 12 lignes à perte de vue; elle se composait de 24 dreadnoughts, 35 pré-dreadnoughts, 18 croiseurs cuirassés et 100 navires de toutes catégories. Dès la déclaration de la guerre,

SUPERDREADNOUGHT FAISANT FEU DE TOUTES SES PIÈCES.

493 navires avaient leur personnel à bord. Le système de mobilisation de la marine anglaise est très rapide et fut simple, la flotte fut presque totalement armée et équipée en peu de jours. En août 1914, les statistiques d'un ouvrage spécial, le *Naval Annual*, attribuaient aux Iles Britannique une force maritime qui se décomposait comme suit : 54 cuirassés de ligne, 10 croiseurs de bataille, 35 croiseurs cuirassés, 92 croiseurs protégés et navires éclaireurs, 245 torpilleurs d'escadre et 74 sous-marins. L'Angleterre, au cours de l'année qui a suivi la déclaration de la guerre, a fait un effort extraordinaire : elle a terminé sur ses chantiers 14 cuirassés et, par voie de réquisition, elle en a acquis 3 autres qui étaient en construction chez elle pour le compte d'autres pays.

La coopération de la marine française à la guerre de 1914 ne s'est pas limitée à son action dans la Méditerranée et l'Adriatique et à la lutte navale dans les Dardanelles, en collaboration avec la marine anglaise. Les navires français ont protégé le passage des troupes anglaises à travers la Manche et leur débarquement sur notre territoire, comme ils ont concouru au transport protégé des troupes africaines à travers la Méditerranée. Aux débuts de la guerre, la marine française, dans ses ports ou en croisière, comptait 21 cuirassés de ligne, 18 croiseurs cuirassés, 10 croiseurs protégés, 88 torpilleurs d'escadre et 73 sous-marins. La France a terminé, au cours des douze premiers mois de guerre, 3 grands cuirassés du type dit superdreadnought : *Gascogne,* sorti des chantiers de Lorient; *Flandre*, construit à Brest; *Normandie*, sorti des chantiers de la Loire à Saint-Nazaire. Les deux premières constructions ont été faites dans les arsenaux de l'État, la troisième est due à l'industrie privée. L'effort fait en France et en Angleterre pour les constructions navales, lancements et acquisitions à la fin de 1914, n'eussent été les pertes subies, auraient porté à 95, à la fin de 1914, le nombre total des cuirassés des deux marines réunies. Les 3 nouveaux cuirassés français ont tous trois les mêmes caractéristiques. Ils déplacent 28 200 tonnes, avec une longueur totale de 176 mètres et une largeur de 27. Leur tirant d'eau est de 8 m. 85. Les 38 000 chevaux de leurs machines font tourner quatre hélices, qui donnent aux navires une vitesse de 21 nœuds. Les appareils moteurs se composent, pour chacune de ces unités, de 2 machines latérales alternatives et de 2 machines centrales à turbines. Le personnel total prévu à bord de chacun de ces grands cuirassés, est de 1 200 hommes, officiers et équipages. Le prix de revient de « l'unité » est estimé à 75 millions de francs.

Les grands cuirassés ont été considérés jusqu'ici comme des unités d'une importance exceptionnelle; au cours de la guerre de 1914-1915, ils n'ont pas eu souvent à intervenir dans la lutte pour la part active que la puissance de leur armement leur attribue logiquement. Les combats navals de la guerre russo-japonaise semblèrent cependant avoir fixé un rôle prépondérant aux puissantes forteresses flottantes; aussi, depuis une douzaine d'années, toutes les grandes nations maritimes ont-elles consacré des sommes considérables à l'étude et à la construction de ces mastodontes. Les cuirassés des principales marines militaires ont subi une transformation totale. Les dispositions générales de leurs éléments constitutifs, la puissance des canons et l'épaisseur des blindages, la force des machines, la disposition des moteurs, tout a été modifié.

CUIRASSÉ MONTRANT TOUTES SES PIÈCES DE CHASSE.

Le cuirassé de 1906, dont le déplacement variait, suivant les pays, entre 13 500 et 16 500 tonnes, a été abandonné par toutes les nations maritimes, qui, dès le lancement du « Dreadnought » par l'Angleterre en 1906, ne voulurent plus que des forteresses maritimes de 18 000 et 19 000 tonnes. On arriva ensuite aux types dits « superdreadnoughts », et les cuirassés de 22 500 tonnes, puis de 23 500 et aujourd'hui de 25 200 tonnes furent successivement considérés comme devant être le navire de guerre idéal. Le Brésil, qui ne figure cependant pas au rang des grandes puissances navales, a fait construire, en Angleterre, un immense cuirassé, *Rio de Janeiro*, dont le déplacement atteint 32 000 tonnes. En Angleterre, en Allemagne et au Japon, les derniers cuirassés de ligne construits sont de 27 500 et 28 000 tonnes.

Nous avons vu quelle était la situation des marines de guerre de l'Angleterre et de la France en août 1914; il est utile de fixer maintenant la valeur numérique des flottes militaires de l'Allemagne et de l'Autriche, et de parler de l'appoint apporté contre elles par les autres marines belligérantes, celles de la Russie, du Japon et de l'Italie.

L'Allemagne pouvait, avant la guerre, être considérée comme celle de toutes les nations maritimes qui entretenait la plus grande proportion de sa flotte en état d'armement. Au moment de l'ouverture des hostilités, la flotte de haute mer accomplissait des exercices aux abords des côtes norvégiennes; elle disposait, dans les eaux allemandes, de 21 cuirassés, dont 13 dreadnonuhts, de 3 croiseurs de combat, de 7 petits croiseurs et de 73 torpilleurs, sans parler des sous-marins. Dans ces conditions, la prudence de la marine allemande paraît d'autant plus inexplicable que, depuis de longues années, la presse de Berlin n'avait cessé de dire que l'avenir de l'empire était sur l'eau; la guerre même déclarée, les chroniqueurs maritimes affirmaient que, dans une bataille navale, un nombre considérable de navires anglais seraient détruits et que la marine britannique se trouverait poussée « dans la tombe que sir Edouard Grey a creusée pour elle ». Quoi qu'il en soit et après avoir constaté l'inaction, sans doute voulue, de la marine de guerre allemande, il faut reconnaître que l'Allemagne, en 1895, avait encore la presque totalité de son matériel naval à créer et que sa force maritime s'est singulièrement développée depuis. Il s'est créé dans ce but une Ligue navale, la plus puissante du monde, œuvre d'initiative privée qui compte plus d'un million d'adhérents, alors que l'association similaire anglaise possède un peu plus de 20 000 membres. Cela est significatif. L'état florissant de la ligue maritime allemande marque la grande popularité de l'œuvre navale officielle.

L'Allemagne, qui semble avoir terminé 4 forts cuirassés depuis le début de la guerre de 1914, se voyait attribuer, en août 1914, par le *Naval Annual* anglais, une marine composée de : 38 cuirassés de ligne, 5 croiseurs de bataille, 8 croiseurs cuirassés, 40 navires éclaireurs protégés, 52 torpilleurs d'escadre et une flottille de 21 sous-marins seulement. Ce dernier chiffre demande à être contrôlé sérieusement; car le nombre de ceux-ci a dû être ultérieurement sérieusement augmenté.

L'Autriche, qui possédait une flotte active, une escadre de réserve et une disponibilité, possédait, en août 1914, 10 cuirassés de ligne, 2 croiseurs cuirassés, 9 croiseurs protégés, 18 torpilleurs d'escadre, 14 sous-marins. A toutes ces forces, il convient d'ajouter, comme pour toutes les autres nations, les navires hors catégories et les bâtiments de faible déplacement. Par exemple, il ne faut pas confondre les torpilleurs d'escadre, plus généralement appelés contre-torpilleurs ou portant le nom de « destroyers », avec les torpilleurs proprement dits, qui tendent à disparaître de plus en plus, leur rayon d'action étant beaucoup trop limité.

La France possède 85 torpilleurs de 100 à 300 tonnes, mais surtout de 185 tonnes; l'Angleterre en a pour sa part 129, dont les plus récents étaient de 1908. La disparition de cette catégorie de navires est définitive sur nos chantiers; le théâtre des opérations navales, généralement trop éloigné des ports français et anglais, rend impos-

TORPILLE EFFLEURANT UN CONTRE-TORPILLEUR.

sible l'utilisation de ces petits navires. Les Autrichiens en possèdent 15, qui leur ont rendu de grands services dans l'Adriatique.

La marine militaire de l'Italie possédait, en temps de paix, deux escadres armées. Dans la première, se trouvait une division de 3 dreadnoughts à plein armement, une division-école, une division de croiseurs cuirassés en disponibilité, une escadrille de torpilleurs d'escadre. La deuxième escadre comptait une division de 4 cuirassés, 2 croiseurs cuirassés, 7 torpilleurs d'escadre et quantité d'autres navires. Les navires italiens jouissent d'une excellente réputation, d'ailleurs pleinement justifiée.

La Russie ne pouvait apporter qu'un concours restreint, et cela à cause de la répartition de sa flotte dans deux mers, la Baltique et la mer Noire. Quant à la flotte turque, elle était constituée en grande partie de navires allemands et de navires démodés.

Il ne faut pas oublier la marine japonaise, qui demanderait une longue étude et à laquelle il n'est possible ici de consacrer que quelques lignes. Son organisation effective remonte à 1903, époque à partir de laquelle les progammes se sont succédé et les améliorations se sont développées d'année en année. Quand le Japon entama la guerre contre la Russie, il possédait 6 cuirassés, 8 croiseurs cuirassés, 44 croiseurs moindres, 19 torpilleurs d'escadre et 80 petits torpilleurs, soit en tout 157 navires avec un déplacement total de 284 000 tonnes. En août 1914, il pouvait disposer de 3 dreadnoughts, qui, avec 12 autres forts cuirassés, lui donnaient 15 cuirassés de ligne; sa marine comptait en outre 33 croiseurs répartis, suivant leur valeur, en trois classes. Ces gros bâtiments, puissamment armés, donnaient un déplacement total de 453 000 tonnes. Parmi les catégories d'ordre moins important, se plaçaient 60 contre-torpilleurs ou destroyers (torpilleurs d'escadre), 59 torpilleurs, un certain nombre de sous-marins et un corps d'aviation.

Dans le chapitre suivant nous reparlerons des formidables forteresses flottantes, tout en examinant ce que sont les croiseurs de bataille et les autres navires de guerre.

LE « KING EDWARD VII », UN DES BEAUX REPRÉSENTANTS DE LA FLOTTE ANGLAISE.

CHAPITRE XXV

CROISEURS DE BATAILLE, GUERRE FLUVIALE ET DÉFENSE DES COTES

o o o

Nous avons dit qu'il y a une distinction essentielle à établir entre les diverses catégories de navires de guerre. Le gros cuirassé est le navire de combat en haute mer. Le croiseur cuirassé, plus rapide généralement que le cuirassé de ligne, est destiné à prendre ou à maintenir le contact avec l'ennemi; son rôle consiste parfois aussi à éclairer une escadre en marche. Le croiseur doit être à la fois un coureur rapide et un combattant de valeur; il faut qu'il joigne à ses qualités de vitesse celles d'un armement suffisant et d'une protection efficace.

Les croiseurs cuirassés ressemblent beaucoup aux cuirassés de ligne; les croiseurs protégés s'en éloignent davantage, car ces navires de guerre tirent leur protection uniquement d'un pont cuirassé établi au-dessus de la ligne de flottaison et ne portent aucun blindage sur les flancs. Les croiseurs-cuirassés des derniers types sont construits pour filer à une vitesse de 30 nœuds, tandis que les cuirassés marchent à 21, 22, quelquefois 25 nœuds. Les navires éclaireurs du type anglais *Scout* ont tellement grandi, en ces dernières années, qu'ils pourraient presque se classer dans la catégorie des croiseurs protégés, quoiqu'ils ne soient en réalité, malgré leur déplacement de 5 000 tonnes, que des destroyers d'une catégorie spéciale.

Ces distinctions établies, suivons les progrès des cuirassés de la marine française; ils sont significatifs. En 1905, *Liberté* déplaçait 14 870 tonnes. Les cuirassés du type *Danton* atteignaient 18 350 tonnes en 1910. *Paris* et *Jean-Bart*, lancés en 1912, dépassent 23 500 tonnes; les derniers cuirassés lancés, *Gascogne*, *Flandre* et *Normandie*, atteignent 25 200 tonnes, comme cela a été expliqué plus haut. L'augmentation du tonnage des cuirassés est la résultante du perfectionnement des organes de protection, de la concentration sur un même navire d'une artillerie puissante, de l'accroissement de la vitesse, qui demande des machines plus fortes. Le prix de la construction a augmenté en même temps : de 35 millions de francs, il a été porté à 50 millions, puis à 60 millions, et il atteint maintenant 75 millions de francs par unité.

Il y a vingt ans, il fallait trente-cinq mois pour construire un cuirassé; quatorze mois suffisent maintenant, en période normale, et les énormes citadelles flottantes modernes sont cependant moitié plus fortes et puissantes que celles de 1894. Le *Jean-Bart* n'est resté sur cale que quelque dix mois, et il n'a fallu que deux années pour procéder à sa construction totale et l'armer entièrement. *Charles Martel* était resté trente-cinq mois sur cale, il fut lancé en 1890; *Gaulois*, qui date de 1895, marquait un progrès avec vingt mois. *Jean-Bart*, qui est un cuirassé de 23 500 tonnes, a vu sa carcasse construite en moitié moins de temps.

Les croiseurs-cuirassés français du type *Ernest Renan*, dont la longueur atteint 157 mètres, avec un tirant d'eau de 8 m. 20, déplacent 13 700 tonnes; ils marchent à 25 nœuds avec des machines de 37 000 chevaux de force. Le croiseur de bataille anglais *Lion* déplace 25 000 tonnes et marche à 28 nœuds. Les croiseurs cuirassés des diverses marines belligérantes ont eu beaucoup à souffrir au cours de la guerre de 1914; il est vrai que cette seule catégorie de navires de guerre a eu à donner sérieusement au cours des opérations maritimes, au nombre desquelles ne figurent que peu de batailles navales dans le sens propre du mot. L'Allemagne, qui a de toutes choses une conception à elle particulière, a transformé le croiseur de dimensions moyennes pour en faire un véritable oiseau de proie; les croiseurs allemands ont été construits avec des dispositions qui leur permettent de prendre les navires de commerce et d'échapper, grâce à leur vitesse, aux vaisseaux de guerre. Jusqu'ici on avait compris le rôle militaire du croiseur, en dehors de la part qu'il peut prendre dans la bataille navale, comme celui d'un navire servant à éclairer une escadre et destiné, en même temps, à surveiller la navigation maritime commerciale et à empêcher les mouvements de la contre-bande de guerre.

Les croiseurs de bataille n'ont pas eu l'occasion de faire valoir leurs qualités; ils tiennent le milieu entre le grand dreadnought et le croiseur rapide. Leur construction donne lieu à des problèmes assez délicats; car il n'est pas facile d'associer, sur un même navire,

L' « ASKOLD », TYPE DE CROISEUR LÉGER ET RAPIDE.

la puissance de l'artillerie et la grande vitesse de la marche. L'égalité militaire n'existe pas entre le croiseur de bataille et le cuirassé; mais il y a supériorité réelle et bien marquée de ce croiseur sur les autres. Les croiseurs, depuis le grand croiseur de bataille, si voisin du grand cuirassé, jusqu'au simple éclaireur, forment toute une série de navires très divers.

Immédiatement après les croiseurs rapides et quelquefois même sur la même ligne, se placent les torpilleurs d'escadre ou destroyers, qui, avec les sous-marins, les garde-côtes et les navires de 1 000 tonnes et au-dessous, se classent sous la dénomination générale de flottille. Les bâtiments de flottille ne peuvent s'écarter en général des côtes, à la défense desquelles ils doivent être employés isolément ou en associant leur action à celle des armées de terre. La défense du littoral est une forme spéciale de la guerre navale. Les sous-marins, dont il sera longuement question plus loin, semblèrent pendant longtemps ne pouvoir être employée qu'à des opérations maritimes restreintes ; la guerre de 1914-1915 a montré que leur rayon d'action pouvait être très développé dans certains cas et leur mode d'action complètement transformé.

Depuis quelques années, les flottilles du monde entier se sont enrichies d'unités de déplacement très élevé relativement, à armement et vitesse remarquables, principalement en ce qui concerne les « Scouts » et les « destroyers », les torpilleurs et les contre-torpilleurs. Les Scouts peuvent être classés dans la catégorie des croiseurs protégés, avec lesquels ils ont des rapports très étroits; ce sont, comme leur nom l'indique, de véritables éclaireurs. Les Anglais les ont appelés, à juste raison, « the eyes of the fleet », car ces navires sont en effet les yeux de la flotte.

Dans la catégorie des torpilleurs d'escadre, navires de haute mer, la vitesse est un facteur important, mais l'artillerie n'est pas un élément moins sérieux. Le nom primitif des destroyers et des torpilleurs ne se justifie plus ; car, pour ces navires, le lancement des torpilles est devenu une opération secondaire, alors que, au contraire, les canons dont ils sont armés ont à jouer un rôle important. Le destroyer anglais *Tartar*, qui est un des navires de guerre les plus rapides, marche à la vitesse de 37 nœuds, c'est-à-dire qu'il fait plus de 67 kilomètres à l'heure. La vitesse dont ce navire est animé est plus grande que celle de la torpille qu'il lance, puisque généralement ces projectiles ne marchent qu'à 34, 35 nœuds au départ.

Le *Tartar* emploie le combustible liquide ; le pétrole s'est en effet introduit depuis quelques années dans la marine militaire ; mais il n'a pas encore détrôné la houille, qui demeure le pain noir des puissantes machines des navires de guerre. Cette constatation nous amène à dire quelques mots du ravitaillement en charbon des navires, opération de nécessité absolue, car, pour produire 30 000 à 40 000 chevaux-vapeur, il faut que les foyers des générateurs soient amplement nourris. Aussi le ravitaillement en combustible des flottes, en temps de guerre, constitue-t-il une des graves préoccupations des amirautés. Des cargo-boats spéciaux dits charbonniers prennent dans des ports puissamment installés la houille, qu'ils transportent jusqu'à l'emplacement où se trouve l'escadre. Les cargos accostent même en haute mer les divers bâtiments, et l'opération du transbordement commence sans tarder; l'équipage du navire à approvisionner est divisé en deux équipes : l'une d'elles descend dans la cale du charbonnier pour remplir les sacs et les accrocher aux câbles des grues, tandis que l'autre équipe reste à bord du navire de guerre pour recevoir les sacs et les vider dans les trappes pratiquées sur le pont et correspondant directement avec les soutes à charbon. Les sacs pleins sont transbordés par grappes de douze environ. La manœuvre se fait avec ordre et méthode, donnant couramment comme résultat l'embarquement de 120 tonnes de charbon à l'heure. Certains cuirassés, quand le transbordement s'exécute par un temps calme, obtiennent des résultats encore supérieurs; on pourrait citer, dans cet ordre d'idées, un dreadnought anglais qui fut ravitaillé en pleine mer de 1 100 tonnes de houille à raison de 249 tonnes à l'heure. Un autre cuirassé reçut dans les soutes un approvisionnement de 1 180 tonnes à une allure de 224 tonnes à l'heure. Tout ceci est fort remarquable; mais le record est détenu par le cuirassé *Implacable* de la marine anglaise, qui, il y a deux ans, en temps de paix, en vue de Malte, reçut dans ses soutes 1 050 tonnes de charbon en deux heures quarante minutes, soit à raison de 394 tonnes à l'heure.

EMBARQUEMENT DU BÉTAIL ET APPROVISIONNEMENT D'UNE ESCADRE.

L'Amirauté britannique a mis en service, il y a quelques années, pour le ravitaillement des navires en rade, un gigantesque dépôt de charbon flottant, grâce auquel il est possible de porter, en rade ou même en pleine mer à une certaine distance des ports, un approvisionnement de 21 000 tonnes de charbon, dont le transbordement se fait sur les bateaux de guerre au moyen de puissants appareils de levage. L'approvisionnement contenu dans les flancs de cet immense magasin flottant est de deux espèces : 1 000 tonnes de charbon sont transportés dans des sacs, tandis que 11 000 tonnes gisent en vrac dans les cales de ce ponton charbonnier, divisées en compartiments cloisonnés. Tous les appareils de levage, mus par l'électricité, fonctionnent en même temps ; ceux qui opèrent avec les sacs, de même que ceux qui soulèvent les fortes bennes métalliques, les sortent du dépôt flottant et les descendent dans les soutes des cuirassés. Les appareils de levage, au nombre de quatre, sont répartis à égale distance sur le pont; leurs immenses tours carrées, sur lesquelles se raccordent de longs bras métalliques, se déplacent suivant les besoins. L'ensemble de ces quatre appareils comporte 12 élévateurs-transporteurs et 84 transbordeurs, grâce auxquels le ravitaillement se fait à raison de 500 tonnes à l'heure.

On a créé maintenant des dispositifs de ravitaillement en combustible liquide, l'usage des résidus de pétrole (pour les appeler par leur nom) s'accusant comme des plus avantageux, notamment au point de vue de la diminution de l'émission de la fumée et de la rapidité d'accélération de marche par accroissement de la production de vapeur.

Le combustible liquide n'a été employé jusqu'ici, le plus souvent, que sur les navires de petit tonnage, bien qu'on tende à le généraliser dans la flotte anglaise. Nous le trouvons, sans parler des sous-marins et des submersibles, à bord d'une quantité de canonnières, de garde-côtes et de petits bâtiments français, anglais.

L'essence et le moteur à explosion conviennent parfaitement aux flottes fluviales militaires; car, à toutes les époques, on s'est battu sur les fleuves et les grands cours d'eau.

La flotte autrichienne du Danube, par exemple, comprenait, en août 1914, huit monitors, dont deux de 310 tonnes avaient l'âge vénérable de quarante-trois ans, portaient un canon de 120 millimètres et marchaient à une vitesse de 8 nœuds. Les deux monitors les plus modernes datent de 1914; ils déplacent 536 tonnes. L'artillerie est composée de 5 canons de 120, deux de 70 et six mitrailleuses; quant à la vitesse, 15 nœuds semblent être un maximum. En dehors des monitors, la flotte fluviale autrichienne comprenait : six « patrouille-boots » de 15 à 36 tonnes armées de mitrailleuses, un certain nombre de mouille-mines de 1 400 tonnes, et quelques drague-mines.

La guerre fluviale a un caractère particulier, qui se modifie suivant les emplacements et les régions où elle se pratique; elle constitue souvent une des phases de la guerre coloniale. Pour la guerre fluviale aux colonies, on se sert de toute une série de navires spéciaux, et, entres autres, des canonnières démontables chauffées au bois, dont le type anglais *Widgeon* est un modèle du genre très perfectionné.

Le combat fluvial se rattache indirectement à la guerre navale, tandis que la défense des côtes est bien, au contraire, une des manifestations de la guerre maritime. Nous parlerons, au chapitre suivant, de l'emploi de l'artillerie dans la défense des frontières maritimes; mais, en dehors de l'action des forts et des défenses côtières contre un ennemi flottant, il y a la surveillance du littoral par les navires de toutes catégories, dits garde-côtes, qui doivent exercer, en temps de guerre, un service constant d'éclairage et de reconnaissance. Les moyens mis à la disposition des préfets maritimes et de leurs subordonnés immédiats, les commandants du front de mer, sont : les éléments flottants, les moyens de défenses fixes et d'information, les lignes de torpilles, projecteurs et postes de reconnaissance, phares, sémaphores, etc., les batteries de côtes. Pour la défense des côtes, la collaboration entre l'armée de terre et la marine est des plus fréquentes.

EMBARQUEMENT DU CHARBON A BORD D'UN NAVIRE DE GUERRE.

La collaboration entre la marine et les armées de terre s'est particulièrement fait sentir, lors des batailles livrées en octobre 1914 le long du littoral de la Belgique, lorsque les monitors anglais — monitor signifie « prends garde » — firent d'excellente besogne. Ces navires, qui, par leur formes et leurs dispositions, sont presque invulnérables à l'artillerie, sont armés de puissants canons et bien protégés contre les coups de l'ennemi; la faiblesse du tirant d'eau et du volume déplacé leur permet d'évoluer dans des eaux peu profondes et de ne guère craindre les mines flottantes. Les monitors anglais employés sur les côtes belges contre les troupes allemandes avaient, avant la guerre, été construits à Parrow, pour servir au gouvernement brésilien, qui devait les employer sur les rivières. Ces navires ont 85 mètres de longueur, avec un déplacement de 1 260 tonnes; ils calent 2 m. 80.

Leur vitesse, qui est seulement de 11 nœuds 1/2, est compensée par la force de la cuirasse et la puissance de l'armement, constitué par deux canons de 162 millimètres, deux obusiers et deux petits canons.

Le rôle de ces bateaux à faible tirant d'eau, et pourtant susceptibles de porter quelques grosses pièces de canons au proche voisinage des côtes, en offrant un but restreint au tir de l'ennemi, en n'étant guère atteignables par les mines flottantes ni les torpilles automobiles, s'est accusé encore dans l'expédition des Dardanelles et contre la presqu'île de Gallipoli. Ce sont comme d'énormes caisses métalliques solidement cuirassées, dépassant à peine la surface de l'eau, mais servant d'affût et de protection à quelques énormes canons.

CANON A TIR RAPIDE A BORD D'UN NAVIRE ANGLAIS

CHAPITRE XXVI

L'ARTILLERIE NAVALE

o o o

L'ÉVOLUTION de l'artillerie de bord a été marquée, durant ces vingt-cinq dernières années, par des progrès admirables. Le but assigné de tout temps au canon de marine a été de détruire le cuirassement ou la protection du navire ennemi, pour en atteindre les organes vitaux et mettre le navire hors de combat. Couler en quelques instants un cuirassé dont la construction a demandé près de deux années; jeter au fond de l'Océan une forteresse flottante dont le prix de revient atteint aujourd'hui quelque 80 millions, pour les superdreadnoughts modernes; telles sont les visées de l'artillerie de marine, qui cherche aussi, en dehors du combat naval proprement dit, à atteindre les forts des côtes et à les démolir.

Les statisticiens, au début de la guerre, attribuaient aux trois flottes réunies de la Triple-Entente 158 unités cuirassées prêtes au combat, d'un déplacement total de 2 millions 306 000 tonneaux. Cette importante marine de guerre mettait au service des Alliés, défenseurs du Droit, 132 canons de 343 millimètres, 426 canons de 305, 16 canons de calibres divers variant entre 274 et 254, 72 pièces de 240, 120 pièces de 234 et 50 pièces de 203, sans compter les petits canons à tir rapide et les autres pièces de catégories diverses. La Triple-Entente disposait donc de 816 canons de gros calibre et de 1 933 pièces de moindre puissance. Les calibres de ces derniers varient entre 190, 164, 150, 134 et 100 millimètres. Ces effectifs, dont l'exactitude absolue ne peut être garantie, montrent la grande importance de l'artillerie de marine de l'Angleterre et de la France surtout, car la Russie n'a apporté à ces importants totaux que le faible appoint de 162 pièces, tandis que la France en comptait 745 sur ses navires et l'Angleterre 1 922, dont 560 de gros calibre.

L'artillerie de la flotte du Droit avait une supériorité bien marquée sur celle de la marine des pays de « Kultur ». La même statistique attribuait à l'Allemagne, en août 1914, 352 gros canons et 656 pièces secondaires; quant à l'Autriche, on estimait à 109 le nombre de ses pièces de 305 et 240 millimètres et à 203 le nombre de ses autres canons de marine.

Les canons français de 305 millimètres, après les perfectionnements successifs qu'ils ont subis, sont considérés comme une des meilleures pièces de marine; nous les trouvons encore dans l'artillerie des dreadnougths français *Paris* et *Jean-Bart*; mais les cuirassés construits depuis, types *Lorraine*, sont munis de canons de 340 millimètres, dont le calibre était très en faveur chez les constructeurs anglais depuis longtemps déjà.

Les canons de 305 des cuirassés *Patrie* et *République*, types 1904, ont 14 mètres de longueur et pèsent 60 000 kilogrammes, sans compter l'affût, le berceau et la plate-forme; ce sont de fort belles pièces, qui lancent à 7 000 mètres de distance des projectiles de 340 kilogrammes. Sans augmenter le diamètre, on a renforcé la pièce; on lui a donné une plus grande puissance, pour en armer les cuirassés du type *Danton*, qui tirent à 10 000 mètres. Ces canons, que nous trouvons enore sur la plupart des cuirassés construits depuis, lancent des obus de 410 kilogrammes, partant avec une vitesse initiale de 825 à 875 mètres à la seconde, c'est-à-dire que dix secondes leur suffisent pour atteindre, à 9 ou 10 kilomètres, le but visé.

Les canons de 340, qui ont été inaugurés sur *Lorraine* et *Bretagne* et dont sont dotés les cuirassés lancés pendant la guerre de 1914, *Flandre* et *Normandie*, mesurent 18 mètres de longueur, pèsent, sans leurs accessoires, le poids gigantesque de 80 000 kilogrammes. Leurs projectiles, dont le poids atteint 580 kilogrammes, percent à 10 kilomètres de distance des plaques d'acier de 30 centimètres d'épaisseur. Le prix de revient de la pièce de 305 ou de 300 est de 400 000 francs, et chaque coup qu'elle tire donne lieu à une dépense de 4 690 francs, tout compris, notamment l'usure si rapide. Le coup de canon de 34 centimètres coûte, tout compris également, 5 770 francs.

Les cuirassés des types *Patrie* et *République* ont une artillerie qui, quoique puissante, semble insuffisante aujourd'hui; une simple comparaison avec *Paris* et *Jean-Bart* explique les progrès accomplis, en ces dix dernières années, par l'artillerie navale et montre la redoutable puissance des canons de marine à l'heure

CANON DE MARINE POUR LE TIR CONTRE AÉROPLANE.

actuelle. Il y a une dizaine d'années, les cuirassés d'escadre, navires de premier rang, portaient 4 canons de 305 placés dans des tourelles d'extrémité, 18 canons de 164, 13 canons de 65 et 10 de 47 millimètres. Cette artillerie était répartie sur les divers points du navire pour permettre le tir dans tous les sens. Sans nous arrêter aux *Danton* et autres navires de cette catégorie, arrivons aux *Jean-Bart*, lancés en 1912, dont l'artillerie principale se compose de 12 canons de 305, disposés par deux en six tourelles, qui elles-mêmes sont placées comme suit : deux tourelles superposées, à l'arrière; deux tourelles, également superposées, à l'avant; enfin, deux tourelles latérales. Cette disposition permet d'obtenir un tir en chasse et en retraite avec huit pièces, et un tir en travers avec dix pièces. L'artillerie secondaire des *Jean-Bart* se compose de 22 canons de 140, répartis à raison de 11 par chaque bord et formant 8 sections de tir, et de 4 pièces de 47 millimètres à tir rapide placées sur la tourelle de l'avant. Quant aux deux grands cuirassés lancés pendant la guerre de 1914, leur artillerie se présente comme suit. Les arsenaux de Brest dotèrent *Flandre* de 12 canons de 340 millimètres en trois tourelles quadruples, de 24 pièces de 133 et de 4 pièces de 47 millimètres, sans parler des tubes lance-torpilles. L'artillerie de *Normandie* consiste en 12 canons de 340 millimètres répartis en 3 tourelles quadruples axiales, 24 canons de 140 millimètres et 6 tubes lance-torpilles sous-marins. Le groupement de 4 pièces en une tourelle fait beaucoup gagner sur le poids total.

Les canons de 305 et 340 atteignent des portées très grandes qui ne sont pas souvent nécessaires dans le combat naval, mais qui peuvent être demandées à ces pièces à titre exceptionnel, et aussi quand elles sont employées à terre avec des affûts disposés pour donner à ces canons une inclinaison de 40 degrés, comme nous l'indiquons par ailleurs; sur les navires de combat, l'angle de tir maximum est de 14 à 16 degrés et les portées extrêmes atteignent 16 000 à 24 000 mètres, distances qui n'ont le plus souvent aucun intérêt dans la lutte entre deux escadres.

Sur mer comme sur terre, le projectile, dans ses transformations diverses, a remporté une véritable victoire contre les blindages. L'évolution s'est faite comme nous l'expliquons dans le chapitre des Projectiles. Les techniciens de la balistique navale se sont mis d'accord, en 1909, lors des tirs contre la coque de l'*Iéna*, pour reconnaître que, dans la fabrication des obus, il ne faut rien sacrifier du pouvoir perforant à la capacité en explosif. La coiffe du projectile est une trouvaille géniale.

Les tourelles dans lesquelles sont logées les grosses pièces de marine sont de puissantes casemates d'acier fortement blindées, tournant sur une série de galets répartis autour de la circonférence inférieure. Il y a quelques années elles étaient mobiles sur pivot. Les tourelles communiquent directement avec les soutes un moyen d'une tour cylindrique en acier blindée, dans laquelle fonctionne le monte-charge amenant, suivant les besoins du tir, les obus et les gargousses à poudre. Toutes les manœuvres sont faites électriquement ou hydrauliquement, aussi bien pour le mouvement et la marche des tourelles que pour le déplacement et le pointage des canons et pour le fonctionnement des monte-charge à projectiles.

Les soutes à munitions des derniers cuirassés construits ont été installées avec un soin particulier. A bord du *Paris*, par exemple, et de tous les cuirassés des types suivants, chacun des trois groupes de soutes à poudre est muni d'un appareil de noyage unique permettant d'inonder en même temps toutes les soutes du groupe ou, par un jeu de robinets, chacune d'elles séparément. Les manœuvres des canalisations de noyage se font maintenant le plus simplement du monde; il fallait autrefois, sur certains bâtiments, exécuter la manœuvre d'une soixantaine de robinets ou vannes diverses. Les appareils de noyage actuels sont doubles à bord des navires : une première canalisation est installée sur le pont cuirassé, à l'abri des coups des projectiles; l'autre est placée sur le pont supérieur. La

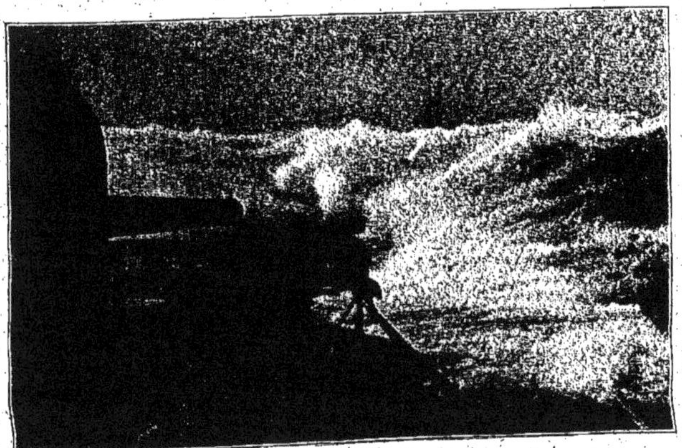

LA MER DÉFERLANT SUR L'ARRIÈRE D'UN BATEAU DE GUERRE.

première conduite doit servir en cas d'incendie pendant le combat; la seconde est toujours facilement accessible en toutes circonstances. Des dispositifs de refroidissement sont également prévus pour empêcher une élévation dangereuse de la température des poudres.

Il nous reste à dire quelques mots de la cuirasse, qui, avec les tourelles, forme la protection du navire de guerre moderne. Le blindage d'un cuirassé est formé par la cuirasse de flanc, qui protège le navire au-dessous et au-dessus de la ligne de flottaison, jusqu'à une certaine profondeur, et par la couverture métallique du pont.

La ceinture cuirassée est la plus importante partie du cuirassement; sa fabrication réclame une attention particulière et des soins méticuleux. L'épaisseur a son importance; mais la composition surtout du métal a une valeur encore plus grande. L'étude des diverses marines de guerre est pleine d'enseignements à cet égard; on y constate qu'à chaque progrès du canon correspond une augmentation d'épaisseur des blindages; le perfectionnement du canon amène aussitôt une amélioration correspondante dans la qualité de l'acier employé pour les blindages. Il y a dix ans une cuirasse de 23 centimètres d'épaisseur offrait une garantie suffisante. Aujourd'hui les cuirassés français portent des blindages de 275 à 300 millimètres, sinon de 320. Les grands navires italiens se contentent de 25 centimètres, tandis que les États-Unis réclament 28 centimètres, que l'Allemagne veut 30 centimètres, et que l'Angleterre, le Japon, l'Argentine et le Brésil cherchent généralement une épaisseur de 305 millimètres. On tend à donner au navire, en épaisseur de cuirasse, le calibre de ses canons principaux.

Augmenter l'épaisseur de la cuirasse, c'est donner un poids beaucoup plus élevé au navire et mettre les constructeurs, sous peine de diminuer la vitesse, dans l'obligation de donner aux machines une puissance toujours plus grande. C'est pourquoi on s'efforce de maintenir une épaisseur logique en donnant à l'acier des qualités de résistance plus fortes, par durcissement superficiel notamment. Les cuirassés *Bretagne* et *Provence*, pour ne parler que de ceux-là, ont leurs flancs recouverts en acier spécial par plaques de 27 centimètres d'épaisseur, descendant à 2 m. 40 sous la ligne de flottaison et montant à 2 mètres au-dessus. Cette bande métallique s'étend, comme sur tous les autres cuirassés en service, de l'avant à l'arrière sur les deux bords du navire.

Le pont, qui est construit en dos d'âne, ne peut recevoir les projectiles, en raison de sa forme, que sous une faible incidence; les plaques d'acier qui le protègent sont donc moins épaisses que celles du revêtement vertical. Sous la cuirasse du pont, il en existe une seconde, appelée « pont pare-éclats », destinée à arrêter les éclats des projectiles, qui, ayant fait une brèche dans la première cuirasse, chercheraient à pénétrer à l'intérieur du bâtiment et à atteindre ses divers organes.

SOUS-MARIN EMBARQUANT DES TORPILLES.

CHAPITRE XXVII

TORPILLES ET SOUS-MARINS

∘ ∘ ∘

Le sous-marin actuel est une des inventions les plus audacieuses que la science et l'industrie aient mises au point pour l'appliquer aux besoins de la navigation militaire. Cette catégorie de bâtiments n'avait jusqu'ici joué qu'un rôle insignifiant dans la guerre; leur action avait été presque nulle dans les combats navals de la guerre russo-japonaise. Il a fallu qu'éclatât la guerre de 1914 pour que le sous-marin prît une place considérable, imprévue, faite de surprises, si ce n'est pour les marins du moins, pour le grand public et les profanes. Fulton, dès 1800, disait que les sous-marins assureraient la liberté des mers; il ne croyait certes pas que, quelque cent ans après, sa prédiction serait étrangement renversée. Bauer, cet autre précurseur de la navigation sous-marine, prophétisait, en 1855, la disparition des grands cuirassés. « Les colosses de la marine, disait-il, se rapprochent de leur tombe de jour en jour; le prochain siècle verra se terminer cette lutte mortelle entre ces monstres et les modestes sous-marins. » Fulton et Bauer seraient bien surpris, s'ils revenaient, de voir à quel point en est arrivée la navigation sous-marine. Jules Verne, s'il avait vécu, serait encore plus surpris en constatant que les récits fantastiques des péripéties du voyage du *Nautilus* vingt mille lieues sous les mers ne sont plus très éloignés de la réalité; c'est presque la réalisation des affirmations du grand spécialiste anglais Sir Percy Scott, à la veille de la guerre de 1914.

Les types de sous-marins sont nombreux; les perfectionnements en ont été, en ces quinze dernières années, absolument remarquables. Les navires actuellement en service dans les diverses marines du monde, et principalement chez les nations belligérantes, ont acquis une valeur militaire et des qualités navales très supérieures. Les caractéristiques des sous-marins et des submersibles sont en général connues; mais il est difficile de fixer des données certaines en ce qui concerne les sous-marins corsaires que les Allemands ont employés, dès le début de la guerre, à des expéditions de piraterie contraires aux principes maritimes universellement adoptés.

La France fut la première des nations qui construisirent des sous-marins et même des submersibles (le submersible se caractérisant par des dimensions plus fortes, une meilleure navigabilité en surface); elle occupait, en août 1914, la meilleure place dans les statistiques mondiales, tant en ce qui concerne le nombre que la valeur maritime des navires de ce genre. Le plus grand des sous-marins français était alors le *Gustave Zédé*, qui, mis à l'eau peu de temps avant à Cherbourg, avait un déplacement de 800 tonnes et un rayon d'action très respectable.

Dans les milieux maritimes, on ne considérait pas comme devant donner des résultats pratiques le projet de l'Amirauté russe, qui avait conçu, bien avant la guerre, la création d'un immense submersible, le premier du genre, puisqu'il s'agissait en somme d'un véritable croiseur sous-marin. Ce navire devait mesurer 122 mètres de longueur, 10 m. 50 de largeur et 9 mètres de tirant d'eau en immersion; il devait pouvoir marcher à une vitesse de 24 nœuds en surface et de 14 nœuds en plongée. Deux machines à explosion, développant chacune 1 800 chevaux de force, auraient à servir pour la navigation en surface, tandis que des moteurs électriques de 4 400 chevaux seraient utilisés pour la marche en immersion. Mais il n'était question que d'un projet; et, quand la guerre éclata, les grands submersibles russes n'étaient pas encore en chantier.

Les plus anciens sous-marins français actuellement en service sont ceux du type *Morse*, mesurent 36 mètres de longueur et déplaçant 146 tonnes; ce sont des petit *Zédé* modifiés et transformés. D'autres modèles, genre *Gnome*, perfectionnement des *Morse*, mesurent 41 mètres de longueur avec un déplacement de 185 tonnes. Nous possédons ainsi toute une flottille — une vingtaine environ — de petits sous-marins de 23 mètres de longueur et de 68 tonnes,

SOUS-MARIN NAVIGUANT LE CAPOT OUVERT.

destinés à garder l'entrée des ports de commerce et à surveiller les côtes. On avait, en outre, avant la guerre, réparti sur les divers points de nos frontières maritimes toute une série d'autres modèles, propulsés par deux hélices actionnées par des moteurs à explosion; ils déplaçaient 168, 202, 214 et 390 tonnes et mesuraient respectivement 37, 40, 41 et 45 mètres de longueur.

Les submersibles du dernier type construit *Archimède* sont des navires de 60 mètres de longueur, qui déplacent 577 tonnes, quand ils naviguent en surface, et 810 tonnes en plongée. Ces bâtiments accusent de grands progrès sur leurs précurseurs, tant en ce qui concerne leur valeur maritime que leur puissance militaire. Les aménagements intérieurs, très perfectionnés, donnent un confort beaucoup plus grand à l'équipage, qui mérite bien qu'on s'intéresse à son sort.

Si importantes que soient les améliorations apportées, tant que les machines électriques n'auront pas définitivement remplacé les moteurs à essence, la température à bord des sous-marins et des submersibles demeurera plutôt gênante, la durée de la marche en immersion assez limitée. Dans la situation actuelle, comme il est difficile d'éviter complètement les fuites, l'atmosphère intérieure est viciée. Les marins anglais embarquent à bord de petites souris blanches, très sensibles aux effets des gaz; elles signalent par des malaises significatifs ces émissions de gaz et avertissent du danger qui menace.

Avant la guerre de 1914, la généralité des sous-marins accusaient des vitesses de 15 nœuds en surface et de 10 nœuds en plongée. Il ne semblait pas qu'il fût possible de faire de ces navires des engins assez puissants pour aller chercher l'ennemi en haute mer et faire de longues croisières sur les grands chemins maritimes. Les sous-marins allemands employés comme corsaires, prouveront sans doute que le rôle de cette catégorie de navires est tout différent de celui qui lui avait été attribué, puisque, si ces renseignements sont exacts, les sous-marins complices de la piraterie allemande déplaceraient 1 200 tonnes et que d'autres, plus récemment construits, déplaceraient de 1 500 à 2 000 tonneaux.

Le rayon d'action donné aux sous-marins allemands renverse tous les principes établis jusqu'ici. On considérait en effet que les approvisionnements étaient limités par le manque d'espace disponible; le combustible, quel qu'il fût, était réduit à des quantités modestes. Et l'on disait : les submersibles et les sous-marins deviendront difficilement des navires d'escadre; petites dimensions et faiblesse de tonnage font qu'ils ne peuvent être que des petits bateaux sur le vaste océan; leurs dispositifs les exposent, encore plus que les forteresses flottantes, à toutes sortes de dangers. On a pu évidemment depuis les doter de moteurs Diesel à explosions de grande puissance.

Quelle est la valeur que, en toute logique, on peut attribuer à ces navires? M. C. W. Domville-Fife, dont les jugements sur les questions maritimes font autorité en Angleterre, nous a fourni la réponse. A son avis, les sous-marins corsaires de la marine allemande seraient des bâtiments tout récemment construits pour la course. Des moteurs à essence de 2000 chevaux leur donneraient une vitesse de 18 nœuds et permettraient au navire de couvrir, sans se ravitailler, une distance totale de 650 kilomètres. Leur armement se composerait de 4 tubes lance-torpilles; ne pas oublier du reste que, même avant la guerre de 1914, on avait un peu partout commencé de doter de canons à éclipse les ponts de submersibles.

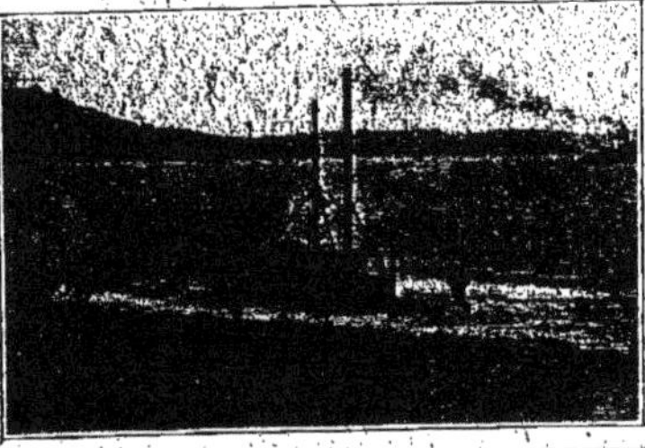

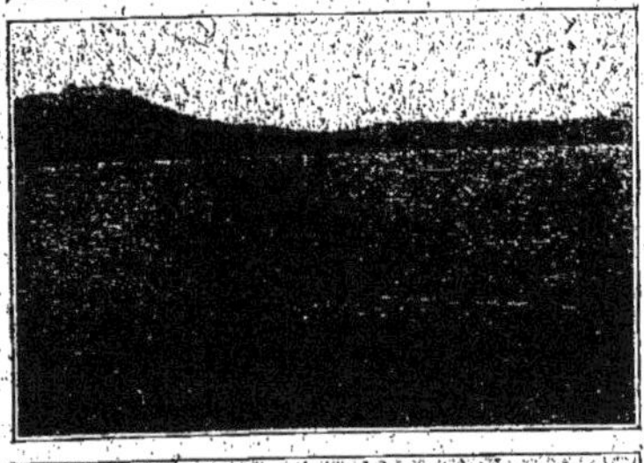

TROIS ASPECTS SUCCESSIFS D'UN SOUS-MARIN AU MOMENT DE LA PLONGÉE.

Il est bon de se rappeler qu'on peut citer à l'actif des sous-marins français des voyages de 900 kilomètres en 60 heures. On peut même constater quelques croisières des sous-marins de notre flottille démontrant une grande endurance et, entre autres, celle du *Papin*, de 400 tonnes, qui a couvert, en 22 journées, 3700 kilomètres, dont une partie fut parcourue par mauvais temps. La traversée de Rochefort à Oran fut faite sans escale, ce qui constituait le record de la distance sans arrêt. Les sous-marins anglais et américains font, à tout propos, des parcours de 600 kilomètres. Les sous-marins français de 400 tonnes du type *Archimède*, ont une capacité de parcours de 3200 kilomètres, et les autres, de 400 tonnes, ont un rayon d'action de 1250 kilomètres. En 1913, on parla beaucoup, dans les milieux maritimes, du voyage d'un sous-marin allemand du type U, qui était allé de Héligoland à Kiel, couvrant ainsi un trajet de 940 kilomètres. Cette randonnée aurait dû d'ailleurs nous donner à réfléchir.

L'œuvre du sous-marin, c'est le torpillage, ou, autrement dit, le lancement de torpilles, opération qui se fait au moyen de tubes qui envoient ces redoutables projectiles à 2 000 mètres de distance couramment, et souvent à 8, 9 kilomètres pour certains types. Les torpilles, qui contiennent jusqu'à 100, 120 kilogrammes d'explosif, voyagent au-dessous de la surface des flots à une vitesse de 80 kilomètres à l'heure pour une portée modeste et de 50 pour les grandes portées; leur marche est réglée par des gyroscopes et des gouvernails commandés automatiquement. Ces torpilles d'usage courant dites automobiles sont pourvues d'un moteur à air comprimé et d'un propulseur. Leur profondeur d'immersion demeure constante, 3 mètres à 3 m. 50. Elles ne reçoivent au départ que l'impulsion juste suffisante pour leur faire atteindre le niveau de l'eau, où elles progressent ensuite grâce à leur hélice double. A l'avant est le cône de charge, contenant la charge d'explosif. L'explosion sera assurée par le choc contre la coque du navire à torpiller.

On estime à 20 p. 100 la probabilité de succès de tir de la torpille, qui coûte de 16 000 à 18 000 francs et dont la dépense de charge et de lancement ne dépasse pas 650 francs. Sous-marins et torpilles sont des engins terriblement dangereux quand ils se complètent l'un par l'autre; ils ont, dans la guerre moderne, montré leur terrible puissance de destruction. Toutefois la visée en est très difficile à grande distance, ce qui explique la supériorité du sous-marin pour le tir des torpilles. On commence d'en utiliser qui ont 533 millimètres de diamètre, et en conséquence apportent une quantité d'explosif formidable le long des flancs du navire ennemi. De là les ravages causés, notamment sur un bateau de commerce!

PRÉPARATION D'UNE MINE FLOTTANTE.

CHAPITRE XXVIII

MINES SOUS-MARINES, TORPILLES FIXES

o o o

Nous venons de voir que le bateau sous-marin constitue un instrument de combat particulièrement redoutable à notre époque; si bien même que certains techniciens se sont demandé si le grand bateau de guerre n'était pas destiné à disparaître rapidement, à cause de l'impossibilité où il serait de se défendre contre les attaques imprévues du bateau sous-marin. Ce qui fait d'ailleurs la puissance de ce dernier, ce ne sont point les petits canons dont il peut être muni, et qui lui permettront de triompher tout au plus d'un bateau de commerce, quand on se livre à la piraterie comme l'ont fait les Allemands. C'est la torpille automobile et dirigeable qu'il peut lancer à très faible distance, et presque sans révéler sa présence.

Mais si la torpille automobile est essentiellement redoutable, il ne faut pas oublier non plus les torpilles fixes ou les mines sous-marines, comme on les appelle également. Elles ont été mises à contribution tout d'abord et de la façon la plus intense par les

Allemands, dont les flottes demeuraient à l'abri sans oser sortir de leurs bases navales; les Allemands en ont parsemé les parages les plus divers, aux dépens du commerce et de la navigation neutres, à plus forte raison des bateaux de commerce ennemis, la mine sous-marine étant un instrument aveugle qui frappe sans distinction ceux qui viennent à son contact. Normalement la mine sous-marine est faite pour créer des barrages à l'entrée d'un port que l'on veut défendre contre les incursions de l'ennemi, avertissement étant donné aux neutres de ne point se hasarder dans les parages ainsi défendus. Le caractère de cette mine sous-marine est d'être fixe, ancrée en un endroit déterminé; il est vrai que les Allemands ne se sont point fait faute d'en lancer à la dérive, suivant leurs méthodes habituelles, pour qu'elles soient susceptibles de frapper au petit bonheur les navires qu'elles rencontreront, et dans le but toujours de répandre la terreur.

Sauf peut-être lors de la guerre russo-japonaise, la mine sous-marine, qui ressemble considérablement de par sa disposition, son fonctionnement, ses ravages possibles, à la torpille automobile, et mérite par suite le nom de torpille fixe, n'avait guère fait merveille. Elle a contribué à donner son caractère à la guerre de 1914-1915, d'autant que les puissances alliées ont été obligées d'imiter quelque peu l'Allemagne, sans violer comme elle outrageusement les conventions internationales, mais afin de se défendre et d'arrêter, tout au moins de gêner, les flottes allemande. autrichienne, turque.

Aussi bien la torpille s'est jadis présentée d'abord sous la forme de torpille flottante et fixe, une fois que l'on a été sorti de la période de début, après ce fameux siège d'Anvers de 1585, où l'on avait utilisé des engins abandonnés au courant, formés d'une sorte de petit bateau plein de poudre à canon, et qui venait, tant bien que mal, au contact des installations ennemies à détruire, notamment des ponts. On recourait à un mécanisme d'horlogerie pour déterminer l'explosion au bout d'un certain temps, correspondant à la période que l'on jugeait nécessaire pour que l'engin vînt dans les environs de ces installations. L'appareil ne s'est réellement perfectionné que du moment où l'on a pris des précautions pour que son explosion ne se fasse plus en surface, mais bien à une certaine profondeur sous l'eau : dans ce dernier cas, l'explosion se produisant sous un matelas d'eau à peu près incompressible et constituant un véritable bourrage, la violence de cette explosion se transmet entièrement à la coque du bateau par exemple que l'on veut attaquer, et qui se trouve défoncée par la violence du choc. Nous n'avons point du reste à faire l'historique de ces engins, cela nous entraînerait beaucoup trop loin. Un autre perfectionnement considérable s'est réalisé le jour où l'explosion de la charge fut assurée par le contact avec la carène du bateau à torpiller. Dans ces conditions, on était sûr que l'explosion se produisait dans les meilleures conditions possibles, avec ses résultats les plus violents.

Tandis que l'on tendait peu à peu à construire le bateau sous-marin, qui devait être si redoutable, que tout d'abord on avait imaginé le bateau porte-torpilles amenant la torpille au contact même du navire au bout d'un bras spécial, puis le torpilleur, ou tout au moins le bateau doté d'un tube de lancement projetant la torpille

BALAYAGE DES MINES PAR DES CHALUTIERS.

automobile susceptible, comme nous l'avons vu, de venir, grâce à son mécanisme, de façon automatique, frapper un navire se trouvant à certaine distance; on avait peu à peu aussi perfectionné les torpilles. C'est ainsi que l'on avait imaginé les torpilles dites de blocus, posées à l'avance dans tels ou tels parages, et dont l'inflammation est assurée depuis un poste de surveillance quand on voit un navire ou une flotte ennemis arriver dans ces parages. Ces mines sous-marines dormantes, que l'on appelle quelquefois torpilles de fond, sont de moins en moins employées, parce qu'elles nécessitent l'installation du poste à terre, qu'elles réclament un personnel assez nombreux surveillant la région où les mines sont immergées, afin de les enflammer électriquement au moment voulu, quand un navire passe dans leur voisinage. On les dispose sur une ou plusieurs lignes parallèles ou en quinconce, la position de chacune d'elles est parfaitement repérée sur une carte dont les observateurs du poste à terre ont une production sous les yeux, et ils visent véritablement les bâtiments cherchant à traverser les lignes de torpilles. Leur besogne est facilitée par des installations électriques. Mais il y a là toute une complication, notamment dans la nécessité d'un système de conducteurs pour chacune des torpilles. De plus, les observateurs peuvent être gênés par le brouillard, par la nuit, ne pas voir arriver un bateau ennemi au moment voulu.

Les mines sous-marines que l'on emploie maintenant, que l'on a également employées en grande quantité dans la guerre russo-japonaise, sont du type vigilant à inflammation automatique, quand elles viennent au contact d'une coque de navire, ou plutôt que la coque du navire vient se heurter contre elles. En 1904-1905, les Russes et les Japonais en avaient posé quelque 5 000 aux environs de Port-Arthur; c'est une de ces mines sous-marines qui entraîna la perte du fameux cuirassé russe *Petropavlosk* et de l'amiral Makharoff. Une série de navires russes et de navires japonais furent coulés par de ces mines vigilantes; elles ont contribué à bloquer Vladivostok, tandis que les Russes en avaient posé une série dans la baie de Salien dont les Japonais eurent beaucoup de peine à se débarrasser. Notons en passant que ces mines dormantes et dites fixes présentent toutefois des tendances tout à fait regrettables à se déplacer, à se laisser entraîner par le courant, parce que leur ancrage cède, et qu'elles deviennent vagabondes et dérivantes. C'est ce qui s'est un peu passé pendant la guerre russo-japonaise. En 1914-1915, les Allemands ont cultivé cette façon de faire la guerre à n'importe qui, et ils ont d'ailleurs posé des mines en dehors des zones territoriales.

Les mines sous-marines flottantes et en principe fixes sont immergées entre deux eaux, à bonne profondeur, à environ 3 mètres de la surface de l'eau, de façon à ce que le bourrage fonctionne. Elles sont mouillées, fixées sur un crapaud, une masse de fonte reposant sur le fond, s'opposant au mouvement ascensionnel complet de la mine, qui la rendrait visible et moins redoutable, comme nous l'avons expliqué. L'enfoncement au-dessous de la surface est une question de première importance; il est réglé avec précision, et il ne varie pas très sensiblement en dépit des marées. C'est d'ailleurs grâce à cet enfoncement moyen de 3 mètres, que l'on peut réussir, avec des bateaux à faible tirant d'eau, à passer par-dessus les mines sous-marines et à les draguer, sans que les bateaux dragueurs puissent s'éventrer sur les mines mêmes qu'ils sont chargés d'enlever. Ces mines n'ont point non plus d'action sur les petits navires de guerre à faible tirant d'eau, tout simplement parce que la coque de ceux-ci ne descend pas assez profondément dans l'eau pour venir au

EXPLOSION D'UNE MINE.

contact du redoutable engin. On a imaginé dans différents pays des régulateurs d'immersion qui maintiennent l'enfoncement de 3 mètres à la mine sous-marine, en dépit des oscillations de la marée. On peut du reste mouiller ces mines flottantes par des profondeurs d'eau très variables; on va actuellement jusqu'à 200 mètres, et on prétend que les Allemands auraient réussi à mouiller ces torpilles fixes par des profondeurs de 300 mètres, nous voulons dire dans des régions de la mer où le fond se trouvait à 300 mètres de la surface, la mine, elle, demeurant toujours flottante vers 3 mètres au-dessous de cette surface. Il est essentiel que la longueur de ce câble métallique ne soit pas trop grande, car son poids pèserait sur la mine et la ferait s'enfoncer beaucoup trop. Au surplus, les courants sous-marins ne sont pas sans influence sur cette mine et peuvent la coucher en la faisant tirer sur son câble de retenue, en l'enfonçant trop et en la rendant inutile.

Les mines sous-marines se font sur des modèles très différents ; la France doit en posséder quelque 9, l'Allemagne 11 à 12. On y a cherché des perfectionnements divers. L'explosif que l'on dispose dans la chambre spéciale de la mine sous-marine est soit du coton-poudre, soit de la mélinite, principalement le premier. On en enferme des quantités très variables suivant les proportions que l'on donne à la mine flottante, qui peut ressembler à une énorme toupie ou à une grosse sphère métallique. Certaines contiennent 50 kilos d'explosif, d'autres 60, 80, même davantage; la seule limite qui empêche d'augmenter la charge, c'est la possibilité de manœuvrer les mines pour les mettre à l'eau. L'inflammation et la détonation de l'explosif, quand un navire vient à heurter, même à frôler la mine flottante, sont assurées par des procédés différents suivant les pays, et même dans un pays déterminé les solutions sont variables. Les unes sont mécaniques, les autres électriques, chimiques. Parfois, en dehors de la sphère constituant le flotteur et renfermant la chambre pleine d'explosif, on voit dépasser une sorte de tige qui forme chien de fusil, ou plutôt plusieurs tiges constituant des percuteurs. Quand un des percuteurs est repoussé par le contact brusque d'une carène, il joue le rôle de chien de fusil en effet, fait détoner un détonateur, une sorte de capsule, et l'engin explose. Parfois, à l'intérieur du flotteur une boule métallique est disposée dans une petite coupe. Si le flotteur est heurté par un bateau, la boule sort de la coupe, entraîne un fil d'amorce et détermine l'explosion par son poids même. Quelquefois le déplacement d'une boule ou d'une bille métallique assure une mise à feu électrique, la bille venant au contact d'une plaque conductrice, et le courant faisant déflagrer l'amorce et la charge. Il y a aussi des dispositifs compliqués où le choc suffira pour casser une cloison de verre mince, permettant à de l'acide sulfurique d'agir sur du chlorate de potasse, et la combinaison enflamme la charge.

L'explosion pourra causer des dégâts terribles, entraîner en un instant le naufrage d'un gros navire de guerre, par suite de la masse d'explosif qui détone au contact de la carène, en dehors de la partie cuirassée ou défendue suffisamment par un cloisonnement.

La mise à l'eau des mines sous-marines est chose délicate, car elles sont lourdes, difficiles à manier, bien que l'on prenne toujours des précautions pour immobiliser les percuteurs ou les dispositifs d'inflammation, tant que la mine n'est point à l'eau et en service. Ce sont des engins qui pèsent couramment jusqu'à 500 kilos, et que l'on doit mettre à l'eau en très grand nombre, si l'on veut constituer une défense effective. On recourt généralement à des bateaux spéciaux appelés pour cela mouilleurs de mines, munis de treuils, de cabestans, d'appareils de soulèvement, de dispositifs mécaniques curieux. Souvent des sortes de voies ferrées disposées à l'arrière des bateaux mouilleurs de mines et se prolongeant au-dessus de l'eau, permettent de faire glisser la torpille jusqu'à ce qu'elle tombe à la mer ; on se sert également de grues spéciales dans le même but.

UNE MINE ÉCHOUÉE.

Pour être à peu près complet, nous devons ajouter qu'il est particulièrement malaisé de se défendre contre ces mines, dont rien ne révèle la présence lorsqu'elles sont demeurées immergées à bonne profondeur. Quand on doit naviguer dans des parages que l'on craint parsemés de ces embûches spéciales, la seule ressource à peu près est de faire procéder par des bateaux à faible tirant d'eau au dragage, au balayage des mines ; on emploie couramment dans ce but des chalutiers à vapeur, des torpilleurs ; généralement deux bateaux travaillent ensemble, en traînant dans l'eau un câble en fil d'acier qui forme boucle, tandis que les extrémités sont maintenues à la surface de l'eau. Ce câble rencontre les câbles verticaux reliant les mines à leur crapaud et entraîne le tout. On les fait exploser ensuite quand elles apparaissent à la surface de l'eau. Ces dragueurs ne sont pas sans courir des risques.

On a vu aussi des sous-marins, notamment français, se livrer à cette besogne dans des conditions terriblement périlleuses, mais avec cet avantage que l'ennemi ne peut les surveiller ni les poursuivre durant le travail. Ajoutons qu'il semble démontré maintenant qu'on peut également utiliser le sous-marin à la pose des mines, sans qu'on puisse constater sa redoutable besogne.

ÉCURIE IMPROVISÉE AU FRONT.

CHAPITRE XXIX

LA CAVALERIE

o o o

Les manuels militaires édités avant la guerre de 1914, même les plus récents, apprenaient aux lecteurs profanes et aux élèves-officiers que la cavalerie explore, reconnaît et combat; certains livres d'instruction militaire se montrent très enthousiastes au sujet de l'action de la cavalerie et de l'œuvre qu'elle doit accomplir dans les combats. C'est que ce rôle, cette arme avait été prépondérante de tous temps et qu'elle était demeurée telle même au cours des dernières guerres antérieures. Nombre de charges de cavalerie sont demeurées célèbres dans les annales militaires et, pour n'en citer qu'une, celle des cuirassiers français à Reichshoffen, en 1870, comptera parmi les faits d'armes héroïques célèbres.

Le rôle actuel de la cavalerie semble singulièrement diminué. Dans la guerre de 1914-1915, en dehors d'une active collaboration pendant les premiers mois, en dehors de nombreuses interventions en Belgique, et notamment à Charleroi, la cavalerie eut à soutenir et à protéger la retraite des alliés, puis à aider, après la reprise de l'offensive, les autres armes jusqu'après la victoire de la Marne. Ensuite elle ne reparut plus guère sous sa forme normale durant des mois : on la vit soit assurant le service des tranchées, les chevaux renvoyés à l'arrière, soit attendant elle-même en ligne d'arrière que le moment de donner à nouveau fût revenu. Travaillant avec l'infanterie, les cavaliers faisaient le coup de feu comme de simples fantassins.

Pendant la première période, il a été fait une véritable hécatombe de chevaux, les hommes qui les montaient subissant des pertes terribles.

La cavalerie, qui, à toutes les époques, comme nous le disions, a joué un rôle des plus brillants sur les champs de bataille, était considérée jusqu'ici comme ayant, en temps de guerre, une double mission à remplir. Son intervention, en effet, était de tous les instants, avant, pendant et après les batailles; elle avait un double caractère, qui, suivant les circonstances, était tantôt stratégique, tantôt tactique. Les rédacteurs militaires ont, en conséquence, divisé l'action de cette arme en catégories distinctes; il y a, de la sorte, en temps de guerre, la cavalerie d'exploration et la cavalerie de sûreté. Les mêmes escadrons peuvent tour à tour passer, suivant les besoins de l'action, de l'une dans l'autre de ces catégories, et réciproquement.

La cavalerie, dans son rôle d'exploration, a été justement appelée l'œil du commandement. Le commandant Arnaud, de l'État-major du gouvernement militaire de Paris, a fait, quelques mois avant la guerre de 1914, au Val-de-Grâce, une conférence sur ce que serait la guerre future. « La cavalerie, disait le conférencier, est envoyée par le chef où il veut, pour rechercher les masses ennemies, reconnaître la direction de leurs mouvements, essayer de pénétrer leurs projets; elle éclaire le commandement, de concert avec le service d'espionnage, et lui permet de préparer sagement sa manœuvre, en fonction de la situation vraie. »

La cavalerie d'exploration, dont le rôle de jadis vient d'être si nettement défini, est maintenant remplacée, dans la plupart des circonstances, par les compagnies cyclistes, les motocyclistes éclaireurs et même, dans certaines armées, par des compagnies d'infanterie montée. En période de mobilisation, durant la période de concentration des forces, la cavalerie a, au cours de la guerre européenne comme pour les précédentes, protégé le front des armées et troublé les opérations chez l'ennemi. En août 1914, on a cité des incursions de notre cavalerie légère assez loin sur les territoires allemands, en même temps que des raids de uhlans dans les départements français voisins de l'Alsace et de la Lorraine. Les cavaleries ennemies, pendant les journées de concentration, travaillent à masquer les mouvements des troupes et à dissimuler les marches d'approche; dans ces conditions, sans qu'elles se recherchent, les deux cavaleries peuvent se rencontrer et, comme elles font obstacle à l'exécution de leurs missions réciproques, les forces combattent. C'est la guerre loyale. « Il ne faut pas, a écrit le général Lucas, dans la doctrine nouvelle de la cavalerie, confondre le but et le moyen. La cavalerie d'exploration ne doit pas être arrêtée dans sa marche. Mais, si elle arrive au but, peu importe que ce soit après avoir bousculé ou non la cavalerie ennemie. »

Passons à la cavalerie de sûreté. Le commandant Arnaud, dans la conférence déjà citée,

PATROUILLE DE DRAGONS.

en a défini le rôle : « Elle devance, dit-il, les colonnes armées assez loin pour leur permettre, en cas de rencontre avec l'adversaire, de prendre toutes les dispositions nécessaires sans trouble ni précipitation; elle couvre les déploiements et cherche à refouler toute cavalerie adverse qui se montrerait trop indiscrète. Puis, quand les contacts sont pris, que les infanteries sont en présence, que la bataille commence, la cavalerie alors, faute de place sur les fronts, est obligée de disparaître. Elle s'efface sur les flancs, se retire derrière les fantassins, prête à agir au mieux des circonstances. »

La cavalerie de sûreté protège également les troupes contre les surprises. Elle se tient prête à intervenir pour, dans le cas d'une défaite, aider les mouvements et protéger la retraite, en diminuant les effets de la poursuite et en retardant l'action de l'ennemi. Cette même cavalerie, dans le cas contraire, se jettera à la poursuite de l'ennemi et cherchera à achever la déroute des troupes battant en retraite.

Mais tout cela paraît bien ancien. C'est de cette manière que la cavalerie intervenait dans les combats à l'époque, encore peu lointaine, où les hommes se battaient en rase campagne et non point comme des Troglodytes, enfouis dans les terres ou mieux dans des carrières. Quelque secondaire qu'ait été le rôle de la cavalerie en 1914-1915, en dehors de certaines actions particulières, nombreuses sont les troupes de cavalerie qui ont pris part à la guerre actuelle, et, parmi celles-ci, quelques-unes se faisaient remarquer par leurs caractéristiques particulières, d'où le pittoresque n'était pas exclu. Nous voulons parler des lanciers du Bengale, des cavaliers canadiens, des spahis d'Algérie et du Sénégal, des goumiers marocains et des Cosaques.

L'action incessante de l'artillerie, la grande puissance et la longue portée des canons, les procédés nouveaux de la guerre souterraine et l'introduction de méthodes et de pratiques jusqu'ici inconnues, ont bien modifié le rôle de la cavalerie. Mais il n'en est pas moins vrai que les savants stratèges et les grands techniciens militaires ne se doutaient guère sans doute que la cavalerie passerait à un plan secondaire. Les formations de cavalerie étaient nombreuses, en effet, dans les armées de tous les pays.

La cavalerie française comptait, au moment de la déclaration de la guerre, en août 1914, 12 régiments de cuirassiers, 32 de dragons et de lanciers, 23 de chasseurs, 14 de hussards, 4 de chasseurs d'Afrique, 6 de spahis, sans compter un certain nombre d'escadrons de spahis coloniaux. Les Belges, dont la cavalerie est intervenue en bien des circonstances très efficacement pour retarder la marche de l'armée allemande, avaient 10 régiments de guides, lanciers ou chasseurs. L'armée régulière britannique comptait des Life-Guards, des Horse-Guards, des dragoon-guards, plus des dragons de ligne, des hussards et des lanciers. Les Russes sont de remarquables cavaliers, surtout les Cosaques, dont on a dit, non sans raison, que le cheval et l'homme ne font qu'un. La cavalerie russe, qui se divise en deux catégories distinctes, la garde impériale et la cavalerie de ligne, possédait 122 régiments avec 739 escadrons ou sotnias, dont le nombre, dit-on, après l'achèvement d'une mobilisation qui ne se termine jamais, pouvait être porté à 1 540 escadrons. C'est une cavalerie formidable, la plus importante à beaucoup près du monde entier. Il est vrai que, à elle seule, la Russie d'Europe possède 23 millions 900 000 chevaux, sur lesquels, en temps ordinaire, elle en fournissait un grand nombre à l'Allemagne, dont la richesse chevaline, avant la guerre, était estimée à près de 4 500 000 bêtes. La Russie possédait, également avant la guerre, près de la moitié des chevaux de l'Europe tout entière, à laquelle les statistiques attribuent près de 44 millions de chevaux.

Photo Miroir.

CAVALIERS DANS LA TRANCHÉE.

L'Amérique possédait, en 1913, plus de 43 millions de chevaux. Après les grands combats du début de la guerre, à cause de la mortalité des chevaux dans ces combats, les nations belligérantes ont fait appel aux États-Unis, au Canada surtout, à l'Argentine, au Brésil, et même au Mexique, qui ont fourni de fort belles bêtes pour reformer la cavalerie et remplacer les chevaux tués et blessés. La France, qui venait en quatrième dans les statistiques de 1913, avec 3 200 000 chevaux en chiffre ronds, et les Iles Britanniques, cinquième nation européenne, qui comptait 2 300 000 chevaux, sont toutes deux devenues des clientes sérieuses pour le Canada et les États-Unis, mais surtout le Canada. Ces chevaux avaient, du reste, besoin d'un dressage complet à leur arrivée en Europe.

Revenons à l'examen des cavaleries belligérantes et, sans parler de la Serbie, qui pourtant comptait de beaux régiments, disons que l'Italie a pu mettre en ligne 29 régiments de lanciers, dragons et chevaux-légers. Cette nation, dont les chevaux militaires sont cependant de belles bêtes, ne figure dans les statistiques que pour 960 000 chevaux.

Si nous examinons l'importance des cavaleries ennemies, nous devons constater que l'Allemagne, avant la guerre, accusait 110 régiments à 5 escadrons, dont 26 régiments de uhlans; quant à l'Autriche-Hongrie, qui figure comme troisième tout de suite après l'Allemagne dans les statistiques européennes, avec 4 200 000 chevaux, elle pouvait, en août 1914, disposer de 42 régiments de cavalerie à 6 escadrons. L'Allemagne achetait, avant les événements actuels, quantité de chevaux en Irlande, en Hongrie, en Russie et même en France. Il est pénible de penser que bon nombre de produits des grands haras français ont été dressés par nos ennemis pour servir aux cavaliers qui ont combattu contre nous. Mais les Allemands avaient chez eux d'excellents chevaux et, entre autres, ceux de Roumanie. Les chevaux allemands que nous avons capturés étaient en général très épuisés; les spécialistes ont attribué l'état de grande fatigue constaté chez les montures, même dans les périodes du début de la guerre, à la monte des cavaliers allemands, qui, se tenant trop droits sur les étriers, imposent une épuisante réaction aux membres de devant du cheval.

Le rôle de la cavalerie n'est pas encore fini. Dans les deux camps adverses, on n'a pas manqué dans le courant de 1915 de tout faire pour reformer une cavalerie puissante, dresser des chevaux pour les besoins militaires et reformer escadrons et régiments. Au reste le cheval est encore indispensable pour la traction d'une grande partie des pièces de canons, en dépit des progrès de l'automobilisme, dont nous reparlerons. Mais ce rôle diminue chaque jour. Pour ce qui est des reconnaissances, de la mission d'éclaireur, l'aéroplane fait, lui aussi, une concurrence terrible au cavalier.

UN POSTE D'AUTO-CANONS CONTRE AVIONS.

CHAPITRE XXX

L'AÉRONAUTIQUE MILITAIRE BALLONS CAPTIFS ET DIRIGEABLES

∘ ∘ ∘

En présence de l'importance prise par les ballons dans le matériel militaire, il est curieux de se rappeler les origines des ballons sphériques militaires, qui, comme tant d'autres inventions et découvertes anciennes et modernes, ont été utilisés, au fur et à mesure de leur consécration civile, comme des facteurs militaires et ont pris une place importante dans les armées des pays civilisés.

C'est à la Révolution française qu'il faut faire remonter, chez nous, la première manifestation de l'aéronautique militaire. Le Comité de Salut Public nomma une commission dont le but était de rechercher de quelle manière les ballons pouvaient être employés aux armées; Monge, Berthollet et Fourcroy en faisaient partie. L'hydrogène fut choisi pour gonfler les ballons, à la suite d'essais faits en concurrence avec la paille et de la laine brûlées. Le premier parc aérostatique militaire fut installé à Meudon, en octobre 1793, par Guyton de Morveau, qui était très apprécié par le grand Carnot;

il fut créé dans l'ancien château de Louvois. Une compagnie d'aérostiers militaires fut formée peu après, et le commandement en fut confié au capitaine Coutelle. C'est en mai 1794 que l'*Entreprenant*, le premier ballon des armées, parut au siège de Maubeuge, alors assiégée par les troupes de Cobourg. Il servit comme poste d'observation, jusqu'au jour où, Carnot ayant débloqué la citadelle par la bataille de Wattignies, ce sphérique, qui avait résisté

LE DIRIGEABLE FRANÇAIS « CONTÉ ».

aux balles ennemies, fut envoyé à Charleroi, puis à la bataille de Fleurus. Tels furent les débuts de l'aérostation militaire.

Les aérostiers suivirent Bonaparte en Égypte. Les ballons militaires parurent plus tard à Solférino, en 1859, dans l'armée française. Nous les trouvons ensuite dans la guerre de Sécession en Amérique et, en 1870, lors des sièges de Paris et de Metz, où ils furent employés surtout pour assurer des services postaux. A partir de 1880, dans toutes les manœuvres et dans tous les pays, les ballons captifs figurèrent avec succès. Mais il a fallu que survienne la grande guerre de 1914 pour que l'aérostation et l'aviation militaires prennent, dans les opérations militaires, l'importance que l'on sait. Ils sont devenus un des plus puissants auxiliaires des armées.

Le ballon captif est demeuré le poste d'observation idéal; il a perdu sa forme sphérique pour être remplacé par le ballon cerf-volant. Les poilus, en raison de sa forme, ont baptisé « saucisse » le ballon nouveau. Ces aérostats militaires, les anciens et les nouveaux, demandent un matériel important, des usines à hydrogène volantes, des chariots, un outillage et des engins spéciaux, ainsi qu'un personnel de manœuvre assez nombreux.

Nous n'avons pas à parler encore des avions, dont il sera question au chapitre suivant. Ces oiseaux mécaniques ont presque remplacé les éclaireurs, qu'ils supplanteront peut-être totalement; mais ils combattent aussi et, dans l'accomplissement de leurs fonctions agressives, ils rendent également de précieux services sur terre et sur mer. Mais limitons-nous pour l'instant aux ballons dirigeables, ces grands oiseaux aériens pour la construction desquels, depuis les premiers essais de Charles Renard, en 1884, on a réalisé des progrès si importants. Ces progrès sont dus au moteur tonnant léger et aux dispositions assurant la stabilité de marche, la conduite, l'indéformabilité du ballon.

Photo Birket.

UN ZEPPELIN ÉCHOUÉ DANS LES ARBRES A BADONVILLIERS.

Rappelons que le *Spiess*, premier dirigeable français du type rigide, mesurait 110 mètres de longueur. La capacité était de 11 000 mètres cubes. Deux moteurs de 180 chevaux actionnaient 4 hélices en bois, qui lui donnaient une vitesse de 65 kilomètres à l'heure. La carcasse était faite en tubes carrés de bois de sapin garnis de toile. Depuis le raid du dirigeable militaire français *Patrie*, qui, en novembre 1907, fit en 6 heures 45 sans escale le voyage — 267 kilomètres — de Paris à Verdun, les dirigeables militaires français ont été sérieusement perfectionnés.

De grands hangars ont été construits pour les loger dans 13 villes de France, et huit usines importantes ont été spécialement aménagées, sur les différents points du territoire, pour leur fournir l'hydrogène nécessaire. La flotte aérienne française, quoi qu'en puissent dire des critiques amères, peut lutter comme valeur avec celle des Allemands. Nous sommes en général demeurés au type souple ou semi-rigide.

La flotte aérienne de l'armée anglaise était en pleine période de formation lorsque éclata la guerre de 1914. Les plus grands dirigeables britanniques avaient une capacité de 10 000 à 12 000 mètres; leurs moteurs — 360 et 420 chevaux — permettaient une vitesse variant entre 68 et 82 kilomètres à l'heure. D'autres ballons, plus petits, cubaient 3 500 et 5 300 mètres; leurs moteurs de 180 chevaux assuraient une vitesse de 71 à 79 kilomètres à l'heure. Puis il y avait une flottille d'éclaireurs de 1 000 à 1 200 mètres cubes avec moteurs à 4 cylindres de 40 ou 50 chevaux; ces ballons-vedettes ne couvraient que 50 et même 40 kilomètres à l'heure.

Les Russes ont une escadre de dirigeables dont toutes les unités ont été construites en France. Quant aux Belges, avant la guerre de 1914, ils ne possédaient que l'aéronef *Ville de Bruxelles*, sur lequel il n'y a rien de particulier à dire. Pour les Italiens, ils ont d'excellents dirigeables comme de bons avions militaires.

Les dirigeables allemands, dont nous connaissons les méfaits, mais qui font plus de bruit que de besogne, s'appellent, suivant le type auquel ils appartiennent, des Zeppelins, des Parseval, des Vook, des Schütte, des Gross, des Schwaben. Il y en avait une douzaine au moment des débuts de la guerre, mais, depuis, l'usine de Friedrichshaffen, où on les construit, a travaillé nuit et jour pour remplacer les unités détruites et même augmenter dans de grandes proportions le nombre de ces vaisseaux aériens, afin de constituer une flotte importante toujours au complet.

Les caractéristiques des dirigeables allemands, presque tous du type rigide avec charpente intérieure, sont les suivantes :

	A	B	C	D	E
Capacité en mètres cubes...	17 800	19 500	22 000	27 000	32 000
Longueur en mètres........	148	151	156	158	165
Diamètre en mètres........	14	14,80	14,80	16,80	?
Force des moteurs en chevaux-vapeur............	450	450	800	800	1 000
Vitesse en kilom. à l'heure.	76	77	80	?	80

Les Allemands ont prétendu qu'ils sont outillés pour lancer, en temps de guerre, un dirigeable toutes les trois semaines. Leur usine de fabrication est en tous cas parfaitement outillée. Les hangars, au nombre de 40 environ, sont des abris sûrs et des logements confortables, auxquels il faut ajouter un certain nombre de hangars transportables en toile pouvant être montés en 24 heures par une équipe de 150 hommes. Les principaux centres de l'aéronautique militaire étaient, en Allemagne, avant la guerre, Metz, Cologne, Potsdam et Berlin.

Quels résultats pratiques donnera l'emploi des dirigeables comme engins militaires de combat? Quelle a été l'impression produite par les grands raids de zeppelins bombardant des villes et y tuant quelques civils, vieillards, femmes ou enfants? A la seconde question, on peut, dès à présent répondre que des actes aussi contraires aux principes du droit des gens ne pourront provoquer que des sentiments de mépris. La première question est un problème technique; il est difficile à résoudre, et, pour en chercher la solution, mieux vaut attendre que l'on puisse établir le bilan réel des services rendus et comparer ceux-ci à l'importance des dépenses faites.

UN BALLON-SAUCISSE D'OBSERVATION.

Mais, dès maintenant, il est possible d'établir en principe qu'un grand dirigeable avec un moteur de 500 chevaux doit avoir une force ascensionnelle de 1 000 kilogrammes environ; il faut ajouter 400 kilogrammes environ pour l'artillerie, 600 kilogrammes pour l'huile de graissage et l'eau, 1 200 kilogrammes de projectiles, et enfin le poids de l'équipage, au minimum de 20 hommes, qui, à raison de 65 kilogrammes au moins par personne, donne 1 300 kilogrammes. Tout cela représente, en chiffres ronds, 9 000 kilogrammes; mais ce n'est pas tout, car l'essence compte bien pour quelque chose, et c'est même le chargement indispensable entre tous, puisque sans essence le moteur ne peut pas tourner et les hélices restent immobiles. Or il en faut 250 litres par heure au minimum pour un moteur de 500 chevaux marchant en vitesse; pour un raid d'une durée de 1 heure ou un parcours de 450 kilomètres, il faudra emporter un approvisionnement de 1 250 litres, ce qui représente encore 1 250 kilogrammes et porte le poids à 10 250 kilogrammes, plus de dix tonnes; et ces calculs sont inférieurs à la vérité. On est donc obligé de donner des proportions énormes à un dirigeable pour qu'il devienne un vrai instrument de guerre; et ces grandes proportions rendent les avaries terriblement aisées au départ ou à la descente.

L'avenir seul pourra nous fixer sur la valeur des dirigeables militaires; après surtout qu'on aura pu réunir des documents comparatifs sûrs sur ces fameux dirigeables allemands, qui représentent tous unitairement un prix énorme, et qui souvent ont été détruits avant d'avoir accompli un seul acte vraiment militaire.

ESCADRILLE DE BIPLANS.

CHAPITRE XXXI

L'AVIATION A LA GUERRE

o o o

On n'avait pas attendu la guerre de 1914-1915 pour constater, de façon élémentaire du moins, les services que la machine volante, l'aéroplane sous ses diverses formes pouvait rendre dans les combats, dans les explorations aériennes, dans un rôle nouveau d'éclaireur, dans la surveillance des mouvements de l'ennemi, la constatation, l'observation ou la rectification du tir des batteries.

C'est lors des guerres balkaniques que ces débuts de l'aéroplane militaire s'étaient faits, la Bulgarie et la Serbie s'étant organisées assez bien dès le début. Il est vrai que, pour ces débuts et pour ces armées bien modestes, le nombre des aéroplanes en service et des aviateurs militaires ne dépassait guère quelques unités dans chacune des armées. C'est la France qui avait fait l'apprentissage de ces officiers et de ces soldats aviateurs; c'est elle également, ses ateliers privés de construction qui avaient fourni aux diverses nations engagées dans ces guerres balkaniques les machines, biplans ou monoplans, qui y avaient été utilisés. L'aéroplane avait également rendu des services, surtout du côté des Italiens, lors de la guerre de Tripolitaine entre l'Italie et la Turquie. Il était déjà remarquable de voir la machine volante employée de façon pratique, car son histoire ne remontait qu'à quelques années; et, encore à la fin du XIXe siècle, on ne se serait guère douté qu'elle était susceptible de révolutionner véritablement l'art de la guerre, les combats, particulièrement le tir de l'artillerie, comme elle vient de le faire dans la guerre de 1914-1915, en permettant notamment de repérer de façon sûre la position des grosses batteries des places fortifiées, où le défilement est impossible.

C'est qu'en effet l'histoire de l'aviation ne date pour ainsi dire que d'hier, si nous considérons l'aviation devenue quelque peu pratique. C'est d'hier seulement qu'un être humain a pu réellement s'envoler, s'élever au-dessus de terre, même pour ne se maintenir que pendant quelques centaines de mètres, sans appui aucun sur le sol. Que l'on se rappelle que, encore en 1908, on pouvait dire que les machines volantes n'avaient pas à leur actif de succès complet. L'espoir n'a été réellement possible que du jour où l'on a possédé le moteur automobile devenu de plus en plus léger, fournissant à l'aéroplane, encore insuffisamment perfectionné du reste, la force propulsive, la vitesse de déplacement qui lui permettrait de glisser sur l'air et d'y trouver un point d'appui. C'est de la sorte que l'on a vu Santos-Dumont, Farman et d'autres exécuter, sur une distance relativement très faible, des vols de courte durée qui laissaient pourtant espérer la solution complète à bref délai. Dès le commencement de 1908, nous écrivions que les voyages aériens deviendraient avant longtemps pratiques. La chose s'est réalisée, peut-être plus vite même que nous ne l'espérions.

Mais on se figurait que ces voyages et ces déplacements aériens seraient surtout des déplacements civils, si l'on veut nous permettre l'expression; on s'imaginait que l'aéroplane allait jouer un peu le même rôle dans l'air que la voiture automobile sur terre, créer un tourisme nouveau, au besoin jouer un rôle considérable dans le transport des correspondances. On ne se figurait pas du tout que son application principale, son rôle vrai serait un rôle militaire, que l'aviateur et la machine volante se substitueraient en très grande partie à la cavalerie pour exécuter des reconnaissances, et aux observateurs ordinaires pour régler le tir de l'artillerie en même temps que pour lui signaler la position des ennemis à canonner. C'est pourtant dans cette voie que le progrès s'est fait avec une rapidité extraordinaire, et la campagne de 1914-1915, pour tous les pays, pour toutes les armées, a été caractéristique à cet égard.

Les aviateurs militaires sont devenus des collaborateurs indispensables, d'autant que les machines se sont considérablement perfectionnées en leur donnant la maîtrise de leurs mouvements et de leurs déplacements dans leurs explorations aériennes; d'autant que la facilité avec laquelle elle monte à de très grandes hauteurs, la facilité de conduite, la possibilité où l'on est couramment d'installer deux aviateurs sur une même machine, en confiant à l'un des deux le poste unique d'observateur, la faculté même que l'on a de demander à un seul aviateur de remplir simultanément le rôle d'observateur et de conducteur de la machine; ont rendu l'aéroplane et celui où ceux qui le montent relativement invulnérables aux coups de l'ennemi, du moins de l'ennemi demeuré à terre. Il ne faut pas perdre de vue en effet qu'il est particulièrement difficile de mettre à mal une machine volante vous observant de haut.

Il a suffi des premiers mois de guerre de 1914 pour démontrer les services que pouvait rendre l'aéroplane, des milliers de vols ayant été exécutés par nos aviateurs militaires et par les aviateurs anglais, sans que du reste les Allemands aient négligé de recourir à ce mode d'observation si précieux, et en poussant même l'utilisation de l'aéroplane jusqu'à la pratique de l'assassinat, quand, comme nous le verrons, ils lançaient sur des villes ouvertes, sur des ambulances au besoin, des bombes incendiaires. Bien des mois avant la guerre, dans un travail sur l'Automobilisme que l'Académie des Sciences Morales et Politiques avait couronné, nous avions annoncé les services militaires que l'on devait et pouvait attendre des appareils d'aviation, alors que bien des gens étaient sceptiques en la matière. Tout s'est réalisé plus largement peut-être que nous ne l'avions pressenti.

Dans la guerre moderne la machine volante sert aussi bien à des reconnaissances aériennes, en vue d'identifier l'emplacement de batteries en action, que pour constater le mouvement des troupes de l'ennemi. Souvent la machine volante avec son observateur ou son canonnier (car il s'agit souvent d'un véritable canonnier, d'un lanceur de bombes) part en expédition dans le but déterminé de contribuer à des attaques, de frapper des troupes, des magasins, des batteries, des bâtiments militaires, des voies ferrées. Ces pratiques se sont accusées de plus en plus, au fur et à mesure que la guerre se poursuivait; et souvent ce sont de véritables expéditions comprenant 25, 30, 40, 50 machines volantes qui se formaient de la sorte pour aller attaquer telle ou telle usine allemande connue pour contribuer puissamment à la fabrication des explosifs, ou même ces gaz asphyxiants dont les Allemands n'ont pas hésité à faire usage durant la campagne de 1915.

N'oublions pas que si les Allemands, en cette matière, ont montré une activité extraordinaire comme pour toutes les questions militaires, guerrières et de préparation d'une agression violente; dès la fin de 1910 l'inspecteur général de l'aéronautique en France annonçait que les aéroplanes seraient bientôt susceptibles de se transformer en instruments de guerre offensifs; et, dès la fin de 1913, on entraînait des aviateurs militaires au tir en aéroplane.

Pour répondre aux buts multiples des voyages aériens militaires, l'aéroplane a été obligé d'évoluer rapidement dans des voies militaires, ce dont généralement on ne se doutait que très peu dans le public avant la guerre actuelle. On avait étudié les conditions de construction des bouches à feu à installer à bord de ces machines volantes; on avait combiné les projectiles qui seraient lancés des aéroplanes sur le sol contre les installations ou les troupes de l'ennemi; on étudiait les mesures pour protéger la machine volante et son équipage contre le tir d'autres machines volantes ou de bouches à feu susceptibles de tirer du sol même. On étudiait également les canons légers capables de répondre à ce besoin de défense contre la venue des aéroplanes. En France en particulier, au début de la guerre de 1914, on s'est empressé de faire un choix parmi les différents types très variés de machines volantes qui avaient été construits pour l'armée; on a éliminé complètement les aéroplanes qui paraissaient de conduite difficile, qui semblaient absorber par trop l'attention de l'aviateur, en le mettant hors d'état de faire des observations s'il était seul à bord de sa machine, de collaborer avec son compagnon de route aérienne, si la machine volante portait deux hommes. Il est évident que, pour un appareil d'aviation exposé constamment au tir de l'ennemi, lancé à la poursuite des aéroplanes ennemis eux-mêmes, il fallait trouver une maniabilité plus accusée, obtenir une rapidité de manœuvre beaucoup plus grande, notamment dans les mouvements de haut en bas ou de bas en haut, soit pour se rapprocher des objectifs à canonner, soit pour éviter les attaques d'autres aéroplanes.

L'aéroplane a fait véritablement merveille pour localiser l'emplacement de l'ennemi, des batteries ennemies, et diriger le tir de l'artillerie; une série de conventions ont été établies dans les diverses armées pour permettre à l'officier d'artillerie de juger de la place exacte d'une batterie à repérer et à canonner par les déplacements mêmes de l'aéroplane observateur, par les signaux qu'il est susceptible de faire, les communications télégraphiques par télégraphie sans fil qu'il est capable d'envoyer; l'officier observateur pouvant du reste communiquer avec les aviateurs à l'aide de signaux installés à terre, formés généralement de bandes de toile blanche disposées dans un ordre convenu.

Les types les plus variés de machines volantes sont mis à contribution dans les armées modernes, bien que, encore une fois, un choix ait été fait entre les diverses machines qui existaient avant les débuts de la guerre de 1914. Aussi bien, on a jugé de l'outil aux services qu'il était susceptible de rendre, et on a abandonné les machines qui semblaient les moins aptes à rendre ces services. Nous n'essayerons pas de passer en revue, même de la façon la plus sommaire, les types de machines volantes adoptés dans les différentes armées engagées dans la guerre de 1914. On peut les classer principalement en quelques catégories aisées à distinguer. Il y a par exemple les machines à un seul passager, machines d'observation ayant une très grande puissance de montée rapide, pouvant exécuter des reconnaissances très prolongées, quelle que soit la violence du vent, et offrant une vitesse suffisante pour échapper au meilleur type de machine construit jusqu'à présent. Il est à noter qu'on attache beaucoup plus d'importance à cette possibilité de prendre rapidement de la hauteur qu'à la vitesse proprement dite. En Allemagne, où l'initiative individuelle est de beaucoup inférieure à ce qu'elle est chez les Français par exemple, il ne semble pas que l'on ait jamais fait usage des machines à une seule place, où un aviateur serait abandonné à lui-même.

Il y a d'autre part les machines à deux passagers, machines de reconnaissance susceptibles de prendre, en outre de l'équipage, un nombre assez modéré de bombes, de ces bombes dont nous allons parler tout à l'heure; en Allemagne en particulier, à cette catégorie, appartiennent un certain nombre de tauben et d'aviatik. Il y a une catégorie de machines à vitesse relativement modérée, mais à très grand rayon d'action, dont la surface énorme des plans, des ailes, permet d'emporter un chargement considérable de bombes et autres projectiles. La grande masse des machines allemandes appartient à cette catégorie, puisque les Teutons se sont figuré, avec ces bombardements, jeter facilement la terreur un peu de tous les côtés, notamment dans les populations civiles. Certaines machines à force portante assez considérable sont armées de deux ou même de trois mitrailleuses ou petits canons très légers. Le plus souvent aujourd'hui on emploie des biplans, non pas des monoplans. Les différents types des divers pays sont un peu inspirés les uns des autres, et l'Allemagne pendant des années s'était contentée de copier les machines françaises. Depuis lors elle a imaginé des types particuliers.

Sans insister sur ces différents types, remarquons que les biplans français possèdent sur les appareils allemands un avantage très sérieux, de ce fait que leur hélice est d'ordinaire disposée à l'arrière. L'hélice montée à l'avant offre des inconvénients pour un avion de guerre, parce qu'elle constitue une gêne au tir de la mitrailleuse, les projectiles étant susceptibles de rencontrer sur leur route les palettes de l'hélice; il est vrai que, en soi, l'hélice tractrice et non propulsive, au point de vue technique proprement dit, est certainement préférable. Il ne faut point du reste perdre de vue qu'avec l'avion, cette petite machine de combat isolée au milieu de l'air, abandonnée presque à elle-même et ne pouvant trouver d'appui moral ou matériel que dans quelques autres machines volantes portant son pavillon et la suivant, le courage individuel joue un rôle de premier ordre, et nos aviateurs se sont montrés grandement supérieurs aux aviateurs allemands.

La machine volante, sous une forme spéciale, est venue rendre de très grands services dans la guerre moderne : nous faisons allusion aux hydravions, aux aéroplanes susceptibles, grâce à leurs flotteurs, de pouvoir prendre contact avec l'eau, même au besoin de partir de la surface de l'eau même. Les hydravions ont accompli des merveilles dans telles attaques des Anglais par exemple contre la flotte allemande réfugiée derrière l'île d'Héligoland; ils sont susceptibles de partir du pont d'un navire de guerre spécial pour prendre réellement part à une bataille navale, au besoin pour diriger le tir. On affirme même sans qu'ils aient fait complètement leurs preuves à cet égard, qu'ils peuvent surveiller les mouvements des bateaux sous-marins même à travers une certaine épaisseur d'eau, et lancer contre eux, lorsqu'ils émergent. des bombes capables de les mettre à mal. L'eau (et en particulier l'eau de mer) semble opaque quand on la regarde obliquement; il est impossible d'apercevoir alors ce qui se trouve sous la surface de l'eau, même à assez faible profondeur; mais, quand on la regarde de haut, elle offre à l'œil une pénétrabilité surprenante; et c'est dans ces conditions que des sous-

LA TÉLÉGRAPHIE SANS FIL A BORD D'UN AÉROPLANE.

marins naviguant sous 5 ou 6 mètres d'eau peuvent être repérés par un observateur se trouvant en hydroplane. Il est alors possible d'utiliser cet hydroplane soit pour canonner directement le sous-marin, soit pour le repérer et le signaler à des bâtiments légers ou à de gros navires de guerre naviguant dans le voisinage. Nous devons dire au reste que ce genre spécial d'observation et de combat n'a guère été pratiqué pendant la guerre de 1914-1915; mais il peut sans doute être mis au point et rendre de réels services.

Nous avons tout à l'heure fait allusion à l'armement offensif, même défensif des aéroplanes sous la forme de bouches à feu légères, de mitrailleuses et de fusils-mitrailleurs; nous avons eu occasion de parler déjà de ces armes, de leur maniement, de leur fonctionnement. Ces bouches à feu ont principalement pour objet de donner la chasse aux aéroplanes ennemis venant essayer d'observer l'emplacement des canons, des troupes, de signaler cet emplacement à leur propre artillerie; il faut également que la machine volante soit susceptible de se défendre dans l'air contre les attaques analogues de la machine ennemie. Les bouches à feu utilisées de la sorte doivent être à tir aussi rapide qu'effectif; elles ont été difficiles à combiner; elles ne sont pas toujours commodes à manœuvrer; car il faut tirer plus ou moins verticalement sur un aéroplane marchant lui-même à grande allure et venant à passer dans le champ de tir de ces mitrailleuses ou fusils. Même contre un but immobile, ce tir est malaisé, à plus forte raison contre un autre aéroplane se déplaçant. Le tireur en aéroplane n'est point à son aise, la vitesse de déplacement de la machine où il se trouve n'est jamais connue de lui de façon très exacte, alors que pourtant il devrait en tenir compte dans son tir; l'appareil qui le porte est soumis à des oscillations souvent très fortes, à des descentes et à des remontées brusques, ce qui, brusquement aussi, modifie la position du tireur et de la bouche à feu par rapport au but à atteindre. De plus, ce tireur est abandonné à lui-même, en dépit du pilote qui peut se trouver à côté de lui; il n'a point de collaboration à attendre de ce pilote, qui a assez à faire de diriger la machine volante. Et c'est pour cela qu'on remédie à l'imprécision du tir par une pluie véritable de projectiles que l'on peut lancer dans un temps très court, un peu au petit bonheur.

Les chances pour un aviateur d'être tué ou même blessé en plein vol par l'équipage d'une autre machine volante sont assez faibles; il est vrai que les dangers augmentent dans des proportions énormes si l'aéroplane monté par deux aviateurs se trouve en présence de deux machines ennemies. Un calcul assez simple montre que les deux agresseurs, nous entendons les deux aéroplanes ennemis, sont en réalité quatre fois plus redoutables qu'un agresseur unique, et les chances de l'équipage de l'aéroplane isolé diminuent de moitié de ce fait qu'il doit se défendre contre deux attaques, tandis que, constituant un but unique pour les deux attaques, il voit doubler ses chances d'être frappé. C'est pour cela que, quand une machine volante ennemie apparaît, on voit simultanément s'élever plusieurs aéroplanes adverses, ce qui oblige généralement l'agresseur à prendre la fuite, s'il ne veut pas rapidement être « descendu ». C'est pour cela aussi qu'il se forme de véritables expéditions de machines volantes, des *raids*, pour aller en reconnaissance ou pour lancer des bombes et projectiles sur l'ennemi, de manière à ce que la défense de celui-ci se disperse sur les différents attaquants.

Nous allons voir tout à l'heure l'armement dont peut disposer un aéroplane sous la forme des bombes, des fléchettes, armement d'attaque contre les troupes et les installations à terre. Cet armement permet parfois aussi à l'aéroplane d'essayer de mettre à mal un ballon dirigeable, lui donnant quelquefois possibilité d'arriver à un résultat assez heureux, d'autant qu'il peut s'élever facilement et prendre du champ en passant par-dessus ce dirigeable.

Pour ce qui est du tir contre les aéroplanes les armes portatives ne donnent que des résultats négligeables. L'altitude à laquelle vole l'aéroplane oblige à tirer dans une direction presque verticale, sur un objectif se déplaçant à très grande vitesse; on a extrêmement peu de chances d'atteindre ou l'un des aviateurs ou une partie essentielle du moteur ou de la machine, les ailes et le fuselage pouvant être percés d'un très grand nombre de trous de balles sans conséquence. On est arrivé d'ailleurs à blinder les parties les plus essentielles du mécanisme et de la nacelle. On a combiné des canons spéciaux, le plus souvent montés sur voiture automobile, et lançant des projectiles variés laissant derrière eux une trace de fumée, pour que l'on puisse régler le tir. Ces canons doivent pouvoir se pointer sous un angle très considérable, ce qui entraîne des difficultés particulières. Aussi bien, le but est très mal aisé à atteindre, même avec des shrapnells, par suite des déplacements de l'aéroplane dans tous les sens.

INSTALLATION DES BOMBES A BORD D'UN AVION.

CHAPITRE XXXII

BOMBARDEMENTS AÉRIENS

o o c

En parlant de l'utilité de l'aéroplane, nous avons d'un mot fait allusion aux bombes dont les aviateurs se munissent pour leurs expéditions, quand il s'agit non plus seulement d'aller observer et de renseigner les chefs d'une armée, le commandant d'une batterie d'artillerie; mais encore d'essayer de détruire des ouvrages ennemis, de pénétrer sur le territoire pour démolir des ponts de chemins de fer, des gares, des usines où l'on fabrique le matériel militaire. Ce bombardement peut être également opéré du bord d'un ballon dirigeable; et il semble même, de prime abord, que la chose soit plus facile pour un ballon dirigeable que pour un aéroplane.

Il est certain que, de par sa construction même, le ballon dirigeable peut prendre à son bord facilement quelques tonnes de bombes, tandis que l'aéroplane ne présente point une force portante, une puissance de soulèvement suffisante pour arriver à un pareil chiffre dans son approvisionnement offensif. D'autre part, le ballon dirigeable peut demeurer stable en un point déterminé; il peut également, quand il est suffisamment perfectionné, effectuer des voyages de durée beaucoup plus longue; et les perfectionnements que l'on a apportés aux dirigeables, notamment en Allemagne, ont prouvé qu'il était possible de le mettre à même de s'élever à très bonne hauteur, là où il est particulièrement difficile de l'atteindre par le tir de canons même spéciaux, comme conséquence de son déplacement, de sa mobilité très notable, quoique plus faible que celle de l'aéroplane.

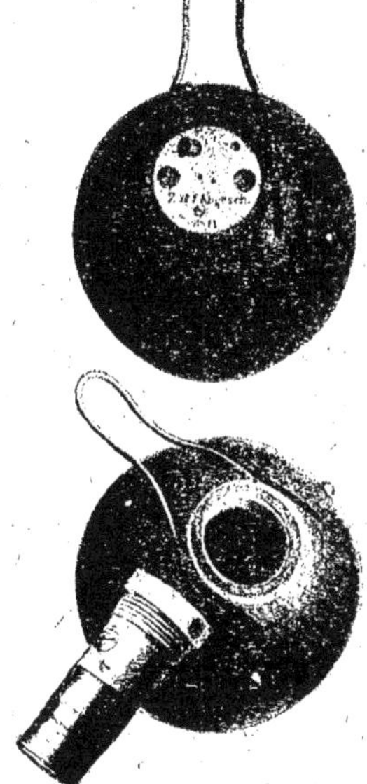

TYPE ALLEMAND DE BOMBE D'AÉROPLANE.

Nous devons reconnaître pourtant que les ballons dirigeables même allemands, les appareils depuis si longtemps étudiés par le comte Zeppelin notamment, n'ont pas fait merveille au point de vue militaire. Il est bien évident qu'ils ont donné la possibilité à plusieurs reprises d'exécuter des raids et vers les côtes anglaises et sur certaines villes d'Angleterre ou même sur Paris. Mais on sait quels piteux résultats ils ont eus du moment où, avec raison, on n'attache point d'importance à quelques assassinats de plus ou de moins, qui ne sont pas du reste, comme les Allemands se le figuraient, susceptibles de causer la moindre épouvante, même au sein d'une population civile. Sans doute les aéroplanes, comme les tauben allemands, sur Paris ou sur d'autres villes, sont bien eux aussi capables de massacrer des femmes et des enfants; mais, dans des cas très nombreux, les expéditions anglaises, françaises ou autres ont montré qu'à l'aide de bombes aériennes, le projectile fait spécialement dans ce but, il était possible de causer des dommages très sérieux à d'importantes usines, à des ponts de chemins de fer mêmes, parfois d'atteindre un ballon dirigeable, l'aviateur s'élevant sensiblement au-dessus de lui, et également de causer des ravages vraiment redoutables parmi des troupes ennemies, dans des cantonnements. Pour cela il est indispensable que l'aviateur ou les aviateurs aient un sang-froid remarquable, qu'ils ne craignent pas de descendre relativement bas pour viser à faible distance, pour laisser tomber d'une hauteur assez minime les bombes qu'ils transportent, et pour arriver dans ces conditions à avoir des chances notables d'atteindre le but.

Quelle que soit l'ingéniosité des bombes et des projectiles divers imaginés pour les tirs aériens soit d'un dirigeable, soit le plus souvent d'un aéroplane, il ne faut pas se faire d'illusions, ce tir n'est pas extrêmement redoutable. Cela tient en très grande partie aux difficultés que l'aviateur a d'atteindre le but, même quand il s'agit d'un but immobile, d'un pont, de troupes cantonnées; à plus forte raison quand il s'agit d'un dirigeable, d'un navire en mouvement, d'un train de chemin de fer, etc. L'aéroplane d'où l'on tire, d'où l'on vise, est animé d'un premier mouvement dans le sens de son déplacement. Il est d'autre part inévitable qu'il monte ou descende quand il est pris par quelque coup de vent comme il s'en présente constamment. Et de plus, pour éviter la rencontre d'un aéroplane ennemi qui a pris sa chasse, pour échapper aux coups de l'ennemi, il est obligé de se livrer à des circuits dans tel ou tel sens, qui compliquent étonnamment la visée. On ne sait jamais exactement à quelle allure on marche; et pourtant il faudrait bien en tenir compte pour juger du moment où l'on doit lâcher la bombe, si l'on veut que, animée d'abord de la même vitesse que l'aéroplane qu'elle vient de quitter, elle tombe à point nommé sur le but que l'on vise. Le temps que cette bombe mettra à atteindre la terre et l'objectif, dépend tout à la fois de la vitesse de l'aéroplane, de la résistance de l'air à la chute de la bombe, de la hauteur même à laquelle la chute a commencé. Ce sont de très grandes difficultés, desquelles on ne triomphe véritablement un peu, que par l'effet du hasard, grâce et à la suite d'un apprentissage prolongé, d'exercices très variés.

Les professionnels ont du reste inventé des procédés grâce auxquels on peut estimer avec plus ou moins d'exactitude les éléments qu'il est nécessaire de connaître : le métier est extrêmement malaisé, d'autant plus que, avant l'attaque, même pendant l'attaque, et à plus forte raison ensuite quand on veut s'échapper, il faut exactement connaître la carte de la région au-dessus de laquelle on se déplace. Le plus sûr est de laisser tomber un très grand nombre de bombes ou même d'obus (puisque l'on emploie maintenant des obus également dans ce but), pour avoir quelques chances d'exécuter l'opération que l'on vous a confiée.

Les bombes que l'on emploie peuvent être de plusieurs sortes, suivant le but à atteindre. Il y en a qui sont combinées plus spécialement pour les attaques contre les personnes, nous entendons les troupes, les soldats, les cantonnements; il est essentiel qu'elles répandent leur action vulnérante aussi loin que possible; ce seront par exemple des shrapnells, ou encore des enveloppes métalliques susceptibles de faire explosion en touchant terre et de se rompre en fragments très nombreux. Les Allemands ont imaginé dans ce but des bombes pouvant répandre des gaz asphyxiants, même du poison comme le phosphore; on sait que les conventions internationales signées par eux ne les embarrassent pas beaucoup. Par une sorte de justice immanente, ces gaz et ces poisons n'ont pas de résultats militaires très sérieux. Quand il s'agit de lancer des projectiles contre des ponts de pierre, des aiguilles de chemins de fer, des massifs en béton ou en acier, il faut que les bombes, les projectiles soient chargés d'explosifs puissants et en contiennent la charge maximum possible; il est du reste essentiel qu'ils tombent tout près des objets à détruire si l'on veut que leur effet soit réel.

Un des types les plus intéressants de bombes aériennes pour ballons dirigeables ou pour aéroplanes, c'est la bombe qui est due à deux ingénieurs anglais, MM. Marten et Hale; ce sont des projectiles du type shrapnell contenant la série de petites balles métalliques dont nous avons parlé, et qui, au moment de la rupture du projectile, par suite de son contact même avec un obstacle ou de l'inflammation d'une fusée, sont lancés dans toutes les directions. Ce genre de projectile pèse de 9 à 10 kilogrammes et contient plusieurs kilos d'un explosif violent, en même temps que 340 balles qui se répartissent de tous les côtés et produisent des ravages terribles, du moins si elles tombent au-dessus d'un rassemblement de troupes.

Les projectiles approvisionnés à bord d'une machine volante sont très souvent lancés à la main, grâce à une poignée qu'ils présentent. Parfois aussi ils sont déclanchés automatiquement, quand l'homme qui se trouve à bord de l'aéroplane estime que la bombe peut atteindre le but visé. On a combiné de ces bombes qui deviennent presque des obus, et qui, grâce à une petite hélice spéciale mise en rotation par la chute même de la bombe verticalement, éclateront en l'air à une vitesse réglée à l'avance, après être tombées de l'aéroplane, et couvriront une vaste surface de projectiles formés d'éclats et de balles, par suite de l'inflammation de la fusée entraînant la détonation de la charge.

Comme de juste, il est essentiel que les bombes ainsi confiées aux aviateurs ou aux équipages de dirigeables et approvisionnées, accumulées dans la nacelle ou le fuselage, puissent être manipulées, transportées sans aucun danger d'éclatement prématuré; on a dû même prendre des précautions pour que cet éclatement ne puisse pas se produire, si par hasard un des projectiles lancés par un aéroplane ennemi venait à frapper une de ces bombes, à bord même de l'aéroplane ou du ballon. Il faut également que la détonation ne puisse se faire si le contact avec la terre était violent, quand ballon ou aéroplane redescendent. Généralement il est nécessaire, pour que la bombe soit armée et susceptible de faire explosion, qu'elle parcoure d'abord une soixantaine de mètres dans l'air, distance et parcours pendant lesquels les petites ailettes ménagées au sommet de la bombe feront un certain nombre de révolutions, et libéreront le détonateur, l'organe susceptible de faire exploser la charge. Des

PRÉPARATIFS DE DÉPART : EMBARQUEMENT D'OBUS A AILETTES.

dispositifs, sous la forme d'ailettes également, sont prévus pour que, dans sa chute, la bombe prenne presque immédiatement une position verticale et file avec le maximum de rapidité vers le but visé à terre, et en dessous de la machine volante.

Comme les bombes coûtent assez cher, que leur fabrication nécessite un certain temps, que leur approvisionnement peut laisser à désirer, qu'elles pèsent lourd, et qu'il n'est pas possible d'en emporter un nombre très notable, spécialement à bord d'un aéroplane; on a imaginé une forme spéciale de projectile dont le fonctionnement repose uniquement sur le poids, qui est pourtant fort dangereux en dépit de son faible volume et de son apparence peu redoutable. Ce dispositif a été créé en France et imité en Allemagne, où l'on a l'habitude de faire facilement sien ce qui vous convient. Ce sont les fameuses fléchettes en acier, ce que l'on appelle aussi les dards d'aéroplanes. Elles ont la forme et à peu près les dimensions d'un gros crayon de couleur, environ un centimètre de diamètre, et une longueur de 14 à 15 centimètres; ces fléchettes sont généralement faites au tour avec une pointe conique à l'extrémité; à l'autre bout, le métal est entaillé suivant une disposition en croix, et les 4 petites lames de métal qui subsistent ainsi à l'arrière de la flèche lui font un véritable empennage, exactement comme les plumes de la flèche classique. Elles lui permettent de se diriger en ligne droite. Il va de soi que ces flèches coûtent très bon marché; l'aviateur peut en emporter avec lui un approvisionnement de plusieurs centaines, disposées dans une caisse à fond mobile qui lui permettra de les laisser tomber en quantité convenable au-dessus de corps de troupes, de détachements isolés présentant une surface assez importante. Sans doute ces fléchettes, en vertu de leur faible poids, peuvent dériver assez facilement sous l'influence du vent, le tir n'est pas d'une précision absolue; mais on y remédie par le nombre même des flèches

DISPOSITIF DE BOMBARDEMENT A BORD D'UN AVION.

que l'on laisse tomber simultanément. Elles acquièrent bien vite une allure de 150 mètres par seconde, ce qui est la vitesse d'un projectile de fusil à une certaine distance; leur pénétration est considérable. Elles traversent facilement un casque en cuir bouilli en entrant de 6 à 7 centimètres dans un crâne, pénètrent profondément dans le corps à travers un uniforme, causent de terribles blessures. C'est de la destruction économique, nous entendons à peu de frais, étant donné le coût de la fabrication.

Il est certain que les bombes, les flèches, les projectiles de bouches à feu légères constituent pour l'aéroplane et même pour le ballon dirigeable un armement assez redoutable; il est sûr que cet aéroplane en particulier a rendu dans la guerre moderne des services précieux, qui ne pourront que se développer. Peut-être exagère-t-on quelque peu en estimant que, comme instrument de combat proprement dit et de destruction, il a l'avenir le plus large ouvert devant lui. Il est assuré du moins que la lutte contre l'aéroplane est extrêmement difficile, par suite des conditions de tir sur cette machine volante.

LA GARE DE L'EST LE PREMIER JOUR DE LA MOBILISATION.

CHAPITRE XXXIII

LES CHEMINS DE FER ET LA GUERRE

o o o

Comme toutes les industries les plus pacifiques, l'industrie de la guerre a besoin de rapidité; nous l'avons vu notamment en parlant du tir des canons. Il est donc naturel qu'elle ait mis à contribution autant qu'elle le pouvait les moyens de transports aériens, dans la limite que nous avons indiquée. Elle tire un parti admirable des transports automobiles sur route. Elle n'a point oublié de mettre à contribution, de la façon la plus large et la plus complète, les transports par voie ferrée.

Nous sommes loin de l'époque où l'on comptait uniquement sur les jambes du soldat pour transporter l'infanterie d'un point à un autre, où les troupiers de Napoléon Ier pouvaient dire : « On a gagné la bataille avec nos jambes ». Sans doute les jambes sont toujours nécessaires dans les combats proprement dits, quand les soldats se précipitent à l'assaut notamment, avancent par bonds à l'attaque des tranchées; mais les chemins de fer jouent un rôle de premier ordre, dont Napoléon aurait bien su tirer parti si les voies ferrées lui avaient pu offrir leur collaboration.

Dès 1870, les Allemands, toujours merveilleusement armés pour l'attaque, comme des bandits au coin des bois, pouvaient, grâce à lignes ferrées multipliées, lancer en quelques jours sur la frontière des forces énormes pour l'époque. A ce moment également, bien que notre préparation fût fort incomplète, nous avions commencé de tirer parti de voies ferrées trop rares; et la Compagnie de l'Est par exemple, en 22 jours, avait réussi à transporter 300 000 hommes, 65 000 chevaux, pour organiser la défense du pays. Depuis lors, et après la leçon terrible que nous avions reçue en nous faisant vaincre par l'Allemagne, toute une organisation avait été combinée par le Ministère de la Guerre, de concert avec les grandes compagnies de chemins de fer, même avec les compagnies secondaires, afin d'utiliser toutes les voies ferrées possibles à la mobilisation; c'est-à-dire au transport des hommes de la réserve vers les centres où ils doivent venir compléter les troupes actives, aussi bien que pour la concentration ou pour les transports quotidiens vers le front, en même temps que pour l'apport vers ce front de tous les approvisionnements pour les hommes, pour les chevaux, pour les bouches à feu.

On a attribué au Généralissime Joffre un mot qu'il pourrait légitimement avoir dit : « Cette guerre est surtout une guerre de chemins de fer ». Il est certain que l'admirable façon dont se sont réalisées notre mobilisation et notre concentration au début de la guerre de 1914, et aussi les déplacements extraordinairement rapides que les Allemands ont exécutés pour envahir la Belgique en violant leur signature, soit pour nous attaquer de tous les côtés, soit enfin pour transporter leurs troupes alternativement de l'Ouest à l'Est et de l'Est à l'Ouest, entre la Russie et la France; tout cela est dû à la mise à contribution aussi large que possible des voies ferrées avec leur matériel roulant.

Au reste, dans les conditions où se fait la guerre moderne, sur un front long de centaines de kilomètres, comme les attaques ont généralement lieu en tel ou tel point de ce front avec l'intention de surprendre l'ennemi, grâce à la réunion de corps de troupes multiples là où l'on ne s'attendait pas à les trouver; les voies ferrées parallèles et perpendiculaires au front rendent des services précieux, en permettant de transporter presque instantanément, d'un point très éloigné du lieu choisi pour l'attaque, des régiments, des corps d'armée, que l'attaqué sera tout surpris de voir surgir inopinément devant lui. Nous n'avons pas été inférieurs aux Allemands à ce point de vue de l'utilisation des voies ferrées; et si les Russes n'ont pu en faire autant, c'est que leurs chemins de fer, notamment vers leur frontière occidentale, sont déplorablement rares.

Ce sont presque toutes les ressources des compagnies de chemins de fer qu'il faut mettre de la sorte à contribution, du moins au moment de la mobilisation et de la concentration, au début de la guerre, et ensuite dans les régions voisines du front, dans la zone des armées, comme on dit dans le langage technique; parce que ce sont des milliers et des centaines de milliers même d'hommes qu'il faut constamment transporter, sans parler des chevaux, des canons, des wagons de munitions, des trains apportant continuellement le pain, la viande, les matières alimentaires diverses pour les hommes, les fourrages pour les chevaux, emmenant les blessés, ramenant des troupes pour remplacer celles qui ont été évacuées, etc.

DÉPART D'UN TRAIN DE ZOUAVES.

Que l'on n'oublie pas par exemple que, pour le transport d'un seul corps d'armée, prêt à se battre il est vrai, il faut mettre en circulation quelque 120 trains, représentant chacun à peu près un poids de 500 000 kilos. Le corps d'armée est ce qu'on appelle l'unité technique de l'armée moderne, mais une unité qui maintenant se rencontre en nombre extrêmement élevé dans chacune des armées des belligérants. Ce corps d'armée, en temps de guerre, est bien entendu étonnamment plus développé que le corps d'armée des manœuvres que certains de nos lecteurs ont vu parfois s'exercer pour ce qu'on appelle volontiers la petite guerre en temps de paix. Il comprend des troupes de toutes les armes, aussi bien du génie et de la cavalerie que de l'artillerie et de l'infanterie. Ce seront notamment 6 régiments d'infanterie, 2 régiments d'artillerie, 2 escadrons de cavalerie, 2 compagnies du génie. Mais il faut aussi l'intendance avec ses convois administratifs, chargée d'amener les matières alimentaires dont nous parlions, aussi bien que les vêtements nécessaires pour remplacer ceux qui seraient mis hors de service; puis le parc d'artillerie ravitaillant cette artillerie en gargousses et en obus; le parc du génie et les explosifs nécessaires aux besognes que l'on demandera d'exécuter à ce génie; c'est ensuite le service de santé, médecins et chirurgiens, brancardiers et ambulanciers, avec les véhicules divers; puis le Trésor et la Poste, assurant le transport des correspondances aussi bien que l'arrivée des fonds. N'oublions pas la gendarmerie aux armées, qui prend le nom de prévôté, et est chargée spécialement de surveiller les convois de prisonniers, d'arrêter les espions, les pillards, etc. Et comme tous ces organes peuvent demander, demandent même régulièrement à être renouvelés en partie au cours de la campagne; il faut, à l'arrière du corps d'armée, des organes de ravitaillement de toutes sortes en vivres, en explosifs, en outils, en munitions, des parcs de bétail, des boulangeries, des approvisionnements, des entrepôts, des dépôts de chevaux; ces ravitaillements partant quotidiennement d'une grande gare de chemin de fer dite gare régulatrice, pour aller par voie ferrée aussi loin que possible, c'est-à-dire aussi près que possible du front de bataille. Tout cela dépend de la direction des étapes et services, mais se fait en très grande partie maintenant par chemin de fer. C'est tout au plus si les transports par voie navigable peuvent compléter les transports par voie ferrée.

Bien entendu, pour répartir ensuite ces approvisionnements de toutes sortes aux diverses unités militaires dispersées dans la zone des armées près du front, il faut alors des véhicules traînés par des chevaux, des véhicules régimentaires, ou encore des voitures automobiles, comme ces fameux omnibus automobiles parisiens transformés pour le transport de la viande. On a du reste pris, surtout pendant la guerre 1914-1915, à compléter les voies ferrées par de petites lignes à voie étroite, construites au fur et à mesure des besoins de façon très rapide par des services spéciaux de construction et d'exploitation des voies ferrées légères; celles-ci sont à écartement de 60 centimètres seulement, mais elles rendent des services précieux. On les établit facilement sur les routes et pendant la nuit, quand il est difficile à l'ennemi de les repérer pour les canonner; les convois circulant sur ces voies légères traversent les champs, les forêts, les voies d'eau sur des ponts légers eux-mêmes, et apportent jusqu'au front les munitions notamment, si indispensables à la guerre moderne, et les approvisionnements les plus variés.

Les masses prodigieuses d'hommes que l'on engage aujourd'hui, ces effectifs formidables dont nous avons dit un mot en commençant, sont venus transformer de façon quelque peu imprévue l'usage des chemins de fer, et leur imposer des efforts extraordinaires, ainsi qu'au personnel militaire ou militarisé qui assure l'exploitation des lignes dans la zone des armées et sur le front même. Les grandes manœuvres les plus complètes n'avaient pu en donner qu'une idée très vague, très inexacte même. Il ne suffit pas de rassembler des millions d'hommes; il ne suffit même pas à ces hommes de combattre; il est essentiel surtout que leur ravitaillement en munitions et en armement, leur alimentation, l'évacuation des blessés et l'arrivée des hommes de remplacement, en un mot les communications entre

DESTRUCTION D'UN PONT DE CHEMIN DE FER SUR L'YSER.

le théâtre des opérations et l'arrière, et aussi entre les divers points du front de bataille, soient assurées dans les meilleures conditions de rapidité et de débit.

Et c'est pour cela que, dès le début de la guerre, même dès le début de la mobilisation, ce qui ne suppose pas immédiatement l'entrée en guerre, toutes les voies ferrées du pays, quand il s'agit par exemple de la France, sont mises à la disposition du Ministre de la Guerre, sont réquisitionnées; les besoins civils devenant dès lors secondaires, et ne pouvant être satisfaits pour le transport des marchandises ou le transport des voyageurs, même dans la portion du territoire qui est relativement loin des points de la zone où on se bat, que dans les limites où les besoins militaires sont d'abord satisfaits. C'est pour cela aussi que, à cet égard, le territoire national est divisé en zone de l'intérieur et zone des armées, séparées par ce que l'on appelle la ligne de démarcation ou base d'opération. Dans la zone de l'intérieur, le Ministre de la Guerre peut autoriser et autorise généralement la reprise des services civils, sous forme quelque peu atténuée, au bout des quatre premiers jours de la mobilisation, pendant lesquels tous les services civils sont suspendus. Dans la zone des armées, on distingue la zone de l'avant et la zone de l'arrière, qui se rencontrent aux gares de ravitaillement. Dans la partie arrière de cette zone, l'exploitation des voies ferrées est assurée par le personnel des chemins de fer, mais bien entendu sous les ordres directs du généralissime; dans la zone de l'avant, c'est un personnel non plus militarisé, demeuré sur place, mais bien un personnel essentiellement militaire, organisé en véritables troupes de chemins de fer, qui assure l'exploitation; aussi bien, ajoutons-le, en cas de besoin, que la construction de nouvelles voies ferrées et aussi la destruction de celles qui existent, quand il s'agit, dans une retraite ou dans un combat, d'arrêter les progrès de l'ennemi, de l'empêcher de tirer parti des voies ferrées subsistantes.

Nous disions tout à l'heure que tout le réseau ferré français, au moment d'une mobilisation, à plus forte raison de la guerre, passe entre les mains du Ministère de la Guerre; mais celui-ci conserve la collaboration de tous les agents de la compagnie privée. Dans la moindre gare il existe un commissaire militaire des chemins de fer, à côté duquel subsiste le chef de gare avec ses agents techniques ordinaires, chargés du fonctionnement, technique également, de la voie sous les ordres du commissaire des chemins de fer. De même, à la tête de la compagnie, il y a une commission technique où l'élément militaire et l'élément civil sont réunis, fonctionnent de concert, l'élément militaire ayant toujours le dernier mot. Cette organisation du réseau des chemins de fer pour le temps de guerre est d'ailleurs prévue, étudiée à fond pendant la paix, de manière à ce que, instantanément, au moment de la mobilisation, elle puisse commencer à fonctionner et à donner tous ses résultats.

Pendant la guerre de 1914-1915, on a pu constater que nos réseaux français ont fourni tout ce qu'on attendait d'eux, au moins aussi bien que le réseau d'État allemand, qui, en temps de paix comme en temps de guerre, est entre les mains de l'administration. En principe, tous les agents des compagnies demeurent à leur poste, mais en prenant le brassard de mobilisation, en étant militarisés, en devant obéir strictement aux ordres du personnel de commandement militaire, en étant soumis à la discipline militaire elle-même. Toutefois, les plus jeunes de ces agents, ceux notamment qui font partie de l'armée active, sont immédiatement appelés pour constituer des unités militaires qui, avec le 5e Régiment du Génie, qui est le régiment dit des chemins de fer et qui constitue une unité essentiellement active, assureront l'exploitation des lignes ferrées, la réparation, la construction, la destruction de ces lignes au besoin, comme nous le disions, dans toute la zone de l'extrême-avant, à toucher le front de bataille. Ce sont des sections de chemins de fer, qui sont même complétées par des sous-sections, dont nous ne pouvons rien dire, faute de place.

L'exploitation des voies ferrées au moment de la mobilisation, et surtout en temps de guerre, a été minutieusement organisée et prévue à l'avance. C'est ainsi qu'il y a des gares de rassemblement où l'on réunit les expéditions en provenance d'une même région de corps d'armée; des stations halte-repas qui sont à même de répondre aux besoins d'alimentation des hommes et des bêtes en cours de transport; des stations magasins qui sont en communication constante avec les arsenaux aussi bien qu'avec les gares où l'on accumule le bétail et le fourrage, ces stations magasins servant d'entrepôts de ravitaillement. On a prévu des gares régulatrices, où arrive tout ce qui vient des gares de ravitaillement, celles-ci servant aux services spéciaux pour leur fournir les approvisionnements divers qui sont nécessaires. On cherche naturellement à prolonger les transports par voie ferrée aussi loin que possible, pour ne recourir que dans la limite des nécessités aux transports par véhicules, même par véhicules automobiles sur route, afin de gagner de la rapidité.

Rien que pendant les premiers mois de la guerre de 1914, on a pu juger des services véritablement extraordinaires que les voies ferrées françaises ont été susceptibles de rendre et à la mobilisation et à la concentration des troupes, c'est-à-dire à leur amenée aussi près que possible du front où on allait se battre; et au transport des approvisionnements en même temps que des blessés en sens inverse. Rien que pendant le mois d'août 1914, pour le compte de la seule compagnie de l'Est, qui se trouvait, il est vrai, fort intéressée en la matière, à cause de sa situation dans une région partiellement envahie, le ravitaillement des armées, l'évacuation des blessés, les transports dits tactiques répondant aux besoins du déplacement des troupes pour les batailles à soutenir, ont nécessité la mise en marche de 7 900 trains; mais, pendant ce même mois d'août, il avait fallu mettre également en circulation les trains de mobilisation et de concentration. Et on arrivait, pour l'ensemble, à un mouvement de 12 300 trains militaires. Dans certains parages, ces transports étaient rendus d'autant plus difficiles qu'une cinquantaine de ponts importants, des tunnels même avaient été détruits soit par l'ennemi, soit par nos troupes pour arrêter les mouvements de cet ennemi; il fallait à chaque instant rétablir les communications coupées, reconstruire provisoirement des ouvrages indispensables. Il est curieux de rappeler que, pour les transports de concentration seuls, qui commencèrent le 5 août, on dut faire circuler 4 064 trains de troupes et de matériel répartis sur 16 journées seulement. Sur le réseau du Nord, on faisait également des merveilles. Tandis que la ville de Liége résistait héroïquement aux envahisseurs, en dépit de la surprise que causait chez d'honnêtes gens la félonie allemande violant la neutralité belge, le réseau assurait l'évacuation des civils fuyant la Belgique et la sauvagerie teutonne, en même temps que l'évacuation de plus de 2 700 locomotives du réseau belge. Pour assurer le transport de l'armée anglaise, au début de cette campagne, il avait fallu plus de 400 trains se succédant à six minutes d'intervalle, en dépit des transports de blessés, de munitions, de ravitaillement. Pour préparer la retraite de la Marne et la bataille victorieuse qui devait suivre, ce fut encore bien autre chose.

Ce qui peut montrer le rôle absolument précieux du chemin de fer en temps de guerre, c'est d'une part la façon victorieuse, pour un temps, dont les Allemands ont pu envahir tout l'ouest de la Russie; c'est d'autre part ce fait que pour arrêter l'armée du général von Kluck s'avançant sur Paris, toutes les troupes françaises disponibles furent dirigées vers le Nord en chemin de fer un peu avant la bataille de la Marne; c'est que l'armée qui opérait dans la Meuse, embarquée dans 180 trains en attente, fut, en moins d'une semaine, transportée tout entière aux environs de Paris. Les Allemands ignorèrent la rapidité de ce déplacement. Ce furent encore les chemins de fer qui amenèrent de tous les dépôts de la France des troupes de renfort; ce furent eux qui rassemblèrent derrière Reims l'armée du général Maunoury et les deux armées des généraux de Castelnau et Sarrail.

Les transports par chemins de fer n'ont pas tué la guerre, comme il y a trente ans l'admettait M. Alfred de Foville; ils l'ont rendue encore plus redoutable; eux seuls permettent la manœuvre rapide des énormes effectifs composant les armées du XXe siècle.

AUTOMOBILES TRANSPORTANT DES TROUPES.

CHAPITRE XXXIV

L'AUTOMOBILISME A LA GUERRE

o o o

Les moyens de transport jouent un rôle des plus actifs dans la grande guerre; nous avons vu notamment ce qu'il en est des chemins de fer.

La locomotion sur route sous des formes et pour des applications très diverses n'est pas moins précieuse, surtout grâce aux perfectionnements mécaniques. Bicyclettes, motocyclettes, automobiles et trains sur route sont employés tantôt comme véhicules de transport, tantôt comme appareils divers, et enfin comme engins de combat. Les services que rendent tous ces merveilleux véhicules ne se comptent plus et l'on peut, dès maintenant, affirmer que leur utilisation intensive dans des emplois très divers a fait prendre à l'automobilisme une place capitale parmi les facteurs les plus importants de la guerre moderne. L'introduction des voitures automobiles dans les différents services des armées en campagne doit être considérée comme une des innovations les plus heureuses; elle a donné des résultats auxquels on ne s'attendait guère, tant en ce qui concerne les poids lourds que les véhicules légers, car la collaboration des engins automobiles aux opérations militaires aura été une des causes, et non la moindre, du changement apporté dans la physionomie de la guerre. Il est bon de s'en rendre compte, même après ce que nous avons dit de l'artillerie mobile.

Lord Roberts, lors de la guerre du Transvaal, introduisit l'automobile dans le service de ses armées, en utilisant un certain nombre de tracteurs qui traînaient des canons et certaines pièces de matériel lourd; le général anglais ne se doutait certes pas à cette époque de l'avenir de l'automobilisme militaire. Les Italiens, lors de la conquête de la Tripolitaine, employèrent, mais sans qu'elles aient donné des résultats appréciables, quelques centaines de voitures automobiles et de camions légers. Lors de la guerre des Balkans, les différentes nations belligérantes firent appel à l'automobile; mais les routes de l'Épire et de la Macédoine ne tardèrent pas à rendre les meilleures voitures impropres à tout service. La grande guerre européenne de 1914-1915 devait consacrer, d'une façon générale et définitive, l'emploi de l'automobilisme comme un élément précieux de la défense nationale, et les besoins militaires devaient fournir aux divers types de voitures des emplois aussi multiples que variés.

La France, au moment de la déclaration de la guerre, possédait en chiffres ronds 90 000 voitures automobiles, représentant près de 1 200 000 chevaux-vapeur; elles étaient réquisitionnables. De même que pour les chevaux, tout propriétaire d'automobile devait et doit encore faire à la mairie de la commune la déclaration de sa propriété. Une commission de classement présidée par des officiers passait tous les ans et choisissait, parmi les autos réunies, celles qui parais-

LES AUTOBUS PARISIENS AU FRONT.

CAMIONS AUTOMOBILES SE DÉFILANT DANS UN RAVIN.

saient susceptibles d'être utilisées par l'armée. Les commissions de classements sont, en quelque sorte, les conseils de revision des automobiles ; avant la guerre elles récusaient environ 40 p. 100 des voitures présentées et en gardèrent 60 p. 100, car s'il existe des véhicules pouvant rendre de très grands services, il en est d'autres qui, à la guerre, sont inutiles et encombrants. Au moment de la déclaration de la guerre, toutes les autos particulières classées furent réquisitionnées d'office et payées suivant le prix fixé d'avance.

La réquisition a donné aux armées, dès le lendemain de la mobilisation, plus de 30 000 voitures civiles de catégories diverses, transformées aussitôt en véhicules militaires. Pour certaines, la transformation fut aussi simple que rapide ; une couche de peinture grise, quelques signes distinctifs, un numérotage et des lettres marqués en blanc, et la voiture civile était, en quelques minutes, devenue automobile militaire. A la fin de la mobilisation, l'armée française, sans compter les voitures militaires, avait à son service de 54 000 à 55 000 automobiles réquisitionnées. Toutes ont eu un rôle important à jouer, puisque, suivant leur nature, la force des châssis et la puissance des moteurs, elles ont servi au ravitaillement, aux organisations sanitaires, au transport rapide des troupes, aux services de communication et aux besoins des états-majors, au transport même des troupes au besoin.

Nos alliés et nos ennemis possédaient, avant la guerre, de nombreuses voitures automobiles, dont une foule ont été mises à contribution et réquisitionnées comme en France pour les besoins des armées en campagne. Les Anglais étaient propriétaires de 55000 voitures tant commerciales que particulières; les Italiens, qui sont d'habiles fabricants d'autos, en comptaient aussi plusieurs dizaines de mille, tandis que les Russes se contentaient du nombre, relativement insignifiant, de 10000 voitures, et encore ce chiffre est, paraît-il, plutôt exagéré. Les recensements de 1913 attribuaient aux Allemands 70000 voitures civiles, et les propriétaires austro-hongrois en possédaient 25000 environ.

Les autobus de Londres et ceux de Paris surtout ont rendu de grands services dès les premiers jours de la guerre; ils furent rapidement transformés et servirent à des camionnages qui réclamaient de la rapidité en même temps que de la force. Ils furent surtout employés au ravitaillement en viande fraîche, tandis que d'autres véhicules industriels étaient utilisés pour le transport des munitions. Pour nourrir des millions de soldats et alimenter en projectiles des dizaines de milliers de canons, sans compter toutes les cartouches et projectiles divers des fantassins; pour fournir, en un mot, tout ce qui est nécessaire aux armées pour l'existence des hommes et l'alimentation des engins de combat; il faut des moyens de transport résistants et d'énorme débit. Les chemins de fer ne fonctionnent que jusqu'à des points déterminés, ils ne peuvent atteindre les limites extrêmes du front; le camion automobile est apparu comme le meilleur facteur pour compléter l'œuvre du chemin de fer et pour, dans certains cas, créer, en concurrence avec la voie ferrée, un moyen de transport d'une grande activité. Nous ne sommes plus au temps des agglomérations de troupes, considérées alors comme formidables, de deux à trois cent mille hommes; c'est par millions que se chiffrent les masses de soldats réunis. Pour assurer la vie de ces masses formidables et garantir l'exercice de leurs fonctions, quelquefois pour les faire mouvoir, l'automobilisme est maintenant indispensable aux armées; la guerre moderne ne saurait plus se concevoir sans l'automobile.

Les autos, comme cela a été dit dans un autre chapitre, ont rendu de sérieux services aux organisations sanitaires, pour le transport doux et rapide des blessés; les ambulances disposent même de voitures spéciales aménagées en salles d'opérations chirurgicales. Les tonneaux d'arrosage municipaux ont été réquisitionnés pour être employés au transport de l'eau, dans certaines régions, et il a été créé, pour servir dans les contrées contaminées, des autos-citernes filtrantes et des voitures-distilleries, dans lesquelles on stérilise instantanément d'importantes quantités d'eau. L'armée française, suivant en cela l'exemple des Anglais, a fait construire des cuisines automobiles, très supérieures aux cuisines roulantes allemandes. Il ne paraît pas utile d'insister sur le rôle de certaines voitures automobiles, qui ont d'ailleurs été décrites dans d'autres chapitres; les autos de la télégraphie et de la téléphonie militaires, de la télégraphie sans fil et les projecteurs électriques rentrent dans cette catégorie. Mais, avant de parler des automobiles de combat, il nous semble utile de signaler sur certaines parties du front, mais simplement pour mémoire, la présence des autos-charrues qui creusent des tranchées. Cette machine ne semble pas encore bien mise au point; elle paraît cependant promettre beaucoup, quoique ne possédant pas toutes les qualités qui lui sont attribuées; les officiers du génie ont bien entendu parler de certaines autos-charrues capables de creuser, en vingt-quatre heures, un fossé long de 2400 mètres de longueur sur un mètre de profondeur et un mètre de largeur; mais aucun n'a encore rencontré ce précieux engin, et leurs collègues civils, les ingénieurs de travaux publics, ignorent aussi la pelle automobile remuant 100 mètres cubes de terre à l'heure et creusant, en même temps, une fouille convenable.

AUTOMOBILE A LAMES COUPANTES POUR LA DESTRUCTION DES FILS BARBELÉS.

Les autos-ateliers sont en grand nombre sur le front et à l'arrière, dans la région des armées; leur équipement et leur outillage varient suivant les besoins. Il y a aussi les autos-cisailles qui, munies à l'avant et sur les côtés de lames d'acier aux fines dentelures, coupent au passage les barrières de ronces métalliques. Elles promettent plus qu'elles n'ont encore tenu.

Les aéroplanes militaires ne peuvent se suffire à eux-mêmes, il peut être nécessaire, par exemple, de transporter les avions par les voies terrestres, démontés ou non; c'est l'automobile qui, dans tous les cas, leur apporte le concours nécessaire et les secours dont ils ont besoin, non seulement pour leur transport, mais aussi pour leur ravitaillement en combustible, en eau, en huile et en pièces de rechange. Les services de l'aéronautique militaire, pour que rien ne manque aux avions, ont organisé un important matériel automobile, parmi lequel figurent les voitures-ateliers d'aéronautique, et les camions de 25 chevaux avec 3 500 kilos de charge utile, pour transporter les aéroplanes, figurent en bon nombre dans notre matériel, ainsi que les tracteurs pour le ravitaillement des appareils et le transport des soldats mécaniciens. Les automobiles spéciales de l'aviation donnent aux escadrilles la faculté de partir à l'improviste, de s'établir n'importe où, de suivre les troupes et de camper près d'elles. Les voitures automobiles rendent les escadrilles d'avions parfaitement indépendantes; les aéroplanes ne sont plus solidaires d'aucun parc; avec leurs camions, leurs auto-ateliers et leurs tracteurs, les groupes d'avions vivent, s'entretiennent et s'abritent par leurs propres ressources.

Mais, en dehors de ces applications si diverses, les automobiles ont un rôle fort direct dans les opérations de la guerre; elles se présentent en effet sous la forme des tracteurs de l'artillerie lourde, des autos-mitrailleuses et des autos blindées. Nous en avons parlé dans divers chapitres. Rappelons aussi, à ce point de vue de la mise à contribution militaire de l'automobilisme, que le refoulement, en septembre 1914, des hordes allemandes loin de Paris menacé a été dû en grande partie à l'intervention du taxis-autos parisiens, grâce auxquels l'armée du général Maunoury put recevoir en temps utile les renforts nécessaires qui permirent de déterminer le mouvement de retraite des Allemands. Cette intervention rapide des voitures de place parisiennes n'est pas une légende, c'est un point d'histoire. Souvenons-nous également que les dix-huit cents autobus parisiens, avant de devenir surtout des voitures de boucherie militaires, collaborèrent en grand nombre avec le chemin de fer pour transporter rapidement dans le Nord les troupes qu'il fallut opposer sans tarder aux envahisseurs du Luxembourg et de la Belgique; en l'espace de 24 heures 15 000 automobiles, camions industriels pour la plupart, transportaient 60 000 hommes sur les frontières du Nord, ce qui assura un concours précieux aux chemins de fer. Normalement ensuite l'autobus a été utilisé pour les déplacements de troupes entre les premières lignes et l'arrière, les cantonnements.

Les automobiles sont de précieux auxiliaires de la défense nationale; elles sont aussi des engins de combat remarquables, dont les Allemands avaient compris l'utilité longtemps avant la déclaration de la guerre, puisque, en août 1914, leurs armées purent tout de suite mettre en campagne un millier d'automobiles blindées, armées de mitrailleuses et portant une douzaine de soldats.

L'INSPECTION DES MASQUES PROTECTEURS AVANT UN COMBAT.

CHAPITRE XXXV

PROCÉDÉS DE GUERRE CRIMINELS

o o o

On est quelque peu honteux, pour l'humanité, d'admettre un pareil chapitre dans un livre consacré à « La guerre moderne »; alors que, depuis déjà tant d'années, en dehors de ceux qui rêvaient la disparition des guerres, il y avait du moins une foule de gens dont tous les efforts avaient tendu à rendre la guerre moins brutale par des conventions de toutes sortes ayant pour objet non pas seulement de préserver les civils, les femmes, les enfants, la propriété individuelle, mais encore de faire abandonner les méthodes inutilement cruelles, de réduire au strict nécessaire la violence, qui est inévitablement au fond de la guerre.

Les Allemands, par leur barbarie voulue, ont ramené l'humanité à des siècles en arrière; et, ce qui est peut-être le pire, c'est que c'est en tirant parti de tous les progrès de la technique, de la science, de l'industrie, qu'ils ont imaginé des méthodes plus sauvages que celles que l'on avait jamais pratiquées, de véritables procédés criminels. Le mot n'est pas de trop, si l'on songe que le gouvernement allemand avait signé des conventions internationales par lesquelles toutes les nations, et lui en particulier, s'interdisaient par avance le recours à tel moyen de destruction, qui était susceptible, tout à fait inutilement, d'augmenter les souffrances des combattants, en faisant du reste porter directement sur les populations civiles, et plus particulièrement sur les enfants, sur les femmes, sur les non-combattants, les horreurs de la guerre.

Les procédés, les appareils, les instruments ainsi mis à contribution par les Allemands, et aussi par leurs émules et alliés les Autrichiens, les Turcs, avaient si nettement ce caractère criminel, que les nations alliées ont le plus souvent hésité pendant des mois à leur répondre de la même manière; et que jamais par exemple il ne serait venu à leur pensée de recourir à ces bombes incendiaires, à ces pastilles qui ont rendu plus célèbre, mais tristement célèbre, le nom d'Ostwald, et dont le but nettement arrêté était de détruire les propriétés particulières, de brûler vifs les habitants innocents des villes et des villages.

Il faut reconnaître que, dans la combinaison de ces procédés et engins meurtriers, les Allemands ont fait appel à une véritable chimie tout à la fois scientifique et barbare où peu de gens pouvaient les égaler.

Il suffit de passer rapidement en revue ces procédés, ces produits pour en juger pleinement à tous égards. Voici d'abord les produits incendiaires, montrant bien que, en la matière comme en toute autre, les envahisseurs de la Belgique s'étaient préparés de longue main à leur agression et à leur violation de l'engagement le plus solennel. Des équipes de soldats avaient été armées d'une sorte de pulvérisateur quelque peu analogue à ceux que l'on emploie pour détruire les végétations sur les fruitiers ou les champignons sur la vigne; ils avaient ainsi la possibilité d'arroser les maisons et leurs diverses pièces d'un mélange d'essence de pétrole, de benzine, de substances essentiellement inflammables; souvent même le pétrole était lancé sur les façades et sur les toits à l'aide de pompes automobiles. Pour l'allumage, on recourait aux petites pastilles auxquelles

SAC REMPLI DE PASTILLES INFLAMMABLES.

nous faisions allusion, que l'on disposait de place en place, et qui tantôt étaient faites d'une matière phosphorée, tantôt étaient à base de thermit, combinaison d'un métal et d'oxygène à laquelle on ajoute de l'aluminium en poudre. Cette préparation avait été imaginée d'abord dans un but essentiellement industriel, pour utiliser l'élévation de température considérable qui se produit quand on allume en un point la poudre d'aluminium, qui continue à brûler d'elle-même; cette température était utilisée pour souder les métaux les plus résistants comme le fer; l'aluminothermie, comme on l'appelle, pouvant facilement remplacer la soudure à l'aide de l'arc électrique. L'État-major allemand n'a pas manqué de tirer parti de cette invention pour faire préparer ces pastilles incendiaires développant une chaleur énorme et d'une extinction très difficile.

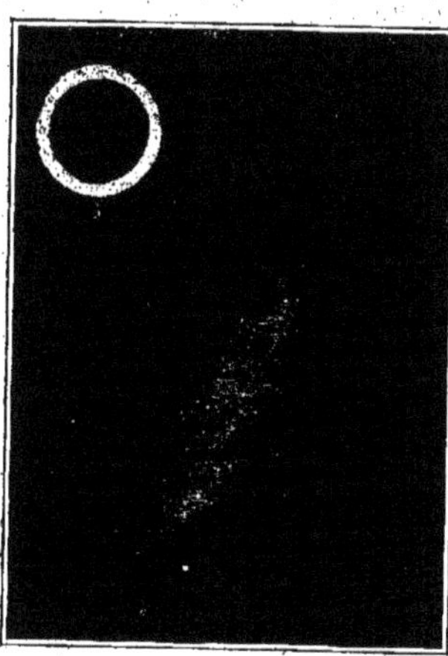

PASTILLES INCENDIAIRES, L'UNE AVANT INFLAMMATION, L'AUTRE BRULANT.

Ils ont complété leur arsenal d'incendiaires par des bombes de composition quelque peu analogue à celle des pastilles, et dont ils ont armé principalement leurs aéroplanes et leurs ballons dirigeables, notamment dans les expéditions qu'ils ont lancées contre l'Angleterre, et dont ils espéraient de grands résultats au point de vue de la terrorisation de la population anglaise. Ils ont échoué à cet égard; mais nous devons reconnaître qu'ils ont mis de temps à autre le feu à des maisons, et qu'ils ont brûlé vifs quelques individus, souvent des enfants, des vieillards, en même temps que des bombes explosives pouvaient tuer d'autres victimes innocentes. Leurs bombes incendiaires ont pu être étudiées assez facilement, car un grand nombre d'entre elles n'ont point réussi, c'est-à-dire n'ont point fait explosion et ne se sont point allumées en atteignant l'objectif sur lequel on les lançait ou les laissait tomber. L'élément essentiel de ces bombes c'est le thermit dont nous parlions tout à l'heure, qui est enflammé à l'aide de phosphore amorphe. L'usage de ce phosphore est particulièrement odieux, d'autant que des bombes analogues ou du moins des projectiles du même genre ont été utilisés par l'artillerie allemande. Les blessures produites par les fragments ainsi empoisonnées par la présence du phosphore sont particulièrement graves, entraînent les plus terribles conséquences. Ce n'est plus de la guerre, c'est de l'assassinat, comme le démontre bien le texte des conventions que les Allemands avaient signées à la Haye, et qu'ils ont méprisées comme tant d'autres engagements. La bombe incendiaire présente généralement l'apparence d'une sorte de boîte en tôle pointue, qui est remplie, autour du cylindre de thermit, d'une matière résineuse pouvant s'enflammer rapidement, et même d'une grosse corde roulée sur elle-même et imprégnée de goudron. ce qui ajoute à la facilité d'inflammation. La combustion du phosphore dégage des gaz délétères que connaissent bien tous ceux qui ont enflammé une allumette phosphorée; mais ici la quantité en est considérable. Ces bombes ne peuvent pas être véritablement considérées comme des projectiles de guerre par les nations civilisées : aussi nous n'y insisterons pas. On a constaté qu'on peut assez facilement éteindre les incendies qu'elles engendrent.

Pour lutter contre leurs fumées, pour permettre aux malheureux attaqués de la sorte, au mépris de toutes les conventions, de respirer au milieu de ces fumées, il faut recourir à quelques-uns de ces masques, de ces appareils respiratoires qui ont dû être mis à contribution dans les troupes des nations alliées quand les Allemands, en avril 1915, ont commencé brusquement à faire usage de gaz asphyxiants, pour préparer contre les troupes britanniques et françaises une attaque dans laquelle ces troupes furent obligées de reculer momentanément, ne s'attendant point à cette nouvelle manifestation de la barbarie germanique. Ici encore cette barbarie s'est montrée savante, non pas seulement en employant méthodiquement cette arme de combat absolument déloyale, absolument défendue par les conventions signées des représentants de l'Allemagne; mais en créant des installations vraiment très remarquables au point de vue technique, pour apporter les gaz asphyxiants dans le voisinage des tranchées ennemies, sur la ligne de front, et même pour installer, à l'arrière de la propre ligne de front allemande, des usines centralisées d'où des canalisations étaient susceptibles de distribuer de côté et d'autre les gaz asphyxiants grâce auxquels on espérait venir à bout du courage des Alliés. On fait dégager ces gaz quand le vent souffle des lignes allemandes vers les lignes ennemies; un nuage lourd roulant à quelques mètres seulement au-dessus du sol est emporté rapidement par ce vent; et les malheureux soldats ainsi attaqués sont parfois asphyxiés de façon définitive, tout au moins atteints de désordres, d'affections très sérieuses de l'appareil respiratoire. On a constaté des cas de gangrène pulmonaire. Bien que, encore une fois, il ne s'agisse point là de procédés de guerre susceptibles d'être employés par d'autres que par des « barbares savants », disons que les nuages ainsi constitués par les Allemands l'étaient surtout de vapeurs de chlore et de brome, en même temps que de peroxyde d'azote, d'anhydride sulfureux, de formol, etc.

Souvent les Allemands se sont contentés de faire brûler de la fleur de soufre et le produit qu'on appelle trioxyméthylène, ce qui donnait de l'anhydride sulfureux et du formol gazeux, qui ont une odeur irritante, attaquent même les yeux. Souvent, ils ont apporté sur la ligne de feu des récipients, des cylindres métalliques du type connu, contenant du chlore liquide. Parfois aussi ils ont lancé contre les troupes alliées des projectiles, des bombes, des grenades formées d'un globe de verre contenant des gaz liquéfiés de la nature que nous venons d'indiquer, des liquides fournissant en abondance les vapeurs asphyxiantes.

Heureusement avons-nous réussi à nous défendre efficacement contre l'asphyxie et l'influence de ces gaz sur les poumons, en munissant nos soldats d'une espèce de masque respiratoire constitué généralement d'une monture contenant du coton hydrophile imprégné d'une solution d'hyposulfite de soude. On a fait ultérieurement une sorte de cagoule qu'on place par-dessus le képi, et qui descend plus bas que le cou; elle est trempée dans une solution de ce produit, avec addition de glycérine et de carbonate de soude; une plaque de mica à la hauteur des yeux permet aux hommes de se diriger.

Si nous voulions passer en revue tous les moyens déloyaux, cruels, criminels employés par les armées allemandes et autrichiennes, nous aurions à parler des liquides corrosifs, de l'acide sulfurique qu'ils ont souvent projetés sur les troupes alliées. On ne saurait bien entendu omettre de rappeler les liquides enflammés, composés généralement d'hydrogène phosphorique liquide, qui s'enflamme automatiquement dès qu'il arrive au contact de l'air, en sortant d'une sorte de lance qui sert à sa projection sous pression.

Les Allemands sont des ingénieurs, des chimistes remarquables; leurs connaissances chimiques, techniques et scientifiques ont été utilisées par l'armée allemande et par ses chefs, tout comme les illustres bandits qui portaient le nom de Bonnot et de Garnier ont tiré parti de l'automobile, du téléphone, des pistolets automatiques et de bien d'autres choses pour accomplir savamment leurs forfaits.

En présence des hécatombes qu'a causées la guerre la plus perfectionnée que nous ayons vue, on souhaiterait que les progrès techniques, scientifiques, industriels, chimiques ne servent plus qu'aux arts de la paix et ne soient plus employés à faire disparaître tant d'existences.

TABLE DES MATIÈRES

843-17. — Coulommiers. Imp. PAUL BRODARD. — 10-18.

www.ingramcontent.com/pod-product-compliance
Ingram Content Group UK Ltd.
Pitfield, Milton Keynes, MK11 3LW, UK
UKHW021048220726
13924UKWH00005B/2056